国际投资环境保护之国家责任

以中国海外投资为视角

贾　辉／著

STATE RESPONSIBILITY FOR INTERNATIONAL INVESTMENT ENVIRONMENT PROTECTION

FROM THE PERSPECTIVE OF CHINESE OVERSEAS INVESTMENTS

法律出版社
LAW PRESS · CHINA
——北京——

图书在版编目(CIP)数据

国际投资环境保护之国家责任：以中国海外投资为视角/贾辉著. -- 北京：法律出版社，2023
ISBN 978-7-5197-7684-8

Ⅰ. ①国… Ⅱ. ①贾… Ⅲ. ①海外投资-涉外经济法-研究-中国 Ⅳ. ①D922.295.4

中国国家版本馆CIP数据核字(2023)第045168号

国际投资环境保护之国家责任
——以中国海外投资为视角
GUOJI TOUZI HUANJING BAOHU ZHI GUOJIA ZEREN
—YI ZHONGGUO HAIWAI TOUZI WEI SHIJIAO

贾 辉 著

责任编辑 朱海波 李 军
装帧设计 鲍龙卉

出版发行 法律出版社
编辑统筹 法律应用出版分社
责任校对 王晓萍 王语童
责任印制 刘晓伟
经　　销 新华书店

开本 710毫米×1000毫米 1/16
印张 19.75 **字数** 365千
版本 2023年5月第1版
印次 2023年5月第1次印刷
印刷 北京新生代彩印制版有限公司

地址：北京市丰台区莲花池西里7号(100073)
网址：www.lawpress.com.cn
投稿邮箱：info@lawpress.com.cn
举报盗版邮箱：jbwq@lawpress.com.cn
销售电话：010-83938349
客服电话：010-83938350
咨询电话：010-63939796

书号：ISBN 978-7-5197-7684-8
定价：78.00元

凡购买本社图书，如有印装错误，我社负责退换。电话：010-83938349

前 言

环境问题在国际关系中所占比重越来越大。[①] 国际投资行为与国际环境保护之间的矛盾冲突和其解决方案为国际法领域所关注。如何在保证国际投资促进经济发展的同时,又能保证环境不被破坏和污染,是我们所面临的可持续发展问题。将可持续发展的概念应用到国际投资领域,就要求国际投资行为所实现的经济和社会效益同时满足当代人和后代人的发展需要,不因为当代人对资源和环境的过度攫取而对后代人的发展产生不利的影响。

在国际投资和国际环境保护领域,英国伦敦大学的 Philippe Sands 教授在其著写的《国际环境法原则》(*Principles of International Environmental Law*)中就国际投资与环境保护的问题,更多从保护外国投资者的利益和保护东道国环境二者平衡的角度出发,指出近期国际案例中的主要问题是投资保护协定中针对征用

① 林灿铃:《论当代国际关系中的环境问题》,载李恒远、常纪文主编:《中国环境法治》(2007 年卷),法律出版社 2008 年版。

和其他禁止性行为的保护措施如何在环境（或社会）保护目的情况下应用，包括根据国际环境保护义务采取的相关措施。然而，随着国际投资活动的不断发展，仅强调东道国的责任，要求其处理好投资者保护和东道国环境之间的平衡，已经不能全面解决国际投资行为与国际环境保护之间的矛盾，尤其是对于国际环境和人类环境权的保护。在国际法领域，有必要充分发挥国家作为国际法主体的积极作用，从投资国的责任角度探讨投资国在国际投资活动中环境污染方面的预防义务和发生环境损害情况下的赔偿责任。

这一课题对于已经成为世界第二大对外投资大国的中国而言，也显得尤为重要。中国作为第二大世界经济体，伴随"走出去"对外投资活动的增加，也产生了很多与环境保护有关的风险事件和问题。中国政府高度重视对外投资中的环境保护问题，提出通过加强国际合作，共建绿色丝绸之路。因此，针对中国的对外投资，了解和明确中国政府有哪些环境污染方面的预防义务，如何通过国内立法和监管行为落实这些预防义务，在发生环境损害情况下是否应承担赔偿责任，承担哪些赔偿责任，关系到中国绿色丝绸之路建设是否成功。

解决国际投资活动中的环境保护问题，要秉承可持续发展原则和国际合作原则。预防国际投资环境损害，需重视国家所肩负的预防义务。在环境影响评价方面，投资国有必要确保其所管辖的投资企业了解和遵守东道国关于环境影响评价的法律和监管要求，做到合规经营，并在相关国际投资活动可能对东道国环境产生重大影响时，及时进行国家间信息交流、通知和协商等程序。在与国际投资密切相关的金融方面，国家有必要通过国内立法实现绿色金融。投资国应加强"走出去"企业和金融机构环境保护方面的监管，提高企业环境保护社会责任的自我管制，并运用公众参与等多种监督机制，加强对海外投资的管制，落实海外投资中的环境保护工作。在双边或多边投资协定方面，国家可以通过约定与投资和环境保护有关的条款来规范国家之间有关投资保护和环境保护的权利和义务。在中国境外投资环境损害之国家防范责任方面,也要相应地完善中国投资保护协定之环境条款、境外投资环境影响评价法律制度和中国境外投资与绿色金融法律制度。

国际投资活动大多是由以企业为主的私人投资者进行的,而非国家机构。目前,国际投资中的环境保护国家责任相关法律制度尚待完善,对于私人投资者国际投资活动引发的国家责任问题尚不清晰,应在可持续发展原则和国际合作原则的基础上处理好投资发展与环境保护的矛盾冲突,明确私人投资者各类国际投资行为国家归责的要素分析。对于企业个体行为完成的国际投资行为,应区分国有企业和私人企业,以区别国家对不同投资主体所实施管理和控制程度的不同。对于国有企业,也应关注其是否依据市场规则独立作出商业投资决策,关注国家在该国有企业对外投资中所起的作用。

当发生与国际投资相关的环境污染问题时,应区分哪些情况下国家应承担直接责任,哪些情况下国家应可以免责。国家可以主张特定情形下对国际投资环境损害所导致的国家责任的免责。对于国际投资活动环境损害损失分担问题,当处于首要赔偿序位的民事责任人和次位赔偿义务人的总体赔偿不足时,起源国也应当参与分担跨界损害损失。在中国境外投资环境损害之国家赔偿责任方面,有必要相应地完善中国境外投资环境损害之国家赔偿责任法律制度和中国境外投资环境损害之损失分担机制。

对于特定领域,如核电、航天、石油等行业,应关注这些特定领域的特殊国际法规定,明晰针对国际投资环境损害导致国家责任的特殊规则和情形。在中国特定领域境外投资环境保护之国家责任方面,有必要相应地完善中国核电领域境外投资环境保护之法律制度、中国航天领域境外投资环境保护之法律制度和中国石油领域境外投资环境保护之法律制度。

世界的发展推动国际法领域的发展,国际投资活动和国际环境法领域的发展也推动国家责任理论的发展。感谢林灿铃导师的悉心指导,希望本书能为中国海外投资国际环境保护领域贡献力量!

目录

第一章

国际投资环境保护问题和国际法律制度

环境保护在国际关系中的分量日益加重。① 近年来,中国越来越重视环境保护。但是,中国经济发展与环境保护之间的矛盾仍然比较大。环境保护也将面临更大的风险,如环保产业核心技术发展缓慢等。② 在中国对外投资领域,不断增加的对外投资数量和当地环境保护之间的矛盾积累得越来越多,使在国际投资行为所造成的环境破坏中隐藏的风险也越来越多。因此,我们有必要从投资国的角度来探究国际投资中的环境保护问题。

① 林灿铃:《环境问题的国际法律调整》,载《政法论坛》2001年第5期。

② 常纪文:《"十三五"期间中国的环境保护形势》,载《中国产经》2015年第12期。

01 第一节

国际投资之环境保护问题

在国际投资领域，投资活动呈增加趋势，这同时也随着环境污染风险的增加。近年来，全球外商投资自2005年不足1万亿美元，到2016年达到1.75万亿美元，呈现增长趋势，其中59%的外商投资流入发达国家，达到1.03万亿美元；流入发展中国家的外商投资达到6460亿美元，流入转型中国家的外商投资为680亿美元左右。[①] 之后几年由于全球化趋势出现逆转，全球外商投资金额出现下滑，2019年减为1.54万亿美元。[②] 新冠疫情加剧了全球跨境投资的南北差距。根据联合国贸发会议发布的《2022年世界投资报告》，尽管2021年全球外国直接投资流量已恢复到近1.6万亿美元，达到新冠疫情前水平，但未来全球FDI仍呈现疲软态势，且南北差距加大。2021年发达经济体吸引外资增长了200%，贡献了全球跨境投资增长的近70%，发展中国家的吸引外资增长了30%，最不发达国家、内陆发展中国家吸引外资较2020年减少3.5%。[③]

① UNCTAD, *World Investment Report* 2017 *Investment and the Digital Economy*, FDI/MNE database, www.unctad.org/fdistatistics, 2017, p.2.

② UNCTAD, *World Investment Report* 2020, FDI/MNE database, https://unctad.org/system/files/official-document/wir 2020_overview_en.pdf, p.1.

③ 参见《2022年世界投资报告》。

中国对外投资近年来呈持续增长态势,2019 年中国非金融类对外直接投资达 1106 亿美元,成为世界第二大对外投资者。① 然而,国际投资,包括中国对外投资,对于环境的影响值得人们关注。日益增长的国际投资与东道国当地环境保护之间的矛盾和风险也在不断增加。投资国对于本国境外投资负有哪些管理责任?一旦发生境外投资导致的东道国环境污染问题如何进行救济和责任分担?这些问题对于对外投资日益增加的中国来说尤其重要,需要未雨绸缪。考虑到中国境外投资规模的不断变大,发生中国境外投资导致东道国环境损害的风险也不断加大,因中国投资者域外投资行为归责于中国政府的情形也会增加。缺乏针对中国境外投资行为造成环境损害的法律制度设计,将使中国政府在国际投资环境保护领域陷入非常被动的地位。

一、国际投资与其环境效应问题

国际投资活动中,国际投资者基于各国的资源禀赋和法律制度规范的不同,寻求在全世界范围内最佳的投资组合。一些发展中国家由于在环境保护法规和执法力度上的薄弱,使国际投资者倾向于将环境污染问题较多的产业转移至这些发展中国家,而后者也往往从有利于吸引外商投资的角度考量,以牺牲环境保护来获取利益。经济合作和发展组织(Organization for Economic Co-operation and Development,OECD)的研究表明,对环境有害的工业尤其是那些资源依赖型企业不断向低环保水平、低收入的发展中国家转移,导致发展中国家的污染密集型企业急剧增加,而且这种趋势还在不断恶化中。②

在人类历史中,由于国际投资导致发生重大环境损害事件的并不鲜见。例如,印度博帕尔(Bhopal)毒气泄漏案就是其中臭名昭著的一个案例。由

① 商务部:《2019 年中国对"一带一路"共建国家投资 150 亿美元》,载中国网 2020 年 2 月 3 日。

② 顾海波、阎福宽:《跨国公司投资中的环境法律责任探析——以解决对东道国的损害问题为视角》,载《政法论丛》2009 年第 5 期。

于投资国缺乏对投资者行为的监管约束,发生环境事故后也没有积极参与对受害者的救助,导致印度当地受害者长期遭受毒气泄漏案的伤害而得不到救助,也导致来自美国的投资者联合碳化物公司背负巨大的债务负担,最终落得被竞争者并购的下场。

(一)博帕尔毒气泄漏案之启示

1. 案件基本情况

美国联合碳化物公司(Union Carbide Corporation,UCC)在印度投资设立的企业发生博帕尔毒气泄漏造成大量人员伤亡,这一事件成为人类历史上致命的人为环境灾难之一。

UCC 在印度博帕尔地区的杀虫剂制造厂最初受到印度政府的欢迎。1968 年 UCC 将其位于孟买的联合碳化物印度公司(Union Carbide India Limited,UCIL)搬迁至博帕尔。1969 年,美国和印度专家就生产杀虫剂农药厂项目完成了可行性研究方案。1975 年,印度政府正式颁发了 UCC 在印度生产农药的生产许可证,最终在印度博尔帕郊区建成了年产 5000 吨高效农药的大型农药厂。

1980 年之前,博帕尔市的该杀虫剂制药厂生产过程中所使用的一种原材料——甲基异氰酸盐主要源于进口,这是一种高活性有毒的液态气体,当温度达到 21℃时就会气化。1980 年以后,为了实现工业生产的自给自足,该厂开始自行生产这种剧毒原料。博帕尔毒气泄漏正是这种剧毒气体甲基异氰酸盐外泄所致,而相关预防装置和措施[①]在事发时并没有能够发挥作用。

1984 年 12 月 3 日凌晨,由于温度上升,该杀虫剂制药厂内装有液态剧毒气体甲基异氰酸盐的储气罐的罐内压力过大,令罐内 45 吨的甲基异氰酸

① 为防止事故的发生,该厂将液化甲基异氰酸盐气体储存在 3 个不锈钢双层气罐中,并将气罐大部分埋在地下。罐壁之间设有一个冷却系统,以确保罐中的有毒气体液化。一旦罐壁破裂,净化器可以中和溢出的有毒气体;如果净化器失效,还可以利用自动点火装置,将有毒气体燃烧,变成无毒气体。

盐有毒气体全部外泄，形成浓雾状白色气体在博帕尔市内外游移于地表附近，久久不能散去。有毒气体导致数天内3000多人丧命，1.5万人在接下来的数年内中毒死亡，近50万人受到不同程度的影响，并导致有害废物从农药工厂渗入地下的严重环境后果。

事发时，UCIL是UCC持股比例为50.9%的控股子公司。根据《财富500强》(*Fortune 500*)的调查，UCC是美国第三大化工生产企业。印度《经济时报》将UCIL的规模列为印度第21位。UCIL的建设除了劳工和一些建筑材料外，整体是由UCC负责设计、施工和运营的。事件发生后，UCC提供错误信息以减轻其责任，这也加剧了损害的发生。UCC和其西弗吉尼亚州工厂不告知或错误告知了泄漏化学品的性质和毒性。UCC还在一些科学专家的协助下，散布错误信息，掩盖泄漏气体对人体的真实影响。①

印度政府向受害者和死者家属提供了一些紧急救济。1985年年初，受害者在印度和美国起诉了UCC和印度政府。值得注意的是，印度政府也成为被告，其被起诉的理由为未能有效监管公司。受害者通过律师在美国法院向UCC提交了850亿美元的赔偿金和罚款的申请。印度议会随后在3月通过了特别立法，赋予印度政府作为唯一的受害者授权代表发起诉讼。美国法院将来自成千上万的私人诉求和印度政府的诉求合并为一宗案件，此案由纽约南区联邦法院审理。由于印度政府不同意UCC提供的赔偿金额，因此无法达成和解。美国法院审理的焦点在于该诉讼案件的可受理性，因为事故发生在印度，而国际法规范通常倾向于在事故发生地进行审理。经过双方的激烈辩论，美国法院于1986年5月作出裁决，认为毒气泄漏事故发生在印度，故案件应由印度法院审理。事实上，这一裁决支持了UCC的主张，即美国法院为集体诉讼提供了更多机会，并可能对受害者作出更高的赔偿。②

① Roli Varma & Daya R. Varma, *The Bhopal Disaster of* 1984, Bulletin of Science, Technology & Society, Vol. 25, No. 1, February 2005, p. 37 – 45.

② M. J. Peterson, *Bhopal Plant Disaster*, International Dimensions of Ethics Education in Science and Engineering (2008), www.umass.edu/sts/ethics.

1986年11月22日，印度政府向印度博帕尔地区法院提出申请，要求公司赔偿31.5亿美元。1989年2月，印度最高法院宣布印度政府和UCC达成附条件的和解协议，由UCC支付4.25亿美元（减去先前已支付的500万美元的临时救济金），UCIL支付4500万美元，所附条件包括免除被告过去、现有或未来的所有民事责任，取消所有刑事指控。①

1990年印度最高法院举行了对该和解协议的听证活动。1991年10月印度最高法院维持了原先4.7亿美元的和解协议，并要求：（1）印度政府从结算基金中购买集体医疗保险，以覆盖未来可能出现症状的10万人；（2）印度政府对结算资金的不足部分进行补充；（3）提供有关结算资金管理的指示；（4）驳回所有要求审查和解的未决请愿书；（5）UCC及其子公司UCIL自愿为博帕尔医院提供8年的资金和运营成本，预计约为1700万美元②。

UCC经此事故也受到重创，投资者正在抛售UCC。到1985年12月，UCC约30%的股份被竞争对手或投机者通过敌意收购持有投资者们纷纷抛售UCC的股票。1994年，该公司将其在UCIL的50.1%的股份出售给了一家印度公司，所得款项在博帕尔用于为受害者建立医院。2001年，UCC被陶氏化学公司吸收合并。③

2016年8月美国纽约第二巡回上诉法院维持下级法院的裁决，即UCC对博帕尔毒气泄漏事件造成的工厂现场污染影响不承担责任，理由包括：（1）当地工厂的项目经理不是公司的雇员，因此他的行为不能归咎于公司；（2）母公司UCC没有参与决定当地工厂的废物处理方法；（3）母公司UCC没有发挥充分直接的作用以导致有害废物从农药工厂渗入地下。④

---

① Union Carbide Corporation, Appellant v. Union of India and others, Respondents. AIR 1990 SUPREME COURT 273 (From: AIR 1988 NOC 50: 1988 MPLJ 540), S. C. 275.

② Union Carbide Corporation and Others, Petitioners v. Union of India and others, Respondents. (1991) 4 Supreme Court Case 584.

③ M. J. Peterson, *Bhopal Plant Disaster*, International Dimensions of Ethics Education in Science and Engineering (2008), www.umass.edu/sts/ethics.

④ Sahu v. Union Carbide Corporation, 650 Fed. Appx. 53 (2016).

2. 博帕尔毒气泄漏案的启示

博帕尔毒气泄漏案对当地人民和环境造成重大损害，所带来的恶果也危及几代人。然而，一些西方媒体却出现推卸责任的言论，例如，《华尔街时报》(*Wall Street Journal*)声称，“如果不是因为那家农药厂和因广泛使用农药才带来的现代健康标准，那些因该事故而死的人得有一半根本就无法生存”。①

博帕尔毒气泄漏案作为美国投资者 UCC 在印度进行国际投资过程中发生的重大环境损害事故，为我们就国际投资中有关环境保护的国家责任问题，尤其是从投资方角度，提出了以下问题和启示。

(1)海外投资企业所适用的环境标准问题

海外投资企业会涉及不同国家的环境标准，既有输出国际投资的起源国的环境标准，也有接受国际投资的东道国的环境标准，还有国际社会其他国家的环境标准。这些环境标准之间可能存在差异，发达国家环保要求比较高，相应环境标准也就比较严。发展中国家环保要求相对较低，环境标准也就宽松些。国际投资企业会面临不同国家环境标准的适用性问题。

在本案中，美国和欧洲的 UCC 工厂每年都进行安全审核，但在世界其他地区的 UCC 工厂则每两年进行一次安全审核，说明 UCC 在美国和欧洲外的其他地区缺乏一定的环境标准，这降低了企业对环境管理的要求，从而增加了工厂发生工业事故的风险。印度政府在调查的过程中也发现工厂的安全管理、管理人员、维护和应急计划等方面存在缺陷，诸多因素共同造成了大规模的环境破坏和人员伤亡。

在海外投资中，很多东道国属于发展中国家，由于自身发展水平有限，其本国关于环境保护的标准较之投资国而言可能较低。对于海外投资企业而言，出于自身利益考量，自然也愿意选择较低标准的东道国环境标准，然而，这也增加了对东道国人民和当地环境产生损害的风险。对于可能对环

① Roli Varma & Daya R. Varma, *The Bhopal Disaster of* 1984, Bulletin of Science, Technology & Society, Vol. 25, No. 1, February 2005.

境产生重大损害影响的敏感行业，如果投资国放任投资者忽视较高的本国环境标准，将导致本国属人管辖权的监管缺位，放任投资者在海外投资环境风险的发生。在构建人类命运共同体的背景下，投资国有必要针对特定敏感行业提高对本国海外投资的环境标准。

(2)海外投资项目的环境影响评价问题

美国1969年《联邦环境保护法》最先引入了环境影响研究与评价。在国际领域，许多国际环境公约都将环境影响评价列入条款当中。国际环境影响评价(IEA)是研究重大活动项目的可预测的环境影响，并对项目进行界定、预测和评价的系统程序，应用于重大决定被制定之前。其目的有两个：一是为可能造成重大环境影响的拟议活动和项目决策提供信息；二是通过采取适当的加强或削减措施来提高环境质量和可持续发展。越来越多的东道国出台了关于环境影响评价的法律，要求外国投资者予以遵守，并作为实施国际投资行为和获得相关环境许可的前提条件。

在该案中，UCC在农药厂的位置选择方面并没有完全遵循印度当地政府的建议。博尔帕市发展规划局于1975年8月25日提出建议，“有毒害产业”(obnoxious industries)包括农药和杀虫剂工厂应建设在25千米之外的一个工业园区。当时任印度城镇和国家规划委员会委员和理事的M. N. Buch先生曾命令UCC将生产氨基甲酸盐(carbamates)工厂设在远离城市的地方，因为农药厂的危害风险与生产一般农药原材料的工厂很不同。然而，最终UCC在城郊建立的博尔帕农药厂，距离火车站只有1千米，距离两家大型医院也只有3千米。[①] UCC的农药工厂建在了人口稠密地区，而其在美国的工厂则建立在人口稀少地区。本应建立在偏远地区的工厂却建在人口聚集区增加了事故发生后灾难影响扩大的可能性，说明该工厂在建立之前，缺乏相应有效的环境影响评价机制，对于环境潜在影响的预测存在缺失。

---

① Roli Varma & Daya R. Varma, *The Bhopal Disaster of* 1984, Bulletin of Science, Technology & Society, Vol. 25, No. 1, February 2005, p. 37 – 45.

这一点与上述的环境标准类似,针对特定环境敏感行业,投资国应加强关于本国投资者海外投资项目的环境影响评价方面的监管,避免由于东道国受限于其本国发展水平和环境影响评价的实践而放大海外投资项目对当地环境和人民及财产的损害风险。

(3)环境污染应急机制中的国际合作问题

环境污染应急机制需要采取“从摇篮到坟墓”的综合污染控制方法。[①]国际投资企业应重视国际投资行为中可能引发的环境损害风险。一旦发生环境污染事故,国际投资者应配合东道国的要求,及时采取应急措施。起源国在必要的情况下,也应积极配合受影响国,提供相关技术、物资、资金、人力等方面的应急支持,减少环境损害的不利后果。

本案事故发生后,UCC 一直以“商业秘密”为由拒绝提供有毒气体对健康影响的医学研究数据,[②]延误了对环境的治理和受害者的治疗,导致事故影响范围进一步扩大。

在海外投资中,关于海外投资项目的核心技术和商业信息往往由投资国母公司所控制。在发生环境污染紧急事件的情况下,投资者根据国际合作原则提供污染相关信息和救济方案,对于减少污染事件的影响将发挥重要作用。在投资者拒绝提供相关信息的情况下,投资国有必要通过国内立法、行政和司法等措施履行本国在环境污染应急机制中的国际合作义务,确保投资者提供必要的信息和材料。

(4)美国政府是否应为本案环境损害行为承担补偿责任?

UCC 作为跨国公司能够通过有效地利用资本、技术和劳动力给母国和东道国带来利益。近年来,跨国公司活动常常具有高度危险性并可能导致灾难性后果。基于跨国公司在国家领域外可能造成的损害,有必要明确投资国和东道国应该为其承担的责任。

在博帕尔毒气泄漏案中,UCIL 是印度政府引进的,也是印度政府批准

① OECD 理事会于 1991 年提出的《关于综合污染预防和控制的建议》的附件中指出,综合污染控制的方法有 5 个条件,其中就包含了“从摇篮到坟墓”的概念。

② 周永平:《博帕尔事故及其生产安全中的法律问题》,载《中共中央党校学报》2006 年第 4 期。

建设、运营的,并且由印度政府和民众持股49.1%,印度政府从UCIL的运营中直接受益。UCIL的管理层存在忽视农药厂安全管理措施的问题,并停止更新升级相关设备。这主要是受自然灾害的影响,当地印度农民不得不向政府借债,并为了压缩成本而从很多小企业购买价格只有UCIL产品价格一半的农药,导致UCIL的收入在1983年下降了23%。萎缩的农药市场使UCIL的利润减少,因此减少了安全管理方面的注意。[①] 作为运营者,UCIL及其实际控制人UCC无疑应承担毒气泄漏的后果和责任。

从东道国的角度来看,印度政府对该项目既是审批许可者,又是受益者,也应承担相应的风险和责任。[②] 印度政府曾提出过"不影响投资环境"的非正式意见来处理博帕尔事件。印度政府在博帕尔毒气泄漏案中承担了补偿责任,包括:(1)印度政府从结算基金中购买集体医疗保险,以覆盖未来可能出现症状的10万人;(2)印度政府对结算资金的不足部分进行补充。

尽管东道国政府可能出于救助本国受害者和环境救济的目的承担对受害者的补偿救济责任,但不可否认东道国本身也属于受害者。作为跨国公司的母国,投资国也受益于跨国公司的海外投资项目,对跨国投资者具有属人管辖权,负有监管职责,因此也应对跨国公司海外投资项目的环境污染事件负责。跨国公司所在的母国同样也应承担"补偿"责任。这样才能在跨国公司本身缺乏足够的赔偿能力的情况下,确保受害者能够得到及时充分的救济和补偿。

投资者国之所以要对跨国公司行为造成的损害承担责任,是因为投资者国许可跨国公司的海外投资行为并将其置于自己的监督之下。在印度博帕尔毒气泄漏一案,东道国与投资者母国都可以获利,因此他们也应该承担相关费用,包括事故责任。

跨国公司损害行为的国家责任依据应该是基于国际合作基础的一种包容并济的责任形式:共同责任,其要求地球的公民具有共同责任意识,即我

---

① Roli Varma & Daya R. Varma, *The Bhopal Disaster of* 1984, Bulletin of Science, Technology & Society, Vol. 25, No. 1, February 2005, 37 – 45.

② 张俊、李源:《博帕尔判决的四个问号》,载《中国环境报》2010年8月17日,第3版。

们不仅对全人类负有责任，而且对地球上所有生物、对我们的自然环境也负有责任。[①] 共同责任源于国际环境法的基本原则“共同责任原则”。环境问题属于全球问题，需要一个新的全球责任机制和各国的有效行动来承担这一责任。[②] 该责任与义务是不容减损的，属于从绝对法规范中产生的。

东道国居民的环境权是其所有的重要人权内容之一。2011 年《关于国家在经济、社会和文化权利领域的域外义务的马斯特里赫特原则》（以下简称《马斯特里赫特原则》）澄清了国家域外义务的范围，并确认在各种国际法来源中人权居首要地位。这些原则和国际团结之间的连接在于国际合作。国际合作问题可以说是《马斯特里赫特原则》的核心。因此，“必须从广义上将国际合作理解为包括制定国际规则，为落实人权和提供财政或技术援助建立有利的环境。国际合作还包括有义务不废除或减损其他国家的人权，确保国家能够影响的非国家行为体享有的这些权利不会受到减损”[③]。《世界环境公约（草案）》[④]提出“环境权”[⑤]是全体地球公民的基本权利之一。

试想，如果美国政府作为投资国政府对 UCC 在印度的国际投资行为加强监管，在环境污染事故发生后积极参与救援和救助，对当地的印度民众和美国投资者来说，结果会不会有所不同？在发生环境污染事故后积极参与

---

① 《社会和人权问题：社会发展》，E/2013/NGO/127。

② 林灿铃：《国际环境法》，人民出版社 2014 年版，第 169 页。

③ De Schutter, O, A. Eide, A. Khalfan, M. Orellana, M. Salomon & J. Seiderman, *Commentary to the Maastricht Principles on Extraterritorial Obligations of States in the Area of Economic, Social and Cultural Rights*, *Human Rights Quarterly*, Vol. 34, Johns Hopkins University Press, 2012, p. 1104.

④ 2015 年，法国法律界人士希望在全球有效实施《巴黎协定》和联合国可持续发展目标，并建立了国际委员会和全球专家网络，联合全球近 40 个国家和地区的约 80 名法学界人士起草，经过多轮磋商后，形成了《世界环境公约（草案）》，提交专家组内部会议讨论定稿并通过。《世界环境公约（草案）》的目标是成为一项具有法律约束力的全球公约，旨在通过确立环境保护的基本原则来巩固全球环境治理的框架，更好地保护我们的地球，填补国际环境法的空白。

⑤ 《世界环境公约（草案）》中规定“环境权”，即“所有人都有权生活在一个能保证其健康、幸福、尊严、文化需求和自我发展的健康生态环境中”。公民的“环境权”既包括不言而喻的当代人的权利，也包括在代际公平原则（intergenerational equity）中隐含的未来世代人的权利；既包括实体性环境权如公民对良好生态环境的权利，也包括程序性环境权如公众参与、获取信息（公众知情权）、诉诸司法等权利。

救济和救助,其结果对于受害的印度当地人民和美国投资者 UCC 是否会有所不同?

在中国成为世界第二大对外投资国的背景下,印度博帕尔毒气泄漏案为中国企业和中国政府敲响了警钟。如果中国海外投资企业发生了类似印度博帕尔毒气泄漏案的情形,应如何处理,应认真思考国际投资中环境保护的国家责任问题,尤其是从投资国的角度,思考存在哪些义务和责任,如何在中国企业对外投资过程中建立防止发生重大环境损害的预防体系。因此,一个重要且紧迫的研究课题是,在发生重大环境损害的情况下承担哪些和如何承担救济和赔偿责任,如何确保受害者能够得到及时充分的救济和赔偿。

(二)国际直接投资在东道国的环境效应问题

关于外商投资对东道国当地环境的影响存在"污染天堂"(pollution haven)的说法,即工业化国家在国外设立工厂时,往往会寻找最便宜的资源和劳动力所在地,同时这也往往以环境为代价。由于具有廉价资源和劳动力的发展中国家往往没有严格的环境法规,因此,外商投资往往定位到环境标准低或执法弱的国家。

根据 Muthukumara Mani 和 David Wheeler 在 1999 年 1 月 OECD 在海牙召开的关于外商直接投资和环境大会上提交的一份报告,①其研究了钢铁、有色金属、工业化学品、纸浆和造纸以及非金属矿物制品等污染产业在世界经济中的变动,以说明外商直接投资对环境的影响。根据其研究报告,自 1960 年至 1995 年,日本的经济和环境条件发生了重大变化。日本五个污染行业生产的产品占整个日本制造业产出的份额在 1963 年至 1993 年都呈现明显下行趋势,从 20 世纪 60 年代初期的约 25% 下降到 90 年代中期的约 15%,原因在于,环境监管政策法规的加强,日本污染密集型产业大幅减少,

---

① Muthukumara Mani & David Wheeler, *In Search of Pollution Havens? Dirty Industry in the World Economy*, 1960 – 1995, PRDEI(1997).

部分污染密集型产业通过国际投资转移到日本的贸易伙伴国家。从1963年到1993年,污染产业所生产产品的份额在美国和加拿大都呈下降趋势,在西欧也是如此。然而,同一时期拉丁美洲和亚洲(日本除外)污染产业的产品份额却由于外商投资出现增加趋势。该报告最终认为,存在证据证明确实有"污染天堂"的说法。[①] 然而,该报告同时又指出,"污染天堂"现象由于下列几个原因使其影响并不显著:首先,发展中国家污染部门产品的消费/生产比率在整个期间保持接近统一,大多数污染部门的发展都来自本国内;其次,发展中国家污染部门生产份额增加的很大一部分似乎是由于对基础工业产品的高收入弹性需求,随着收入的持续增长,这种弹性需求会下降;再次,国际经济的调整的某些部分可能是由于能源价格冲击和许多发展中国家能源补贴的持续存在;最后,当地环境监管措施会随着收入的不断增加而加强,并在自污染产业向清洁产业转变中发挥作用。

关于贸易对环境的影响,Grossman 和 Krueger 把将其分解为三种效应,即规模效应[②]、结构效应[③]和技术效应[④]。[⑤] 有学者借用 Grossman 和 Krueger 的分析体系,把国际直接投资在东道国的环境效应进一步分解为规

① 在经合组织中,污染密集型工业的产出占制造业总产值的比例继续下降,但在发展中国家,这一比例稳步上升。同时,发展中国家污染密集型产品净出口快速增长的时期,正是经合组织国家污染成本快速降低的时期。

② 规模效应,是指国际贸易和投资促使生产国产出增加,如果所增加经济活动的性质没有变化,就会导致污染的增加。

③ 结构效应,是指在经济规模不变的情况下,如果国际贸易带来污染行业比重增加则生产国污染加剧。这将取决于东道国的竞争优势来自环境监管较弱还是传统的要素禀赋优势。如果东道国环境监管较弱,则会导致造成污染的经济活动增加;如果取决于传统的要素禀赋优势,则与该要素禀赋优势相关的经济活动将增加,最终环境效应要看污染密集型活动在该国是扩大还是缩小了。

④ 技术效应,是指国际贸易带来的技术进步促使单位产品的减污成本下降,环境改善。导致技术效应的可能有两个方面:一是外国生产者将现代技术转移到当地经济,更现代的技术通常比旧技术更清洁;二是贸易自由化导致收入水平增加,东道国为自身利益会实施更严格的环保标准。

⑤ Gene M. Grossman & Alan B. Krueger, *Environmental Impacts of A North American Free Trade Agreement*, Working Paper No. 3914, National Bureau of Economic Research(1991).

模效应[①]、结构效应[②]和技术效应[③]。外国直接投资对一国的环境影响是正效应还是负效应取决于三者之和。[④]

综上所述，随着国际投资规模的增加，投资活动自工业化国家向发展中国家转移；因发展中国家环境成本较低等因素，存在污染自工业化国家向发展中国家转移的“污染天堂”现象。然而，影响国际投资环境效应的因素是多重的，需要考虑国际投资规模效应、结构效应、技术效应，以及收入增加和环境监管措施变化等多重因素。

国际投资与东道国环境保护存在潜在的冲突问题，尤其是很多国际投资来自环境保护标准较高的国家，流向环境保护标准较低的发展中国家。《世界环境公约（草案）》提出“环境权”是全体地球公民的基本权利之一。民间社会应有参与环境决策的权利。民间社会需要参与国际环境政策是联合国环境署的任务。此前只有国家和国际组织才有能力根据国际条约履行义务。但是，非国家行为者事实上在环境谈判中发挥着越来越重要的作用。然而，法律落后于实践，需要通过程序保障来加强民间社会在发展国际环境法中的地位，发挥科学家、非政府组织、公司和协会等非国家行为者在环境治理中的重要作用。

（三）中国对外投资对东道国的环境影响

近年来，中国对外投资呈现快速增长态势，同时，也产生了环境方面的

① 规模效应，是指随着外国投资活动的增加，污染也随之增加，即在经济活动污染系数一定的情况下，外国直接投资的进入将会使东道国的资本增加，从而带动更多的劳动力和资源的投入以及更多的自然资源的消耗，并产生更多的废物排放增加对东道国环境的污染。

② 结构效应要看外国投资所进入的具体产业，是污染集中产业还是环保产业，不同产业反映的则是不同产业产出份额的变化对环境质量变化的影响。

③ 技术效应，是指外国直接投资带来的有关环境技术的扩散和推广，生产单位产品所造成的环境污染程度不断降低或者增加从而对环境产生或正或负的影响。技术因素是影响环境质量最活跃的可变因素，它既是污染物排放的原因，又是污染控制的创新者。

④ 陆亚琴：《外国直接投资对东道国环境效应理论分析》，载《兰州学刊》2011 年第 3 期。

问题。中国海外投资很多分布在环境风险较高的行业,如钢铁、传统能源等污染较重的行业领域。除此之外,中国海外投资企业环境保护意识和能力参差不齐,环境污染问题仍然存在,特别是在跨境大气污染和国际河流污染方面出现了许多新问题。

"一带一路"建设中的很多工程也容易引起一些生态环境问题,加之欧美国家很多自然保护、环境保护组织在"一带一路"沿线国家和地区利用当地国民的环境诉求做文章,从而增加了环境法律风险。① 除此之外,也有研究表明,中国对外投资和环境污染之间呈不显著的正相关关系,且其污染系数主要受污染排放强度的影响,并随着污染排放强度的降低而减弱。对外直接投资在不同门槛下对环境污染的门槛效应为正,但随着对外直接投资的扩大,其对环境的破坏将减弱。②

中国对外投资导致东道国当地环境污染问题的案例屡次发生,如首钢集团投资购买秘鲁 Hierro 铁矿因环保问题被处罚案例③、中国铝业在秘鲁投资项目废水违规排放案例④等。⑤ 忽视环境问题成为中国企业海外投资失败的重要因素之一。很多中国企业在进行海外投资过程中,因为不了解东道国有关环保的法规,导致投资决策出现失误,进而投资项目失败。例如,中铁旗下的中海外工程有限责任公司(以下简称中铁公司)在波兰投资建设高

---

① 何力:《"一带一路"背景下对外投资与可持续发展的法律问题》,载《海关与经贸研究》2018 年第 4 期。

② 王柏杰、周斌:《货物出口贸易、对外直接投资加剧了母国的环境污染吗?——基于"污染天堂假说"的逆向考察》,载《产业经济研究》2018 年第 3 期。

③ 20 世纪 90 年代,首钢集团投资购买了秘鲁的 Hierro 铁矿,但在后续经营的 20 年里,该公司遇到了很多环境方面的经营问题,并因将废水排入海中等违反当地环保法规的行为,而被罚款多次。而后,该矿井区域在 2016 年被秘鲁伊卡地区政府宣布进入"环境紧急状态"。

④ 2014 年 3 月下旬,中国铝业被秘鲁环境部门调查,并要求在调查完成前禁止在 Toromocho 矿山进行施工,原因是中国铝业被发现将废水违规排放到当地两个湖泊中。

⑤ 章柯:《中国千亿美元海外投资 矿业投资中环境问题突出》,载搜狐新闻 2014 年 12 月 24 日。

速公路忽视环保问题导致投资失败案。[①] 该投资失败案例既给中铁公司造成了声誉的损失，又造成了其直接经济损失2亿～3亿美元。[②] 中铁波兰高速公路项目失败的案例，警示中国企业在“走出去”的过程中必须重视环境保护，实现可持续发展。

中国投资者必须在进行海外投资时重视环境问题，否则中国的海外投资将面临更多的环境风险，甚至中国海外投资的合法性和正当性，乃至中国的国家声誉和形象，以及中国竭力塑造和维护的国家间关系都会受到影响。[③] 除此之外，在中国发展的现阶段，不能忽视中国自身能力而承担过多的国际责任。[④] 这需要我们妥善处理好国际投资与国际环境保护的关系。

二、国际投资环境保护之国家责任问题

保护全球环境已成为人类社会的共识。[⑤] 国际投资行为所产生的环境损害风险的严重性，使缺乏当事国主体参与的责任分担体系可能无法充分抵销环境损害所带来的破坏性结果，恢复环境损害发生前的利益平衡状态。同时，随着主权理论开始吸纳生态观点，绿色主权相伴而生。绿色主权语境中的环境话语主要包括四个层次：第一个层次是特定的环境议题的体制、宣

---

① 2009年9月，中铁公司低价中标波兰高速公路A2标段，约合4.72亿美元，该价格较低，尚不到波兰政府预算的一半。中铁公司由于不了解波兰有关环境保护的当地法规，忽视了由此导致的环保成本，造成项目决策失误。根据波兰环保法律规定，在中铁公司的施工路段需要建设专门通道，以供当地的珍稀动物通过，进而避免当地珍稀两栖动物通过高速公路表面时被车辆碾死。由于忽视这方面环保要求导致的成本开支预算，中铁公司的项目费用将大大超支，整个项目将损失3.95亿美元。最后，2011年6月，中国铁路总公司决定停建该项目，其海外账户和资产被查封，项目被宣布失败。

② 《谁坑了中国企业》，载搜狐网2016年1月27日。

③ 韩秀丽：《中国海外投资的环境保护问题——基于投资法维度的考察》，载《厦门大学学报（哲学社会科学版）》2018年第3期。

④ 刘万啸：《全球治理视野下环境保护与国际投资体制的冲突与协调》，载《齐鲁学刊》2017年第4期。

⑤ 林灿铃：《国际环境法热点问题探析》，载李恒远、常纪文主编：《中国环境法治》（2008年卷），法律出版社2009年版，第382页。

言和战略;第二个层次是国际环境多边主义;第三个层次是主权国家的权利与责任;第四个层次是国家目的所基于的新话语。第三个层次和第四个层次可以分别运用于国家环境法领域的国家责任。[①] 国际投资行为导致的环境损害具有进入东道国管辖领域范围内并对另一国的绿色主权产生重大影响的后果,其引发的责任问题也应不仅停留在致污者和受害者私人主体之间,还应将投资国和东道国纳入国际投资环境损害的责任体系来解决。

(一)国际投资者与东道国之环境保护争议纠纷

随着国际投资规模之不断增大,投资者与东道国之间的争议案件呈增加趋势且保持较多数量。1997 年,投资者与东道国之间的争议案件不足 10 件,2007 年则超过了 40 件。再到 2017 年,则发生了至少 65 个新的投资者与东道国之间争议案件,大约 80% 的新案件是根据双边投资条约(BITs)提起的,使案件总数达到 855 个。2017 年,新投资者与东道国之间的争议案件针对包括克罗地亚、印度和西班牙在内的 48 个国家启动。在这些公布的决定中,关于管辖权问题的决定有一半以上是有利于国家的,而有关案情的决定大多是有利于投资者的。[②] 2019 年,则至少启动了 55 件投资者与东道国之间的投资争议案件,截至 2020 年 1 月 1 日,投资者与东道国之间争议案件总数达到了 1023 件。[③]

Chevron & Texaco v. Ecuador 仲裁案就是投资者与东道国之间由于环境保护问题引发的争议案件。1964 年,厄瓜多尔向 TexPet(Texaco 的子公司)和厄瓜多尔海湾石油公司(Ecuadorian Gulf Oil Company)授予了在厄瓜多尔亚马逊地区勘探和开采石油的特许权。2001 年之后,雪佛龙成为 TexPet 的间接股东。2003 年 5 月,一些厄瓜多尔公民向厄瓜多尔的 Lago

① 林灿铃:《跨界突发性水污染国家责任构建》,载《政治与法律》2019 年第 11 期。

② UNCTAD, *Investor-State Dispute Settlement: Review of Developments in* 2017, https://unctad.org.2008.

③ UNCTAD, *Investor-state Dispute Settlement Cases Pass the* 1000 *Mark: Cases and Outcomes in* 2019, https://unctad.org/system/files/official-document/diaepcbinf2020d6.pdf.

Agrio 法院提起诉讼，认为 TexPet 的石油生产活动污染了当地环境。当地法院于 2011 年 2 月 14 日作出判决，如果 TexPet 未在 15 日内提出道歉，雪佛龙将被勒令向这些公民支付 86 亿美元的赔偿金并支付另外 86 亿美元的惩罚性赔偿金。TexPet 还被要求支付法律费用，金额为 86 亿美元的 10%。在之后的上诉程序中，厄瓜多尔最高法院维持了原审判决，但搁置了支付 86 亿美元惩罚性赔偿的命令。2009 年 9 月，雪佛龙和 TexPet 根据双边投资协定对厄瓜多尔提起仲裁程序。仲裁庭于 2012 年 1 月 25 日作出第一次临时裁决，裁定厄瓜多尔应该采取所有可以采取的措施暂停执行厄瓜多尔在 Lago Agrio 案中对雪佛龙判决的执行。厄瓜多尔并没有遵守仲裁庭发出的这一指令，还以违反其公共政策为由请求海牙地区法院撤销仲裁裁决，但没有获得法院支持。①

值得注意的是，一些与环境有关的公益组织也加入了投资者与东道国之间的争议案件，如在 Infinito Gold 诉哥斯达黎加案件中，一个在环保领域活跃的公益组织 Asociación Preservacionista de Floray Fauna Silvestre 作为无争议第三方参与了该案件的审理，要求仲裁庭停止审理该案件，声称作为索赔人的投资者没有遵循哥斯达黎加法律进行投资，参与授予投资人特许权的哥斯达黎加官员存在渎职行为，正在接受哥斯达黎加的刑事审判。尽管争议双方都不同意该无争议第三方的意见，且仲裁庭认定没有明确的具体证据证明存在渎职或敲诈勒索行为，但是鉴于相关指控严重且哥斯达黎加已对相关公职人员提起刑事诉讼，仲裁庭还是决定推迟审判，直至相关事实问题清晰。②

国际投资环境损害的受害者应有获得环境司法保障的权利。获得环境司法保障的权利是指允许民间社会获得环境正义，通过切实可行的合规机

---

① Chevron Corporation and Texaco Petroleum Corporation v. The Republic of Ecuador, UNCITRAL, PCA Case No. 2009 – 23, Judgment of the District Court of The Hague (Jan. 20, 2016), https://www.italaw.com/cases/257.

② UNCTAD, *Investor-State Dispute Settlement: Review of Developments in* 2017, https://unctad.org, 2018.

制和制裁机制来保障和实现其权利。纵观全球,尽管还没有设立专门的环境法院,但一些国际法院已经在审理有关环境方面的争端。然而,这些争端解决机制仍然是可选的:各国可以选择不承认法院的管辖权,特别是国际法院(ICJ)的管辖权。目前,国际法院的管辖权已得到大多数欧洲大国的承认,如德国、英国、西班牙和意大利等。此外,越来越多的倡议支持建立专门的国际环境法庭,除了认可上述 ICJ 的管辖权外,通过专门的司法机构处理环境领域的争议矛盾纠纷,这不仅开辟了一条新的全球环境治理之路,还保障了非国家行为者进一步获得司法救济的真正权利。

(二)中国海外投资引发环境问题导致与东道国之争议纠纷

随着中国境外投资规模的增加,因环境问题导致国家责任的风险也在增加。中资企业在缅甸投资的密松水电站①也是因为环保问题而引起政治风险。但是,密松水电站项目的停滞,既有没做好环境评估和保护方面的原因,也掺杂着复杂的政治因素,包括其他国家的介入、缅甸人的民族情绪,以及克钦邦内部斗争。对于密松水电站投资因为环境问题而搁置所造成的争端,如何在现有中国和缅甸之间的投资协定框架下来解决是个重要的问题。根据 2001 年 12 月 12 日签署的《中华人民共和国政府和缅甸联邦政府关于鼓励促进和保护投资协定》,其中并没有就环境事项予以单独规定,缺乏相应有针对性的规定。如果寻求争端解决只能依据第 9 条(缔约一方投资者与缔约另一方争议解决)的争端解决程序来进行。这就为我们提出了问题,如何借鉴国际经验完善中国对外投资协定中的环境条款。

中国在特定领域(如核电领域)的对外投资②由于对东道国环境存在潜

① 2009 年,缅甸电力部、中电投云南国际和缅甸亚洲世界公司组成伊江上游水电有限责任公司,共同开发伊江上游水电项目,总投资约 300 亿美元。

② 例如,2016 年 9 月,中国广核集团、法国电力集团与英国政府签署了在英国新建核电项目“一揽子”协议,实现了中国核电“走出去”的历史性突破。

在影响，其可能导致的国家责任问题不容忽视。① 在这些高风险产业领域的中国境外投资一旦发生严重后果，是否会导致中国政府承担国家责任，这是一个不可回避的重要问题。

（三）中国境外投资环境问题引发国家责任之模拟案例

为更好地分析中国境外投资环境污染引发国家责任之问题，本书虚拟了以下案例：

中国投资者 Z 国有企业在 A 国投资进行矿业生产，中国 Y 国有政策性银行对该项目提供融资支持。Z 公司在生产过程中因员工操作失误导致重大环境污染，污染物顺 A 国河流引发沿岸环境严重污染，造成重大财产损失。A 国与中国有双边投资协定。

由于污染造成损失严重，中国投资者 Z 公司关停其在 A 国的生产，并无力赔偿 A 国相关受害者的损失。A 国向中国提起外交交涉，认为中国政府对中国投资者 Z 国有企业和 Y 国有政策性银行疏于监管，应对环境损失承担相关赔偿责任。

中国政府拒绝赔偿，认为其按照相关国际法要求制定相关国内法律法规，规范中国投资者对 Z 国有企业的境外投资行为和中国 Y 国有政策性银行的境外投资项目融资行为，不应对 Z 国有企业和 Y 国有政策性银行的个体商业性行为承担国家责任。

分析上述案例项下的中国政府之责任，则涉及两个大的方面：一是中国海外投资环境风险发生前的风险防范义务，是否按照国际法的规定履行了相关义务，制定了与国际接轨的国内法律法规，实施了对进行海外投资的中国企业在注重环保义务方面的有效监管；二是中国政府在海外投资环境风险发生后的责任承担问题，其是否应对造成污染的中国企业承担损失连带责任。本书将在下面相关章节结合上述案例进行详细分析。

① 孙浩：《"一带一路"战略引领中国核电企业"走出去"，核电出海打造"国家新名片"》，载《中国环境报》2017 年 5 月 18 日，第 7 版。

事实上,中国非常重视对外投资中的环境保护问题。《推动共建丝绸之路经济带和21世纪海上丝绸之路的愿景与行动》(2015年)提出共建绿色丝绸之路。因此,本书将围绕中国海外投资环境风险发生前的风险防范义务和海外投资环境风险发生后的责任承担两个方面,深入研究和探讨中国海外投资环境保护方面的国家责任问题。

三、国际投资环境保护之国家责任的法律逻辑分析

国家对国际投资中环境保护问题负有广泛的责任,主要体现在两个方面:一是为防止发生环境污染而履行的预防责任,通过采取立法、行政等措施对其所管辖的公民、企业、行政机关或其他组织科以环境保护方面的义务,防止其所管辖的公民、企业、行政机关或其他组织在实施国际投资过程中产生环境损害的行为;二是在发生环境损害情况下的赔偿责任,尤其是在环境损害比较严重的情况下乃至于超出了作为污染者的外国投资者的承受范围,此时从投资国的角度是否和如何承担与环境损害相关的救济和赔偿责任。

(一)国际投资中环境保护问题之国家责任的含义

1. 国际投资和国家责任的含义

国际投资指的是"权利人将其财产权于国外转化为资本并维持资本运行的行为"。[①] 简单地说,国际投资是指一国投资者在本国境外的投资活动。投资活动发生所在地国家,即接受国际投资的国家,可称为东道国。国际投资的输出国,也即对跨国投资者享有属人管辖权的母国,可称为投资国。国际投资活动也可能发生在投资国境外,但没有任何国家行使管辖权的公域区域,如海底区域。国际投资活动一般会受到国际法、投资国法律、东道国法律等多个法律文件的约束。

① 车丕照:《国际经济法概要》,清华大学出版社2003年版,第302页。

国际法规则可分为两类:初级规则和次级规则。初级规则规定的是一国根据国际法应承担的国际义务(初级义务),次级规则规定的是根据国际法认定一国应对其违法的作为或不作为承担责任的条件和法律后果(次级义务,也指狭义的责任)。①

本书中国际投资环境保护方面的国家责任中的"责任"一词属于广义上的责任,应具有双重含义,即初级义务和责任后果。初级义务对应初级规则下国家负有的义务,责任后果对应次级规则下违反初级规则所设定义务的后果。从国际投资环境保护的角度,初级义务指的是国家根据国际法规定在国际投资活动中负有环境保护方面的义务,如采取预防措施的义务等;责任后果指的是国家违反了国际法规定的国际投资活动中所负有环境保护方面的初级义务所应承担的法律后果,如国家赔偿责任等。

2. 国际投资中环境保护之国家预防责任

国家负有环境保护方面采取预防措施的责任,无论是东道国还是投资国。《里约环境与发展宣言》原则 15 对于各国为保护环境广泛采取预防措施的义务予以明确规定。从投资国的角度而言,投资国对于本国所管辖范围内的公民或企业到投资目的国进行投资,有责任要求其所管辖的公民或企业遵守东道国的法律,对保护东道国的环境履行相关义务,避免发生环境污染事件。

例如,对于在东道国进行投资的外国投资者所实施的投资项目可能对当地生物多样性产生的影响,《生物多样性公约》规定缔约方有义务采取就地保护措施,控制可能破坏生物多样性的风险。② 上述施加于《生物多样性公约》缔约方的义务,既涵盖国际投资中的东道国,也涵盖投资国,即投资国也有义务制定或采取办法约束国际投资者的投资行为,无论该行为发生在投资国境内还是境外,除非投资国另有法律规定。

再以国际投资中可能涉及的危险废物越境转移为例,1991 年的《禁止向

---

① 余民才:《国家责任法的性质》,载《法学家》2005 年第 4 期。

② 《生物多样性公约》第 8 条规定,缔约方必须制定措施,管理或控制使用和释放经生物技术改造的活生物体可能产生的风险,并防止引进、控制或消除威胁生态系统、生境或物种的外来物种。

非洲进口且在非洲控制危险废物越境转移的巴马科公约》(以下简称《巴马科公约》)明确规定,各缔约方应努力采取和实施针对污染问题的预防性方法,以防止因危险废物发生环境损害,而不必需要有关此类损害的科学证据。此处的缔约方既包括国际投资中的东道国也包括投资国。无论是东道国还是投资国,只要是《巴马科公约》的缔约方,就都有责任采取和实施预防性方法,以防止危险废物越境转移过程中将危险废物释放到环境中。作为投资国,有责任要求其所管辖的国际投资者遵守东道国有关危险废物越境转移方面的法律规定,其自身也应按照《巴马科公约》的要求,采取和实施相关立法或措施,约束国际投资者的国际投资行为,避免在危险废物越境转移过程中发生环境风险。

3. 国际投资中环境保护之国家赔偿责任

由于国际投资项目多处于东道国境内,如因国际投资项目发生环境损害,其对于东道国环境损害更大。然而,对于环境损害的救济,无论是东道国还是投资国,都有责任采取积极措施减少国际投资对环境的损害。关于环境损害的赔偿,则是一个相对比较复杂的问题。

《预防跨界损害条款草案》[①]规定,在发生危险活动导致或可能导致跨界损害的事故时,起源国负有采取应急措施以减少或消除跨界损害的义务,包括紧急备灾方面的义务[②]和通知紧急情况方面的义务[③]。该草案中的"起源国"是指在其境内或受其管辖或控制范围内计划或实施该草案第 1 条[④]所指活动的国家。这里的起源国既涵盖在境内实施投资项目的国家,也包括通

① 联合国国际法委员会于 2001 年完成了《关于预防危险活动的跨界损害的条款草案》(Draft Articles on Prevention of Transboundary Harm from Hazardous Activities,以下简称《预防跨界损害条款草案》)。

② 《预防跨界损害条款草案》第 16 条(紧急备灾)规定,起源国应酌情与可能受影响国和有关国际组织合作,制订对付紧急情况的应急计划。

③ 《预防跨界损害条款草案》第 17 条(通知紧急情况)规定,起源国应毫不迟延地以可以使用的最迅速方式将有关某项活动的紧急情况通知可能受影响国并向其提供一切有关的现有资料。

④ 《预防跨界损害条款草案》第 1 条(适用范围)规定,本条款适用于国际法未加禁止的、存在可能因其物理后果造成重大跨界损害风险的活动。

过其管辖或控制的企业或个人在其他国家实施国际投资项目的国家。因此,从投资国的角度,在发生国际投资项目导致东道国环境损害的情况下,投资国有义务采取应急措施减少或消除国际投资项目引起的跨界损害。

中国与其他国家签订的双边协定①中,也有涉及中国在发生跨界损害所应采取应急措施义务的相关规定。可见,中国已经关注到跨界损害问题,并就可能发生的应急措施义务在国际协定中予以了规定。

综上所述,国际投资项目发生或可能发生环境损害的紧急情况时,作为起源国的投资国应当履行通知和磋商、实施防范措施和紧急援助义务。未严格履行上述义务造成或扩大跨界损害损失的,起源国将承担过错责任,构成传统国家责任法项下因发生不法行为而导致的国家责任。

关于国际投资项目引起跨界环境损害的国家赔偿责任,则要具体情况具体分析。由于国际投资行为很多是由私人商事主体进行的,也有由国家授权特定主体根据国家意志完成的投资行为,因此需要首先具体分析特定国际投资行为能否归责于投资国。其次,判断国际投资行为本身是否导致违反国际义务或构成国际法不加禁止的行为。对于可归责于国家的国际投资行为,构成违反国际义务的,投资国应当承担因上述违反国际法行为所造成的赔偿责任。对于可归责于国家并属于国际法不加禁止的国际投资行为,投资国在公平的基础上承担一定程度上的责任,尤其是在投资国的经营者负担赔偿责任不足以赔偿损失的情况下,基于公平正义原则、损失分担原则和责任集中于国家原则,可要求投资国分担其经营者无力承担的赔偿责任部分。

(二)投资国环境保护之国家责任的法律逻辑分析

从投资国的角度,其是否对本国投资者境外投资行为中涉及环境保护问题存在国家责任,可以从以下两个层面进行分析。

---

① 例如,中国政府和俄罗斯联邦政府于2008年1月29日签订的《关于合理利用和保护跨界水的协定》和2006年3月21日签订的《关于预防和消除紧急情况合作协定》。

1. 投资国是否违反了有关国际投资中环境保护的预防责任

投资国有通过本国立法和行政措施确保本国投资者在从事国际投资活动中采取预防措施避免环境损害的义务，同时投资国本身也具有环境保护方面采取预防措施的直接义务。违反这些义务，将导致投资国自身的国际不法行为，进而产生国家责任问题。

2. 投资国是否就本国投资者国际投资中环境损害承担国家赔偿责任

投资国本国投资者在境外投资中发生环境损害的后果不必然导致投资国承担国家赔偿责任。首先，需要分析投资国所管辖的本国投资者在境外投资行为是否可归责于投资国。如果该境外投资行为受投资国的授权或指挥或控制，则该行为可归责于投资国。

其次，要看是否发生了经营者难以赔偿的重大损失。在国际投资活动中，在东道国从事国际投资的经营者受东道国的属地管辖和投资国的属人管辖。在国际投资活动导致环境损害的情况下，东道国会行使属地管辖权，要求经营者停止侵害和进行赔偿。如果经营者自身就有能力承担全部赔偿责任，则无必要启动复杂的国际法程序追究投资国的国家赔偿责任。只有在经营者自身无力承担全部赔偿责任或通过保险等金融措施仍然无法赔偿全部损失时，为确保受害者及时受到补偿，才有必要涉及投资国的国家赔偿责任问题。

如果国际投资活动发生在核领域、外空活动或海洋石油运输等领域，鉴于在这些领域有相关国际法规定，应根据这些相应的国际法规定判断投资国是否存在国家赔偿责任。

如果国际投资活动发生在其他领域，在缺乏明确国际法依据确定国家就跨界损害直接承担赔偿责任的情况下，宜根据公平正义原则、损失分担原则和责任集中于国家原则，由经营者首先负担赔偿责任，不足以赔偿受害者损失的，可由国家根据国际法和惯例分担赔偿责任。

投资国也可以就国际投资中环境损害的国家责任主张免责情形。例如，不可抗力，投资国已经采取了一切必要和适当措施，或损害是由于另一国重大过错或故意所造成的，等等。

(三)区分国际投资中环境保护之经营者责任和投资国的国家责任

国际投资活动的主体主要是投资国的私人主体,而非投资国本身。这里的私人主体包括国有企业、私营企业和个人等。国际投资中环境保护的实现也是通过这些私人主体的行为来实现的,在发生环境损害的情况下,也应由从事国际投资活动的经营者首先承担相应的责任,投资国不必然就本国投资者境外投资导致的环境损害后果承担国家赔偿责任。

1. 有关国际投资中环境保护的预防责任方面

无论是投资国还是其所管辖的投资者,都对投资者境外投资环境保护方面负有预防发生环境损害的责任。从投资者的角度,其应采取符合东道国和投资国法律规定的预防措施,防止或减少发生环境损害的不利后果。从投资国的角度,则有"确保遵守"的义务,应通过国内立法和行政措施确保本国投资者在实施境外投资活动中有效采取环境保护措施,预防环境损害发生。投资者违反采取预防措施义务的,应根据东道国或投资国的国内法及相关法律文件承担相应的责任。然而,投资者自身违法违规行为,不必然导致投资国违反其所负有的环境保护方面的预防责任。研判投资国是否违反其所负有的预防责任,要看投资国本身是否出台了完整的立法和行政措施来确保投资者履行其环境保护方面的义务,是否建立了有效的执法机制持续有效地监督本国投资者履行其遵守环境保护相关法规的义务。如果投资国违反了自身的"确保遵守"的义务,或其他关于预防措施方面的直接义务,将导致其在预防责任方面的国家责任。该国家责任的产生,是必然伴随投资者在国际投资中发生环境保护违法违规行为的,但不是该违法违规行为必然产生的后果。

2. 有关国际投资中环境损害的赔偿责任方面

首先,在发生国际投资活动导致的环境损害情况下,经营者应根据"污染者负责"的原则承担首要的赔偿责任。这里的经营者首先指的是国际投资者在东道国设立的子公司或分公司。在分公司的情况下,位于投资国的国际投资者要承担其海外分公司的责任。在子公司的情况下,关于国际投资者是否承担其海外子公司的责任尚没有统一的国际法规定。但在某些国家,如美国,已存在跨国公司为其海外子公司境外投资活动产生的损害承担责任的案例,法院认为母公司应对子公司造成的损害承担责任。在法国海岸 Amoco Cadiz 漏油诉讼案中,美国法院认为:Standard 公司作为一家综合性跨国公司,其所附属的子公司体系在全世界范围内从事勘探、生产、精炼、运输和出售石油产品的活动,Standard 公司应对其所属的 AIOC 和 Transport 公司的民事行为负责。[①] 鉴于国际环境属于全球共同利益和共同关注的话题,国际投资者所属国有义务使跨国公司承担其子公司在境外造成环境损害的责任。[②]

其次,经营者自身的违法违规行为不应必然导致投资国的国家赔偿责任。投资国有必要为投资者境外投资行为承担责任,是因为投资国对本国投资者行使属人管辖权并自其境外投资活动中受益。然而,这不意味着投资国需要对所有本国投资者境外投资活动的后果承担责任。只有当投资者境外投资活动可以归责于投资国时,才会引发投资国的国家赔偿责任问题。

最后,投资国所承担的国家赔偿责任应是补充责任,仅在经营者自身无法承担全部赔偿责任的情况下才涉及由投资国出面承担补充赔偿责任。除此之外,该补充赔偿责任应受限于实际发生损害的范围内,以确保受害者和受害东道国及相关方的损失能够及时得到补偿。投资者可以采取保险等方式增加损失赔偿的能力,投资国也可以通过法律法规或行政措施要求投资者通过保险或其他金融措施增加损失赔偿的能力,投资国自身也可以通过保险或基金等方式增加自身承担补充赔偿责任的能力。

参考国际海洋法法庭第 17 号咨询意见案,其认为担保国和其所担保的承包商的责任是并行存在的,而非连带责任。担保国赔偿责任的存在不影响承包者承担和履行其赔偿责任,承包者应先于担保国履行赔偿责任,在承

① In the Matter of Oil Spill by the Amoco Cadiz off the Coastof France on March 16,1978,954 F. 2d 1279 (7th Cir. 1992).

② 顾海波、阎福宽:《跨国公司投资中的环境法律责任探析——以解决对东道国的损害问题为视角》,载《政法论丛》2009 年第 5 期。

包者不能完全赔偿其应负责的损害时,担保国有义务对未能赔偿的损害承担剩余责任。[①] 国际海洋法法庭第 17 号咨询意见案中关于担保国和承包商之间的责任承担关系的阐述,对于研判分析投资国与其本国投资者之间就国际投资活动导致环境损害应承担责任之间的关系具有重要的借鉴意义。

① 高健军:《国际海底区域内活动的担保国的赔偿责任》,载《国际安全研究》2013 年第 5 期。

02 第二节

国际投资环境保护相关国际法律制度

国际投资者因属人管辖应遵循投资国之法律，因属地管辖应遵循东道国之法律。投资国之法律首要之义在于保护本国投资者对外投资之合法权益，重心未必在于保护东道国之环境。东道国之法律除了吸引外商投资之外，则更加侧重于保护本国之环境。二者立法初衷的不同，也易发生法律之间冲突，需要投资国和东道国协调各自之法律，实现法律效应的协同。

一、国际投资环境保护相关国际法和案例

国际投资环境保护方面的国际法法律渊源，既包括国际投资相关协定中环境保护方面有关国家义务和责任的规定，也包括国际环境保护相关国际条约中有关国家责任的规定，还包括国际投资环境保护相关的国际法案例。

（一）国际投资相关协定中环境保护方面之国家责任

1.《美墨加协定》

2018 年 11 月 30 日，美国、墨西哥和加拿大三国代表签署了《美国—墨西哥—加拿大协定》（The United States-Mexico-Canada Agreement，USMCA，以下简称《美墨加协

定》)。《美墨加协定》同《北美自由贸易协议》(NAFTA)相比,大幅增加了关于环境保护方面的约定。

《美墨加协定》在协调环境保护和投资方面,重视通过国际合作来解决与贸易和投资相关的环境保护问题。在强调环境保护是一国主权的同时,《美墨加协定》也鼓励各缔约方实现高水平的环境保护,有效执行环境保护相关法规。如果一国未有效执行其环境保护相关法规,将被默认为采取了影响各缔约方之间贸易或投资的作为或不作为。

在预防环境损害方面,《美墨加协定》重视环境影响评价的作用,要求各国通过国内立法措施对拟建项目进行环境影响评价,且环境影响评价程序需向公众公开披露相关信息并允许公众参与。

在国际合作方面,美墨加三国将各自指定联系机构,设立由各国政府代表组成的环境合作委员会,加强《美墨加协定》项下环境事宜的沟通和合作。

在责任落实和争议解决方面,如果一国认为他国没有有效执行其本国环境保护之法律,可将争议提交给环境合作委员会下设的秘书处,通过磋商机制和专家组机制来解决。

《美墨加协定》还要求各缔约方执行其所加入的多边环境协定。

2.《全面与进步的跨太平洋伙伴关系协定》

《全面与进步的跨太平洋伙伴关系协定》(CPTPP)①于2018年12月30日生效,②其对协调国际投资和环境保护之间也作了高标准的规定。在平衡投资和环境保护的关系方面,CPTPP也要求缔约方不得以无效率的作为或不作为来执行环境保护相关法律,进而影响缔约方之间的投资。

在预防环境损害方面,CPTPP要求各缔约方鼓励企业在自愿的基础上承担与环境保护有关的企业社会责任,并将其纳入企业的政策和实践。企业社会责任应符合国际公认标准和准则。同时,CPTPP要求各缔约方鼓励

① 参见加拿大政府网,https://www.international.gc.ca/trade-commerce/trade-agreements-accords-commerciaux/agr-acc/cptpp-ptpgp/index.aspx?lang=eng。

② 涵盖批准该协议的前六个国家,包括加拿大、澳大利亚、日本、墨西哥、新西兰和新加坡。2019年1月14日,CPTPP对越南生效。

使用弹性及自愿性环境绩效资源机制来保护其领土内自然资源和环境，包括自愿性查验及申报、以市场为基础的激励机制、自愿分享信息及专业知识和公私伙伴关系。

在合作和参与机制方面，CPTPP 要求各缔约方尽力配合公众参与相关的信息请求，听取和考虑公众意见。各缔约方将指定各自机关负责国际合作事宜，建立联络点和各缔约方之间的环境委员会。

另外，CPTPP 共用了 8 条分别规定多边环境协定和特定领域环境保护措施，并规定了环境争端解决条款。

3.《中欧投资协定》

《中欧投资协定》(The China-EU Comprehensive Agreement on Investment, CAI)旨在构建中欧双边投资制度安排，其中也包括环境相关条款，规定了缔约方在环境保护方面所负有的义务和责任。

在平衡投资和环境保护方面，CAI 要求各缔约方应确保其本国法律政策鼓励高水平的环境保护，避免通过削弱或减少环境保护来鼓励投资。同时，CAI 要求缔约方应鼓励对环境产品和服务的投资并给予便利。

在预防环境损害方面，CAI 要求各缔约方同意就可能对环境产生重大影响的投资进行环境影响评价，并加强在环境影响评价方面的经验交流和合作。

CAI 还要求各缔约方有效履行其参加的多边环境协定，尤其是《联合国气候变化框架公约》和《巴黎气候协定》，促进与减缓或适应气候变化相关的投资。

(二)国际环境保护相关条约中之国家责任

国际环境保护涉及多方面的国际条约，在此仅以生物多样性保护、跨界水道和国际湖泊的保护和利用，以及危险废物越境转移及其处置相关国际条约为例，说明其中有关国家责任的规定。

1.《生物多样性公约》

国际投资活动往往会与投资项目所在地东道国的生物多样性环境保护

之间产生冲突。无论是国际投资中的东道国还是投资国，只要其是《生物多样性公约》的缔约方，就都需要遵守《生物多样性公约》施加于缔约方的义务和责任。

在预防生物多样性环境损害方面，缔约方有责任对可能存在生物多样性不利影响的项目开展环境影响评价，并酌情允许公众参加。《生物多样性公约》重视通过国际合作预防发生生物多样性方面的损害，要求缔约方就可能产生重大不利影响的拟建项目在互惠基础上向其他国家通报相关信息并进行磋商，并积极采取预防损害发生的措施。缔约方还应制订应急措施计划，以应对可能导致严重损害的事件或活动。

在国家损害赔偿责任方面，《生物多样性公约》要求各缔约方就其管辖或控制下的项目或活动对其他国家或地区造成的生物多样性重大不利影响，应承担相关责任，包括恢复受损害的环境生态的原状、给予相关受害者赔偿等。

2.《跨界水道和国际湖泊的保护和利用公约》

国际投资可能会涉及跨界水道和国际湖泊的使用，无论是东道国还是投资国，只要其作为《跨界水道和国际湖泊的保护和利用公约》的缔约方，就应遵守《跨界水道和国际湖泊的保护和利用公约》项下规定的义务和责任。

在预防跨界水道和国际湖泊的环境损害方面，各缔约方应采取环境影响评价等措施，以防止相关活动对跨界水道和国际湖泊的不利影响。对于废水排放，缔约方应通过事前发放废水排放许可的方式予以控制，并对其进行持续监测和监管。在通过国际合作预防跨界水道和国际湖泊的环境损害方面，沿岸国之间应就其本国法律法规及其他相关信息进行信息交流，以协调废物排放的限值，交流跨界水域环境信息。沿岸国应在互惠的基础上就跨界水道和国际湖泊相关事宜进行磋商，并在可能产生跨界影响的紧急情况下，建立共同运作的通信、警报及相关系统。

在环境损害国家责任方面，《跨界水道和国际湖泊的保护和利用公约》规定各方应支持通过有关国家责任和赔偿的规则、标准和程序，但没有进一步规定相关的详细内容。

3.《危险废物越境转移及其处置所造成损害的责任和赔偿问题议定书》和《巴马科公约》

国际投资活动可能涉及危险废物越境转移和处置，在此情况下，无论是东道国还是投资国，只要其是《危险废物越境转移及其处置所造成损害的责任和赔偿问题议定书》的缔约方，就应遵守相关规定。

在预防危险废物越境转移及其处置导致损害方面，各缔约方应通过国内立法要求对危险废物和其他废物享有经营控制权的主体，采取合理预防措施以尽量减少事故造成的损害。

《巴马科公约》也规定缔约方有采取预防性措施的义务，防止危险废物释放到环境中。

（三）国际投资特定领域国家责任之国际法

1. 航天领域与《责任公约》等相关国际法

1971 年 11 月 29 日，联合国大会通过了《空间物体所造成损害的国际责任公约》（Convention on International Liability for Damage Caused by Space Objects，以下简称《责任公约》）①。《责任公约》规定，对于其外空活动导致地表或飞行中飞机损害的，国家承担绝对责任，②但是发射国对地表之外造成的损害承担过错责任。③

对于涉及航天领域的国际投资活动，可根据《责任公约》来分析判断投资国的国家责任。关于国际法中的空间事故责任，最重要的国际法责任主体是国家。航天领域的国际投资应区分投资国和东道国是否因投资行为构成《责任公约》项下的发射国。对于发射国的定义范围相对较宽泛，提供资

① 该公约于 1972 年 3 月 29 日开放供签署，并于 1972 年 9 月 1 日生效。

② 《责任公约》第 2 条和第 5 条规定，发射国对其空间物体在地球表面，或给飞行中的飞机造成损害，应负有赔偿的绝对责任。两个或两个以上的国家共同发射空间物体时，对所造成的任何损害应共同及单独承担责任。

③ 《责任公约》第 3 条规定，任一发射国的空间物体在地球表面以外的其他地方，对另一发射国的空间物体，或其所载人员或财产造成损害时，只有损害是因前者的过失或其负责人员的过失而造成的条件下，该国才对损害负有责任。

金、技术、设备等资源的投资国和提供场地设施的东道国一般都将纳入发射国的范围。如果飞行中的飞行器或地面受到发射国空间物体的损坏，除非发射国能够提供证据证明要求赔偿国或其自然人或法人有过失，否则发射国应承担绝对责任。对于地表外的损坏，发射国则只对其过错或负责人员过错造成的损害负责。

2. 核领域与相关国际法

在发生核电领域环境损害情况下，核事故责任国际法律制度主要包括巴黎—布鲁塞尔公约制度、《维也纳核损害民事责任公约》（以下简称《维也纳公约》）制度和《核损害补充赔偿公约》（以下简称 CSC）制度。1988 年《关于维也纳公约和巴黎公约适用问题的联合议定书》（以下简称《联合议定书》）是巴黎—布鲁塞尔公约制度和《维也纳公约》制度之间的桥梁。因核事故而损害第三方利益的条约的相似性，是所有核操作者都负有严格责任。

在核领域，国家应当以加强对民用核活动管理的方式来履行合理的义务从而防止国境之间的核的损害，与此同时，国家还应当以行政许可的形式持续地对其进行监督和控制。在满足直接义务的过程中，国家应当采取特定防范措施来防止跨越国境的核的损害，在可能的最早的时间内通知核的事故并且提供紧急帮助。

3. 石油产业领域和相关国际法

对于石油领域的国际投资，应分析对投资者拥有属人管辖权的投资国和石油生产运营所在地的东道国是否为《国际油污损害民事责任公约》和《设立油污损害赔偿国际基金国际公约》（以下简称《油污基金公约》）的缔约方。

对于石油开采后海上运输中发生的石油污染事故，《国际油污损害民事责任公约》及其议定书是适用的。对于海上勘探开采中的石油污染，则存在争议，关键在于石油企业用于勘探开采的海上石油平台是否定性为《国际油污损害民事责任公约》及其议定书项下的船舶。如果发生的海洋石油污染情形不能适用《国际油污损害民事责任公约》和《油污基金公约》，则有必要依据相关沿海国的国内法来解决赔偿问题。

(四)国际投资中环境保护国家责任之相关案例

尽管实践中尚难以找到与国际投资中因环境保护问题导致投资国承担国家责任问题完全匹配的案例,但下述相关案例可供借鉴和参考。

1. 乌拉圭河纸浆厂案

乌拉圭河纸浆厂案是一起因为国际投资环境保护问题引起的阿根廷与乌拉圭两国之间的纠纷。该案的争议焦点主要在于《乌拉圭河规约》是否允许乌拉圭批准在界河边修建和运营纸浆厂。[①] 第一家纸浆厂[CMB(ENCE)纸浆厂]由“Celulosas de M'BopicuáSA”(CMB)计划建设,该公司由西班牙公司ENCE设立。第二家纸浆厂[Orion(Botnia)纸浆厂]由“Botnia SA”和“Botnia Fray Bentos SA”(以下简称Botnia)建设,这两家公司由一家芬兰公司(Oy Metsä-Botnia AB)在乌拉圭境内设立。这两家纸浆厂引发了阿根廷对于乌拉圭河及其本土环境污染的担忧,在交涉无果的情况下,双方诉之于国际法院。

在该案中,涉及来自西班牙和芬兰在乌拉圭的国际投资活动,但纠纷并未发生在投资国和东道国之间,而是东道国乌拉圭和乌拉圭河沿岸国阿根廷之间。尽管如此,该案仍属于与国际投资相关的环境保护的案例。根据《乌拉圭河规约》,沿岸国有采取预防措施防止环境损害的义务,并对可能影响其他国家重大环境影响的事宜或活动负有信息通报的义务。然而,乌拉圭并没有按照《乌拉圭河规约》的规定,将来自西班牙和芬兰在乌拉圭设立纸浆厂的国际投资活动事先通报乌拉圭河联合管理委员会(CARU)及阿根廷。鉴于本案中没有发生实质性环境损害,国际法院最终判决:(1)在程序义务上,法院以13票对1票,认定乌拉圭的行为已违反了《乌拉圭河规约》第7条所规定的程序义务,即其应事先通知乌拉圭河联合管理委员会及阿根廷;(2)在实体义务上,法院最后以11票对3票,认定乌拉圭仅以国内法规

---

① 乌拉圭先后于2003年和2004年批准了西班牙和芬兰的两家外资企业在乌拉圭河岸边建造纸浆厂。

定程序所作的环评，以及纸浆厂建造及营运后对乌拉圭河所产生的影响，尚未构成其对必须保护乌拉圭河及周边环境的实体义务的违反；(3)关于阿根廷向乌拉圭提出的有关恢复原状及损害赔偿的请求被驳回。[①]

该案件表明，国际投资中的投资国和东道国都需要遵守国际投资活动所涉及有关国际环境保护的特定国际条约下缔约方应承担的预防环境损害方面的义务，包括通知、磋商、环境影响评价等，如果违反，则应承担相应的责任。

2. 特雷尔冶炼厂案

特雷尔冶炼厂(The Trail Smelter)是位于加拿大的一家私人冶炼厂，由于提炼的物质含有硫黄，到 1930 年每天排放大量二氧化硫，越过加拿大和美国的边界，在美国华盛顿州造成严重污染。1931 年，美国和加拿大将争议提交给处理两国边界问题的国际联合委员会解决，并组织了仲裁庭解决此案。仲裁庭于 1938 年和 1941 年分别作出了裁决，最终裁定加拿大政府须采取安装污染物测量仪等合理措施对特雷尔冶炼厂的污染行为进行治理，并且须赔偿给美国华盛顿州造成的损害共计 78,000 美元。

在特雷尔冶炼厂案中虽然不涉及国际投资行为，但该案对于国际投资活动引发的环境损害问题具有借鉴意义。试想，如果本案中特雷尔冶炼厂是加拿大企业设在美国境内的冶炼厂并造成美国境内环境污染损害，对本案的结果是否存在实质性差异，美国是否依然有权要求加拿大政府就其具有属人管辖权的加拿大企业在美国所投资的冶炼厂造成的美国境内环境损害承担赔偿责任呢？对此问题，可分析下列内容：

(1)加拿大企业投资设在美国境内的冶炼厂的污染行为能否归责于加拿大政府？

投资国对于本国企业域外的行为具有可归责的法律基础，原因在于加拿大政府对于本国从事海外投资的企业具有属人管辖权。加拿大企业从事海外投资行为，尤其是可能对东道国环境产生重大不利影响的投资行为，加

① Pulp Mills on the River Uruguay (Argentina v. Uruguay), Judgment, I. C. J. Reports 2010, p. 14.

拿大政府应当进行管理和规范。特别是对东道国环境影响可能涉及生物多样性、危险废物越境转移和处置、跨界水道和国际湖泊的利用等方面,更可能受制于相应的国际条约的约束。另外,加拿大政府也自本国企业海外投资行为中获利,如海外投资企业利润的汇回、海外资源的获取等,这也是加拿大政府需要为其本国企业海外投资行为导致环境损害承担责任的法理基础。

(2)环境损害后果是否足够严重,需由加拿大政府来承担赔偿责任?

加拿大政府对此也可以抗辩,既然本国企业设立的冶炼厂在美国境内,美国也有属地管辖权,可以直接管理和规范该冶炼厂的经营行为,要求经营者承担赔偿责任,停止侵害行为,如此还有必要追究加拿大政府的责任吗?诚然,在损害后果比较小的情况下,如果经营者自身就可以承担全部损害赔偿,是没有必要发起复杂的环境争议程序追究加拿大政府责任的。然而,当环境损害的后果比较严重,经营者即使破产清算也无力赔偿全部损失,又当如何呢?在此情况下,就有必要使既对海外投资经营者具有管辖权又有受益的加拿大政府站出来承担补充赔偿责任了。

综上所述,尽管特雷尔冶炼厂案中不涉及国际投资行为,但其案件结果和法理本身与国际投资中的环境损害案件具有相通和可借鉴之处,对于思索和解答国际投资中环境损害的国家责任这一问题具有重要参考价值。

3. 国际海洋法法庭第17号咨询意见案

2008年,瑙鲁共和国赞助了瑙鲁海洋资源公司(Ocean Resources Inc.)制订的在Clarion-Clippton中央太平洋断裂带海底“区域”内勘探多金属结核工作计划的申请。瑙鲁和其他许多发展中国家一样,自身尚不具备承担国际水域海底采矿的技术和财务能力。为有效参与“区域”内的活动,这些国家必须让国际私营企业实体参与,如通过外国直接投资的方式。这些发展中国家缺乏执行国际水域区域采矿项目的融资能力,有些也负担不起由于该项目开发可能导致的潜在环境损害的法律风险。瑙鲁担心其作为担保国,因为区域开发导致的潜在风险或责任可能超出瑙鲁的国家财政能力,因此向国际海洋法法庭提出关于担保国责任和义务的咨询意见申请。

2010年5月6日,国际海底管理局理事会通过了ISBA/16/C/13号决定,其中根据《联合国海洋法公约》(以下简称《海洋法公约》)第191条,其要求国际海洋法法庭海底争端分庭就以下问题提出咨询意见,包括:(1)《海洋法公约》缔约方根据《海洋法公约》,特别是第十一部分,以及1994年《关于执行1982年12月10日的〈联合国海洋法公约〉第十一部分的协定》(以下简称《1994年协定》),在担保"区域"内的活动方面的法律责任和义务是什么?(2)缔约方就其根据第153条第2款第(b)项发起的任何企业实体不遵守《海洋法公约》,特别是第十一部分和《1994年协定》规定的责任范围是什么?(3)担保国必须采取哪些必要和适当的措施,以履行其根据《海洋法公约》,特别是第139条和附件三以及《1994年协定》所承担的责任?

海底争端分庭于2011年2月1日发表了咨询意见①,内容如下:

(1)针对问题一的回复

担保国根据《海洋法公约》承担以下两项义务和责任:

①"确保遵守"的义务,即确保所担保的承包商遵守合同条款和《海洋法公约》及相关法律文件规定的义务。这也是担保国的"尽职"义务,担保国有责任尽最大努力确保承包商活动的合法性和合规性。尽责义务的标准可能会随时间而变化,具体取决于所涉及的活动的风险水平。该"尽职"义务要求担保国在其本国法律体系内采取相应措施,包括通过相关法律、法规和行政措施,且这些措施的标准必须"合理适当"。

②担保国必须独立遵守的直接义务

担保国最重要的直接义务是:

A.《海洋法公约》第153条第4款规定的协助管理局的义务;

B.采取《里约环境与发展宣言》原则15、《"区域"内多金属结核探矿和勘探规章》(以下简称《锰结核规章》)、《"区域"内多金属硫化物探矿和勘探规章》(以下简称《硫化物规章》)项下采取预防措施的义务,该义务也是担

---

① *Responsibilities and Obligations of States with Respect to Activities in the Area*, *Advisory Opinion*, 1 February 2011, ITLOS Reports 2011, p. 10.

保国"尽职"义务的组成部分；

C. 采用《锰结核规章》《硫化物规章》规定的"最佳环境实践"的义务；

D. 在管理局发布紧急命令保护海洋环境的情况下，采取措施以确保提供担保的义务；

E. 提供补偿救济的义务。

担保国的尽责义务，还包括要确保所担保的承包商遵守《1994 年协定》附件第 1 条第 7 款规定的进行环境影响评价的义务。采取环境影响评价也是习惯法规定的一项一般义务，也是《海洋法公约》第 206 条中列明的所有国家的直接义务和《海洋法公约》第 153 条第 4 款规定的担保国协助管理局的义务的一部分。

以上两种义务和责任均同等地适用于发达和发展中国家，除非另有明确规定，如《锰结核规章》《硫化物规章》中提及的《里约宣言》原则 15 规定，国家应"根据其能力"采取预防措施。《海洋法公约》中考虑了发展中国家特殊利益和需求的规定应得到有效实施，以使发展中国家能够在参与深海海底采矿方面与发达国家处于平等地位。

(2)针对问题二的回复

担保国的责任是由于其没有履行《海洋法公约》和有关法律文书项下的义务。担保国所担保的承包商没有履行其义务本身并不必然导致担保国承担赔偿责任。担保国承担责任的条件是：①担保国没有履行其在《海洋法公约》下的责任；②发生损害。

担保国失于履行其尽责义务并因此承担责任要求在未履行尽责义务和损害之间存在因果关系。该责任是由担保国所担保的承包商未能履行其义务所引发的。担保国未履行尽责义务和损害之间的因果关系应是客观存在的，而非推定的。

如果担保国已经采取了一切适当必要的措施以确保承包商有效地履行其义务，则可以免除担保国的责任。如果担保国就其在区域内的 77 项活动(参见 2011 年 2 月 1 日的咨询意见)已经履行了其义务，则担保国对其所担保的承包商发生的损害不承担责任。但该免责不适用于担保国未履行其直接义务的情形。

担保国和其所担保的承包商的责任是并行存在的,而非连带责任。担保国并不承担剩余责任。多个担保国之间承担连带责任,除非海底管理局规章另有规定。

担保国所承担的责任应限于实际损害。根据《锰结核规章》《硫化物规章》,承包商就勘探完工后发生的损害仍需承担赔偿责任,这一点同样适用于担保国。另外,可以考虑建立信托基金以弥补《海洋法公约》项下未涵盖的损失。

《海洋法公约》和有关法律文书规定的赔偿责任规则不影响国际法相关规则。如果担保国虽然没有履行其义务,但未发生损害,则该不法行为的后果可根据习惯国际法确定。

(3)针对问题三的回复

《海洋法公约》要求担保国在其本国法律体系内确立法律法规以及采取相关行政措施有两个功能,一是确保其所管辖的承包商合规并履行其义务,二是免除担保国自身的责任。该类法律法规和行政措施不是与海底管理局订立合同的前提条件,但是,其是担保国履行尽责义务的必要内容并可以寻求免责的要件。

担保国法律法规和行政法规的范围和程度措施取决于担保国本身的法律制度。此类法律法规和行政措施可包括建立执法机制,积极监督所担保的承包商的活动,以及协调担保国和海底管理局之间的活动。鉴于担保国所要求采取的措施须包括法律法规和行政措施,其不能将仅与承包商签订合同的方式视为履行了其关于采取措施的义务。该法律法规和行政措施应在与海底管理局签订合同的有效期间始终有效。根据《锰结核规章》第 30 条和《硫化物规章》第 32 条的规定,该担保国的国内措施应涵盖承包商完成勘探工作阶段后的期间。

担保国针对区域内 77 项活动所通过的法律法规和采取的行政措施并没有绝对自主裁量权,其必须善意行事,并按照合理、相关和有利于整个人类的方式考虑各种方案。关于保护海洋环境,担保国的法律法规和行政措施不能比海底管理局采用的标准更低，或低于国际规则、条例或程序。担保国就其本国法律所包含的条款规定应考虑其所担保的承包商的财务实力和技术能力、签发担保证书的条件和对承担商违规行为的处罚。这也是担保国的尽责义务，以确保其所担保的承包商的义务可以执行。

《海洋法公约》及有关法律文书对担保国所要采取的国内措施的具体内容有很多规定。这尤其适用于《国际海洋法法庭规约》第 39 条的规定，即分庭的决定应当在缔约方领土内按照如同其最高法院的判决和命令的方式被执行。

综上所述，国际海洋法法庭第 17 号咨询意见案对于国际投资中环境保护的国家责任问题，具有重要的借鉴意义。尽管咨询意见一般不具有法律效力，但从以往的国际司法实践来看，咨询意见往往被视为一般国际法的主导性权威陈述。① 尽管国际海洋法法庭第 17 号咨询意见案针对的是“区域”内资源开发可能导致环境损害引发的担保国的国家责任，该“区域”内资源开发的实施主体实际上是具有国际投资特征的私人主体，所实施的“区域”内资源开发活动也可归入国际投资的范畴，只是该投资活动发生的地域不在任何东道国的境内，而是在国家管辖权范围外的区域。

所谓担保国的担保关系，主要是要界定承担国家责任的担保国和与其有紧密关系的承包商之间的关系，其应包括两个要件：(1)承包商必须是担保国的国民，或为担保国或其国民有效控制；(2)承包商由担保国提供担保。《海洋法公约》第 153 条第 2 款第(b)项关于担保要求也适用于国有企业。这里的担保关系解决了承包商域外投资行为归责于对其具有属人管辖权的担保国这一国家责任构成要件。担保国由于与其所管辖的承包商开发区域资源活动具有利益关系，也就具有了对其所管辖的承包商开发区域资源活动导致环境损害承担国家责任的关系基础。该归责要件的构成不仅依赖于属人管辖权和利益关系，还需要担保国的明示担保，在自愿承诺的基础上建立了担保国对其承担国家责任的明知和同意。担保国可类比国际投资中的投资国，但在区域资源开发的特定场景下具有更加特别的细化规定。

① 高之国、贾宇、密晨曦：《浅析国际海洋法法庭首例咨询意见案》，载《环境保护》2012 年第 16 期。

担保国在《海洋法公约》下承担的两项义务和责任,可类推于投资国对其本国投资者国际投资活动环境保护方面的国家责任和义务,包括:(1)“确保遵守”的义务,即投资国应确保本国投资者遵守合同条款和相关国际环境法及法律文件规定和进行环境影响评价的义务;(2)投资国的直接义务,包括根据相关国际环境法和其他法律文件规定采取预防措施的义务、采用相关法律文件规定的“最佳环境保护实践”的义务、提供赔偿救济的义务、国际合作相关义务等。以上义务属于投资国的尽责义务。

担保国在《海洋法公约》下的赔偿责任也可类推于投资国需承担的赔偿责任。投资者的违约或违规也并不必然导致投资国承担国家赔偿责任。投资国承担国家赔偿责任的构成要件包括:(1)投资国没有履行其尽责义务;(2)发生损害。投资国没有履行其尽责义务和发生损害之间应存在客观的因果关系。如果投资国已经采取了一切适当必要的措施以确保其本国投资者有效地履行其义务,则投资国可以主张免除自身的责任。投资国承担责任范围应限于实际发生的损害。可以考虑建立信托基金或保险等方式来建立损失多层分担的机制。

投资国通过其本国法律法规和行政措施履行其“确保遵守”的义务,可包括建立国内有效的执法机制,积极监督本国投资者从事国际投资的活动,以及协调国际合作相关活动。其所出台的本国法律法规和行政措施必须善意行事,并按照合理、相关和有利于环境保护和整个人类的方式考虑各种方案,具有有效可执行性。

二、投资国(地区)关于境外投资环境保护之立法

根据联合国贸易和发展会议(UNCTAD)所统计的数据,2017 年全球前十名外商投资输出国家或地区见表 1:

表1　2017年全球前十名外商投资输出国家或地区

单位:亿美元

序号	国家或地区	2017年对外投资
1	美国	3420
2	日本	1600
3	中国	1250
4	英国	1000
5	中国香港特区	830
6	德国	820
7	加拿大	770
8	英属维京群岛	710
9	法国	580
10	卢森堡	410

资料来源:《2018年统计数据电子手册》,载UNCTAD,https://stats. unctad. org/handbook/EconomicTrends/Fdi. html。

在此主要介绍美国、日本、英国和中国关于对外投资环境保护要求方面的法律法规。

(一)美国

目前美国没有出台对外投资环境保护方面专门性法律以约束海外投资者的行为,但是美国国内的相关法律法规和其与其他国家签订的双边投资协定(Bilateral Investment Treaty,BIT)和自由贸易协定(FTA)就海外投资中的环境保护问题进行了相关规定,并要求投资者遵守东道国的环境保护要求。

在对外投资双边协定中,美国1994年、2004年和2012年BIT范本中都涉及环境保护规定。1994年BIT范本只在序言中提及环境保护的内容,并没有包含实体性或者程序性的环境条款。2004年BIT范本中加入了环境保护方面的实质性条款,第12章规定了禁止东道国通过降低本国环境标准吸引外资,并要求投资方进行海外投资时应当充分考虑东道国的环境问题,提供必要的环境保护措施。2012 年 BIT 范本对投资与环境问题进行进一步强化,共有 7 款规定了缔约方有关投资和环境法律政策之间的关系,主要在于限制缔约一方为了吸引投资而降低本国环境保护标准。①

在绿色金融方面,美国的 CERCLA② 允许美国环保署(EPA)清理受污染的场地,并迫使负责污染的各方进行清理工作或提供政府因清理工作而发生的费用。CERCLA 被认为是美国绿色金融制度发展的重大转折点,其对银行环境责任提出了明确的要求。银行作为贷款人可能根据 CERCLA 在下列情形下被认定为经营者或所有者承担责任:(1)拥有抵押权期间参与借款人的管理;(2)行使抵押权后拥有或经营该物业。③ CERCLA 使银行在向客户发放贷款时需要考虑客户业务运营对环境造成的潜在影响,以控制自身可能发生贷款人连带责任的风险。

(二)日本

日本长久以来重视环境保护的立法,对外投资的企业在遵守东道国法律要求的同时也严格遵守国内法律,包括《环境污染控制基本法》④《公害基本法》⑤等。日本还制定了多部其他相关法律法规,⑥日本企业有责任消除对环境的有害影响。⑦

---

① 2012 年美国双边投资协定范本中环境有两种例外条款的情形,包括征收条款中的环境例外和履行要求条款中的环境例外。

② 美国国会于 1980 年制定了《综合环境响应、赔偿和责任法案》(Comprehensive Environmental Response, Compensation and Liability Act, CERCLA)。CERCLA 被非正式地称为超级基金(Superfund)。

③ Matthew H. Ahrens & David S. Langer, *Lender Liability Under CERCLA*, Bloomberg Corporate Law Journal, 2018.

④ 1967 年,日本通过了《环境污染控制基本法》,强调环境保护和经济的协调发展。

⑤ 1970 年,日本对《公害基本法》进行了修改,强调建立环境公害监督管理体制,加强对环境污染的惩罚措施。

⑥ 例如,《自然环境保护法》《森林法》《濒临灭绝野生动植物保护法》《大气污染防治法》《水质污染防治法》《农用地土壤污染防治法》等相关法律。

⑦ 商务部国际贸易经济合作研究院、中国驻日本大使馆经济商务处、商务部对外投资和经济合作司:《对外投资合作国别(地区)指南日本》,2018 年版。

日本对外签署的双边/多边投资协定中也包含环境条款。以 2012 年《中日韩投资协定》[①]为例,其在序言部分肯定了环境的重要性。[②] 2012 年《中日韩投资协定》第 23 条规定了环境措施,限制通过减损环境保护措施来吸引外国投资。[③]

(三)英国

英国关于对外投资环境保护要求方面的法律法规[④]构成了英国环境保护法规体系的框架。2001 年,英国出台了《污染预防法》,通过约束企业的生产经营行为,降低对环境的影响和破坏。

20 世纪 70 年代后,绿色金融的立法进程也被加快。1972 年,英国规定了绿色信贷理念的《有毒废物处置法》正式生效。1990 年,英国还颁布了《环境保护法》,规定企业从金融机构获得绿色信贷的前提条件是必须通过环境责任评估,并且要求污染企业必须在报告中披露其在环境保护方面所做的努力。英国是世界上最早推行低碳发展和制定低碳经济立法的国家之一,于 2008 年就颁布了《气候变化法案》。[⑤]

英国法律规定,在企业进行对外投资时要严格遵守国内法规,保护东道国的环境。此外,当英国向与其签订自由贸易协定的国家进行对外投资时,

---

① 2012 年 5 月 13 日签署并于 2014 年 5 月 17 日生效的《中华人民共和国政府、日本国政府及大韩民国政府关于促进、便利及保护投资的协定》。

② 序言指出各方"认识到在不降低对健康、安全和环境的普适措施下也可实现这些目标;认识到投资者遵守缔约一方、即其从事对经济、社会和环境的进步作出贡献的投资活动所在地的法律法规的重要性"。

③ 2012 年《中日韩投资协定》第 23 条规定:"各缔约方均承认,通过放松环境措施来鼓励缔约另一方投资者进行投资是不适当的。为此,各缔约方均不得放弃或以其他方式减损此类环境措施去鼓励在其领土内设立、收购、扩展投资。"

④ 主要依靠国内环境保护法律及相关法规和实施规范。英国 1991 年《水资源法案》、1991 年《自来水工业法案》、1995 年《环境法案》、1993 年《清洁大气法案》、1990 年《城乡规划法案》和 1981 年《野生动物和乡村法案》等。

⑤ 安国俊、曹超:《绿色金融国际立法与借鉴》,载《中国金融》2017 年第 18 期。

还应积极履行自贸协定中对环境保护提出的要求，维护东道国的环境利益，如中英自贸协定谈判中就曾提及环境保护问题。

三、东道国(地区)关于外商投资环境保护之立法

根据联合国贸易和发展大会统计的数据，2017 年全球前十名外商投资输入国家或地区见表 2：

表 2　2017 年全球前十名外商投资输入国家或地区

单位：亿美元

序号	国家或地区	2017 年外商投资
1	美国	2750
2	中国	1360
3	中国香港特区	1040
4	巴西	630
5	新加坡	620
6	荷兰	580
7	法国	500
8	澳大利亚	460
9	瑞士	410
10	印度	400

资料来源：《2018 年统计数据电子手册》，载 UNCTAD，https://stats.unctad.org/handbook/EconomicTrends/Fdi.html。

在此主要介绍美国、巴西和印度关于外商投资环境保护要求方面的法律法规。

(一)美国

外商投资需要符合美国环保署相关法律法规的要求,[①]涉及大气、水、能源、濒危物种、森林保护、环境补偿和责任等。[②] 上述法律几乎涵盖了美国环境保护的各个方面。[③]

在评估环境影响的方面,美国《国家环境政策法》(National Environmental Policy Act, NEPA)的基本政策是确保所有政府部门在决定采取任何对环境产生重大影响的重大活动之前,对环境影响给予适当的考虑,其适用于建设机场、建筑物、军事综合体、高速公路、购买绿地和其他联邦政府管辖范围内活动。环境评估(EAs)和环境影响声明(EIS)是所有美国联邦政府机构都要考量的因素,以评估替代性活动方案可能产生的影响,也是 NEPA 最重要的要求。

(二)巴西

巴西的投资政策自由度较高,根据国际金融公司的评估报告,巴西被评

---

① 具体包括:《清洁大气法》(Clean Air Act, CAA)、《清洁水法》(Clean Water Act, CWA)、CERCLA、《紧急计划与社区知情权法》(Emergency Planning and Community Right-to-Know Act, EPCRA)、《濒危物种法》(Endangered Species Act, ESA)、《能源独立与安全法》(Energy Independence and Security Act, EISA)、《能源政策法》(Energy Policy Act)、《联邦水污染控制修正案》(Federal Water Pollution Control Amendments)、《海洋保护研究和保护区法》(Marine Protection, Research, and Sanctuaries Act, MPRSA)、《国家环境政策法》(National Environmental Policy Act, NEPA)、《噪音控制法》(Noise Control Act)、《核废物管理法》(Nuclear Waste Policy Act, NWPA)、《海洋倾泄法》(Ocean Dumping Act)、《石油污染法》(Oil Pollution Act, OPA)、《污染防治法》(Pollution Prevention Act, PPA)、《资源保护和恢复法》(Resource Conservation and Recovery Act, RCRA)、《有毒物质控制法》(Toxic Substances Control Act, TSCA)等。

② 参见美国环境保护署网,https://www.epa.gov/laws-regulations。

③ 例如,《清洁大气法》规定了气体排放的标准,授权环保署制定全国空气质量环境标准。《清洁水法》规定了向水体排放污染物和水体质量标准的基本框架。美国 1980 年制定的 CERCLA 中在责任和经济责任方面,明确了污染事故处理和赔偿的内容。1986 年,美国国会通过了《紧急计划与社区知情权法》,要求企业公开披露其释放到环境中的有毒化学物质的相关信息,并建立环保事件应急处理反应中心。1990 年,美国出台了《石油污染法》,明确油污赔偿责任主体和数额,推动地方和各级联邦政府建立较为完善的污染事件应急机制。

定为世界范围内20个新兴市场中可以完全自由进入的市场。外资在进入巴西后可以享有国民待遇,彻底改变对外资的歧视政策,扩大外资投资范围。但是外商投资必须符合巴西环境部法规要求。

巴西制定了关于环境保护的国家政策,①旨在控制污染或潜在污染活动。巴西实行环境许可证制度,②对于破坏环境的境外投资,将根据1998年2月颁布的第9605号法律进行判定,一旦被认为构成破坏环境的违法犯罪行为,则将面临监禁、罚金等多种处罚措施。③

巴西作为G20国家之一,积极使用银行政策和监管手段来支持银行业将环境因素纳入银行治理和管理实践,并为新兴的可持续经济部门筹集资金。巴西于1995年通过第一个《绿色议定书》,由巴西国家开发银行(BNDES)领导联邦公共银行(除了BNDES以外,还有Caixa Econômica Federal、巴西银行、亚马逊银行和巴西东北银行也参与)签署,其目的是在与可持续发展相协调和社会环境责任的基础上确定施行政策和实践。

(三)印度

外商投资需要符合印度环保法律法规。印度现行的环保法规主要包括综合性环境基本法《环境保护法》,以及联邦政府为了履行职能而细化制定《环境保护规则》、《水法》和《大气法》及大量其他附属环保方

① 1988年,巴西第一次在宪法中增加了关于环境的专门章节。它还规定了一系列保护生态环境的法律法规,明确了国家政府和公民保护环境的权利和义务等。

② 巴西法律规定,任何使用环境资源并在目前或将来可能造成环境污染的建筑设施,必须在得到政府环境保护机构的许可后才可以进行建筑、安装、扩充和使用。在特定情况下,只有经过联邦环境保护局和巴西环境再生自然资源研究所的分析和确认,才能颁发许可证。下述项目或活动必须取得以下许可:(1)事前许可(LP):适用于项目实施的准备阶段,包括在选址、设置、操作过程中所需要满足的基本条件;(2)建设许可(LI):项目实施前的批准程序;(3)操作许可(LO):批准项目的实施运行以及污染控制设备的运行。

③ 商务部国际贸易经济合作研究院、中国驻巴西大使馆经济商务处、商务部对外投资和经济合作司:《对外投资合作国别(地区)指南巴西》,2018年版。

面的法规。①

当外资进入印度国内市场时,必须严格遵守印度国内的相关法律法规。对于不遵守相关法律、各种实施细则、命令和指令的个人,将面临罚金甚至监禁的处罚。该处罚同样适用于外国公司及直接控制和负责公司经营活动的人员。②

四、投资国与东道国双边投资协定之法律协调

投资国和东道国可以通过双边投资协定来进行关于投资国外商投资和东道国环境保护方面相关法律的协调。

(一)美国

以美国为例,其同时作为世界最大的外商投资输出国和外商投资输入国,在投资和环境法律政策方面,美国主张应在投资和环境保护之间获得平衡,不能以牺牲本国环境保护为代价来达到吸引外商投资的目的。美国2012年BIT范本第12条共有7款规定了缔约方有关投资和环境法律政策之间的关系。第12.1条和第12.2条规定,承认各方本国环境法律政策在保护环境方面的重要作用,缔约方应该确保不为鼓励投资而以弱化和降低国内法规定的环境保护水平。第12.3条规定,各方有权就执行更重要的环境事项行使自主权,决定有关监管、合规、调查、控诉事项,以及就资源分配作出决策。第12.6条和第12.7条规定了缔约方之间可以就环境与投资事项相互磋商,并提供公众参与的机会。该条主要在于限制缔约一方为了吸引投资而降低本国环境保护标准。

---

① 1980年《森林保护法》,1972年《野生动物保护法》、《原子能法案》,1879年《大象保护法》、《流行病法案》、《工厂法案》、《渔业法案》,1968年《杀虫剂法案》,1896年《警察法案》、《市政立法》,1954年《防止食品掺假法案》,1860年《印度刑法典》,1963年《特赦法案》等。

② 商务部国际贸易经济合作研究院、中国驻印度大使馆经济商务处、商务部对外投资和经济合作司:《对外投资合作国别(地区)指南印度》,2018年版。

当外商投资和环境保护发生严重冲突的时候,美国认可东道国可以采取基于环境保护的自主性措施,[①]即使该措施可能对境外投资带来负面影响,包括履行要求条款中的环境例外和征收条款中的环境例外。

关于履行要求条款中的环境例外,美国2012年BIT范本第8.3条规定,缔约方有权采取措施(包括环境措施)。[②] 该规定使缔约一方有权为了本国环境保护之目的而采取国内环境措施,这些措施包括当地成分要求、购买和使用要求、当地商品的优先购买权和使用要求,只要上述措施合理,而非针对贸易和投资的隐性障碍。

关于征收条款中的环境例外,美国2012年BIT范本附件B(征收)第4.2条[③]赋予缔约一方为环境之目的,可以采取非歧视性的管制行为,该行为不将被视为征收,不必遵守有关征收的必要程序和承担相关补偿责任。

(二)加拿大

加拿大所采用的BIT与上述的美国BIT范本有很多共同之处。以加拿大与喀麦隆于2014年3月3日签署并于2016年12月16日生效的《加拿大和喀麦隆共和国促进和保护投资协定》为例,其与环境保护的有关条款包括:第9条履行要求条款(performance requirements)中的环境例外规定,第10条征收条款(expropriation)中的环境例外规定,第15条健康、安全和环境措施及公司社会责任条款(health, safety and environmental measures and corporate social responsibility),第33条专家报告条款。上述条款中的环境例

① 美国2012年BIT范本中有两种情形的环境例外条款,包括履约要求条款中的环境例外和征收条款中的环境例外。

② 包括:(1)为确保履行并非与本协定不相符的法律与规定所必需的措施;(2)为保护人类、动植物生命与健康所必需的措施;(3)与生物性或非生物性可枯竭资源保护有关的措施,只要上述环境措施适用的方式并非武断或不合理,而且对贸易和投资不构成隐蔽性限制,那么即使其涉及当地成分要求、购买与使用以及优先购买与使用当地商品要求等投资限制措施,也不得解释为阻止缔约方采取或维持该环境措施。

③ 第4.2条规定,除了极少数情况,缔约方为保护合法公共福利目标——比如公共健康、安全与环境——而设计和实施的非歧视性管制行为,不构成间接征收。

外条款、专家报告条款与美国相关规定类似，在此有必要重点关注其第 15 条。[①] 应该注意到，加拿大鼓励其本国企业采纳国际认可的环境保护标准，但并非强制性的。

综上所述，发达国家通过 BIT 可以实现与东道国法律之间就外商投资和环境保护关系的法律协调，主要体现在约束东道国不得以吸引外商投资为目的而降低本国环境保护的标准，避免东道国通过法律手段造成外商投资流向的偏向。这有利于实现全球范围内环境保护目的与外商投资吸引二者要素之间的均衡，有利于在全球范围内形成环境保护的统一意识和价值观。除此之外，发达国家对于外商投资所需要遵循的环境保护标准尚主要基于东道国环境保护标准，并非强制性要求投资者遵循国际认可的环境保护标准。

① 《加拿大和喀麦隆共和国促进和保护投资协定》第 15. 1 条主要规定缔约一方不应为了吸引投资而降低本国环境保护标准，这与美国 2012 年 BIT 范本第 12. 2 条类似。《加拿大和喀麦隆共和国促进和保护投资协定》第 15. 2 条规定，各缔约方应鼓励在其领土或管辖范围内经营的企业自愿将国际公认的企业社会责任标准纳入其实践和内部政策，如缔约方支持或通过的原则声明。该原则涉及劳工、环境、人权、社区关系和反腐败等问题各缔约方应鼓励其境内运营或受其管辖的企业自愿将国际认可的企业社会责任标准纳入其实践和内部政策，如缔约方支持或采纳的原则声明。该原则涉及劳工、环境、人权、社区关系和反腐败等问题。

03 第三节

中国境外投资环境保护现有法律体系及其问题

中国境外投资环境保护现有法律体系尚在发展中，但从基本原则层面是基于可持续发展原则、预防原则和国际合作原则之上，与国际环境法的基本要求相匹配。当然，中国境外投资环境保护现有法律体系还存在缺乏统一规范、内容尚待完善等问题。

一、中国境外投资环境保护现有法律体系介绍

中国境外投资的蓬勃发展出现于近些年，相关境外投资的法律框架也是近年来不断发展起来的，其中关于环境保护的内容也是如此，自 2013 年 2 月 18 日中国商务部和原环境保护部发布的《对外投资合作环境保护指南》开始不断发展，并在“一带一路”倡议提出后占越来越重要的位置。中国倡议发起的“一带一路”建设正在打造中国参与全球治理的“中国范式”。在国际投资治理领域的“中国范式”应符合两大准则：一是高标准的投资开放与投资保护；

二是协调一致的可持续发展机制,两者不可偏废。[①]

(一)中国现有法律体系基于可持续发展原则

中国对外投资重视可持续发展问题,现有境外投资环境保护方面的法律体系符合可持续发展原则,符合相关国际法的基本要求。

1. 国际公约层面

中国已经加入涉及对外投资的多个国际环境公约。[②] 这些多边环境公约也都会对中国对外投资产生影响。下面以《巴黎气候协定》[③]为例进行分析。

(1)《巴黎气候协定》的主要内容[④]

①气温升幅控制

《巴黎气候协定》第2条规定了应对气候变化威胁的目标,[⑤]以有效控制全球气温变暖。为实现这一目的,各国有义务通过立法或采取其他措施使投资活动和融资行为符合节能减排的要求。根据各国国家自主贡献目标,

---

① 詹晓宁、欧阳永福:《G20全球投资政策指导原则与全球投资治理——从"中国方案"到"中国范式"》,载《世界经济研究》2017年第4期。

② 例如,《关于消耗臭氧层物质的蒙特利尔议定书》《经1978年议定书修正的1973年国际防止船舶造成污染公约》《濒危野生动植物种国际贸易公约》《联合国气候变化框架公约》《巴黎气候协定》等。

③ 2015年12月12日,《联合国气候变化框架公约》缔约方会议第二十一次大会在巴黎同意通过《巴黎气候协定》,并于2016年4月22日签署了全球性的气候新协议《巴黎气候协定》。于2016年11月4日,《巴黎气候协定》正式生效。

④ 《巴黎气候协定》共29条,包括目标、减缓、适应、损失损害、资金、技术、能力建设、透明度、全球盘点等内容。

⑤ 《巴黎气候协定》第2条规定的气候变化应对目标包括:(1)把全球平均气温升幅控制在工业化前水平以上低于2℃之内,并努力将气温升幅限制在工业化前水平以上1.5℃之内,同时认识到这将大大减少气候变化的风险和影响;(2)提高适应气候变化不利影响的能力并以不威胁粮食生产的方式增强气候抗御力和温室气体低排放发展;(3)使资金流动符合温室气体低排放和气候适应型发展的路径。

全球节能减排的时间表[①]是比较紧迫的。[②]

②国家自主贡献

各缔约方通过国家自主贡献确保上述气温升幅控制目的的实现，并将按不同的国情，逐步增加缔约方当前的国家自主贡献，反映其共同但有区别的责任和各自能力。中国提出的自主贡献目标在与全球节能减排时间表相匹配的基础上，预计到2030年左右碳排放达到峰值，并争取尽早达到峰值，单位GDP碳排放将比2005年下降60%～65%。[③]

③国际转让的减缓成果

缔约方也可以通过国际转让的方式获得减缓成果，实现国家自主贡献。这有利于在全球范围内鼓励节能减排绿色产业的发展，也为在本国范围内通过产业转型调整实现减缓成果存在困难的国家，增加了实现国际自主贡献目标的路径。国际转让需要在各当事国自愿的基础上按照相应国际法规则达成。

（2）《巴黎气候协定》对中国对外投资的影响

通过上述对《巴黎气候协定》内容的简要介绍，我们理解《巴黎气候协定》对中国对外投资将至少产生下列影响。

①中国对外投资有利于减少中国境内温室气体的排放，完成国家自主贡献

中国目前对外投资鼓励国际产能合作。[④] 例如，2015年5月，中国发布

---

① 2030年全球碳排放量预计达到550亿吨，而2℃温升控制目标要求2030年降至400亿吨，2080年全球实现净零排放；1.5℃温升控制目标更是要求在2060年左右实现净零排放。

② 《解读：气候变化〈巴黎协定〉》，载国际能源网2015年12月30日。

③ 《解读：气候变化〈巴黎协定〉》，载国际能源网2015年12月30日。

④ 根据国家发改委和商务部牵头的国际产能合作"十三五"规划，在产业布局层面，"十三五"时期重点推动"走出去"的将是钢铁、有色、建材、化工、轻工、汽车、农业等行业优势富余产能，包括工程机械、航空航天、船舶和海洋工程的优势装备，以及交通、能源、通信等基础设施。该规划还特别明确了劣质、低效、污染、没有竞争力的产能不能"走出去"，相关行业的国际产能合作项目应符合项目所在国的环保、能效等标准，禁止将国内明令淘汰落后的装备通过国际产能合作项目输出。

了《国务院关于推进国际产能和装备制造合作的指导意见》，该指导意见将有色金属、钢铁、海洋工程等作为实现国际产能合作有序推进发展的重点行业。①

国际产能合作的结果将导致中国优势富余产能转移至境外资本所在的国家。中国在2018年对外直接投资高达1298.3亿美元，其中流向制造业188.2亿美元，占14.5%。② 这些成果有效地将相关产能自中国境内转移至相关东道国，将有利于减少中国境内温室气体的排放，有利于完成中国在《巴黎气候协定》项下的国家自主贡献。

②中国对外投资将形成国际转让的减缓成果，但其实现需要与东道国在自愿基础上达成一致

中国对外投资有利于促进东道国（尤其是"一带一路"沿线发展中国家）本地经济的发展，促进就业，提高该国民众的生活水平，对可持续性发展作出贡献。同时，中国的优势富余产能替代"一带一路"沿线发展中国家的落后产能，在农业、林业、新能源等领域的投资也会形成国际转让的减缓成果。中国也可利用对外投资相关国际产能合作在本国境内形成的减排贡献，通过《巴黎气候协定》的"国际转让的减缓成果"机制，以碳交易的方式与欧洲发达国家合作，并探索构建联合碳排放权交易所的可能性。需要提醒的是，以上国际转让的减缓成果需要与东道国在自愿基础上达成一致，因此中国政府有必要就国际转让的减缓成果与东道国广泛接触并就具体实施方案和机制达成一致。

2. 多边和双边国际条约层面

中国最近所参与的投资协定中，已经出现与环境等可持续发展相关的

---

① 《国务院关于推进国际产能和装备制造合作的指导意见》要求，力争到2020年，与重点国家产能合作机制基本建立，一批重点产能合作项目取得明显进展，形成若干境外产能合作示范基地；推进国际产能和装备制造合作的体制机制进一步完善，支持政策更加有效，服务保障能力全面提升；形成一批有国际竞争力和市场开拓能力的骨干企业；国际产能和装备制造合作的经济和社会效益进一步提升，对国内经济发展和产业转型升级的促进作用明显增强。

② 武义青：《"一带一路"背景下国际产能合作的思考》，载《人民政协报》2019年7月16日，第6版。

专门条款,且内容在不断细化丰富。

2012 年 5 月 13 日签署并于 2014 年 5 月 17 日生效的《中日韩投资协定》在序言部分肯定了环境的重要性。[①]《中日韩投资协定》第 23 条规定了环境措施,该条与美国 2012 年 BIT 范本第 12.2 条、NAFTA 第 1114.2 条、CPTPP 第 20.3 条(一般承诺)中的内容基本一致。

《中欧投资协定》旨在构建中欧双边投资制度安排,其中也包括环境相关条款,规定了缔约方在环境保护方面所负有的义务和责任,包括环境服务行业投资条款、环境保护和可持续发展条款。

综上可见,中国目前对外签订的投资协定中已经出现了专门的有关环境的条款,但存在不同协定之间有关环境条款内容尚不统一的问题,内容尚处于较简单的阶段。这可能与不同国家谈判的具体情况有关,也表明中国目前使用的投资协定需要就环境条款进一步梳理,确定有关环境条款的示范条款。

3. 其他国家间文件

中国还通过与东道国签订不具有法律效力的文件,如框架合作协议、备忘录、合作纪要等方式,谋求在投资领域与东道国进行合作,并落实贯彻可持续发展原则。例如,2014 年 6 月,中国原农业部和以色列农业部签署合作纪要,[②]

---

① 《中日韩投资协定》在序言部分指出,各方"认识到在不降低对健康、安全和环境的普适措施下也可实现这些目标;认识到投资者遵守缔约一方,即其从事对经济、社会和环境的进步作出贡献的投资活动所在地的法律法规的重要性"。

② 该纪要提出,两国农业部门将及时通报各自国家的农业政策和农业生产发展情况,并加强在农业发展和粮食安全等领域的信息沟通和信息共享;双方肯定了以色列对华农业援助项目和示范项目取得的成就,并就进一步加强建设科技合作示范基地交换了意见;以方欢迎中方将中以农业科技合作纳入"一带一路"倡议合作框架的建议,愿同中方一起努力,推动中以农业科技合作再上新台阶。该纪要认为,中以农业发展互补性强,合作前景广阔,双方将从以下几个方面加强合作:一是设立双边农业工作小组并适时建设长远稳定合作机制,重点加强干旱和半干旱地区农业发展合作;二是双方将进一步推动 2013 年在北京签署的"中以农业研究和发展创新协议"的落实;三是双方同意进一步遴选发展现代农业技术示范活动;四是双方将支持符合条件的企业加强在农业、渔业、农机等领域的合作,鼓励两国企业参加双方举办的农展会、研讨会和商贸洽谈会等。

把两国的农业合作归于中国倡导的“一带一路”建设合作框架。[①] 中国与以色列上述在农业领域的战略合作框架与《2030年可持续发展议程》的要求相符，有利于促进实现两国可持续农业的发展。

类似的文件还有2002年11月签署的《中国东盟农业合作谅解备忘录》等。事实上，截至2016年3月，中国已与“一带一路”34个沿线国家签署了相关“一带一路”建设的合作备忘录文件，[②]未来将围绕中国与这些国家在“一带一路”相关建设，包括基础设施、贸易、投资等多方面的合作制定合作框架。

尽管这些备忘录或框架合作协议之类的文件并不具有法律约束力，但其也在促进中国和相关国家之间的经贸合作中发挥着积极作用，未来不排除在这些文件的基础上上升为投资协定或自贸协定等具有法律效力的双边或多边条约或协定。

4. 国内立法体系

中国将其所承担的可持续发展义务在对外投资中落实，有两种方式。一种方式是制定具有法律效力的法律文件。中国的《对外投资合作环境保护指南》专门针对境外投资中的环境保护问题，旨在加强对“走出去”企业环境保护的引导。[③] 中国商务部作为境外投资的重要监管机构，发布了《境外投资管理办法》，其重视对境外投资中的环境保护问题，明确将会同有关部门发布环境保护等指引，督促企业在境外合法合规经营。[④] 根据《推动共建

① 《中以农业合作将纳入“一带一路”倡议合作框架》，载新华网2014年6月16日。

② 《“一带一路”文件签署沿线国已达34个》，载国务院新闻办公室2016年2月25日。

③ 《对外投资合作环境保护指南》从建立内部环境管理制度、员工环保培训、环境影响评价、生物多样性、社会影响评价、达标排放、环境监测要求、环境尽职调查、危险废物管理、环境事故预防与应急、生态恢复、清洁生产、绿色采购等方面对企业的环境保护行为提出了指导性的意见和建议。《对外投资合作环境保护指南》明确，鼓励企业定期发布本企业环境信息，公布企业执行环保法律法规计划等，同时要加强与政府沟通、加强与公众沟通，积极参与环境保护公益活动。

④ 《境外投资管理办法》第27条规定，商务部会同有关部门为企业境外投资提供权益保障、投资促进、风险预警等服务。商务部发布《对外投资合作国别(地区)指南》、国别产业指引等文件，帮助企业了解投资目的地投资环境；加强对企业境外投资的指导和规范，会同有关部门发布环境保护等指引，督促企业在境外合法合规经营；建立对外投资与合作信息服务系统，为企业开展境外投资提供数据统计、投资机会、投资障碍、风险预警等信息。

丝绸之路经济带和21世纪海上丝绸之路的愿景与行动》(2015年),中国政府提出共建绿色丝绸之路,为“一带一路”建设奠定了绿色的基调。

另一种方式是制定不具有法律效力的文件。例如,《中国落实2030年可持续发展议程国别方案》(以下简称《国别方案》)①,就中国如何采取相应措施来落实可持续发展目标提出了国别方案。从法律性质上来讲,《国别方案》不是中国政府与他国政府签署的条约和协定,在国内范围内未明确其具体制定和发布的政府部门,也没有明确其所意欲约束的国内主体,更接近于中国政府单方制定的用于向国际社会公布的落实2030年可持续发展议程的内部计划,应属于不具有法律效力的文件。

综上所述,中国在对外投资中落实可持续发展原则有多种形式,包括签订多边和双边国际条约、国内立法等方式。在国际条约方面,既有多边和双边投资协定、国际环境公约,也有国家间不具有法律效力的文件。在国内立法方面,既有具有法律效力的法律文件,也有不具有法律效力的文件。上述中国对外投资环境保护方面的法律体系是建立在可持续发展原则的基础上的,符合国际法的基本规定。

(二)中国现有法律体系基于国际合作原则

国际投资中产生的国际环境问题有赖于在国际合作的基础上寻找解决方案。针对国际上的生态环境危机,国家共同职责向着形成共同世界意识

---

① 2016年9月,国务院总理李克强在纽约联合国总部主持2030年可持续发展议程主题座谈会,并发布了《国别方案》。《国别方案》分析了推进落实可持续发展议程面临的机遇和挑战,明确了中国推进落实工作的指导思想、总体原则和实施路径,并详细阐述了中国未来一段时间落实17项可持续发展目标和169个具体目标的具体方案。《国别方案》在国际合作方面指出,承认各国自然、文化、国情多样性,根据“共同但有区别的责任”原则推动可持续发展目标的落实;坚持南北合作主渠道,推动发达国家及时、足额履行官方发展援助承诺,加大对发展中国家的支持力度,推动建立更加平等均衡的全球发展伙伴关系;进一步积极参与“南南合作”,继续推进“一带一路”建设和国际产能合作,实现优势互补。《国别方案》指出中国在对外投资合作中的具体计划方案,以落实2030年可持续发展议程中的具体目标。

的方向发展。[①] 中国在对境外投资的监管过程中重视国际合作原则,现有中国境外投资环境保护方面的法律体系是基于国际合作原则建立的,符合国际法的相关基本要求。

在国际合作原则的基础上,也要考虑共同但有区别的责任原则,[②]其理论基础是“分配正义”。[③] 中国建立和完善海外投资环境保护法律制度,要从中国的发展中国家地位出发,根据自身能力和实际情况,制定符合自身发展水平的法律制度。对于中国企业的海外投资,商务部、原环境保护部于2013年发布了《对外投资合作环境保护指南》,本着国际合作原则,要求中国企业了解和遵守东道国有关环境保护的法律法规,就可能发生境外投资导致环境损害的事件,要求与东道国和受影响者建立信息沟通机制。[④] 由原环境保护部、外交部、国家发改委、商务部于2017年4月24日发布的《关于推进绿色“一带一路”建设的指导意见》[⑤]和原环境保护部于2017年5月11日发布的《“一带一路”生态环境保护合作规划》[⑥]也都强调遵循国际合作原则,在“一带一路”建设和环境保护方面加强国际合作,推进国际环境治理体系的改革。

共建人类命运共同体是中国“一带一路”倡议所提出的,而绿色发展是

---

① 王逸舟:《生态环境政治与当代国际关系》,载《浙江社会科学》1998年第3期。

② 主要体现在三个方面:一是国际社会所有成员都享有平等的开发利用环境资源的权利和发展权;二是要考虑世界贫困人口和落后国家的需要,限制发达国家滥用资源;三是发达国家应对全球环境污染和退化承担更多责任。

③ 许健:《论国际合作原则在国际环境保护领域的拓展》,载《天津大学学报(社会科学版)》2010年第3期。

④ 《对外投资合作环境保护指南》第5、8、14、19、20条,对于可能发生的环境事故风险,企业应建立向当地政府、环保监管机构、可能受到影响的公众和中国企业总部的报告和沟通制度。

⑤ 提到推进绿色“一带一路”建设。以“一带一路”建设为指导,统筹和充分发展现有的双边和多边环境保护国际合作机制,构建环境保护合作网络,创新环境保护国际合作模式,推进环境保护国际合作推进国际环境治理体系改革。

⑥ 该规划指出“一带一路”建设是绿色“一带一路”建设的根本要求。提出“共同经营、共同发展、互利共赢”的基本原则,要求充分尊重沿线国家的发展需要,参与生态环境合作,形成利益共同体、责任共同体和命运共同体。《“一带一路”生态环境保护合作规划》还提出要加强生态环保合作机制和平台建设。

构建人类命运共同体的重要内容之一。[1] 中国关于境外投资环境保护的法律体系重视并基于国际合作原则,重视对外投资体系中的生态环保合作机制和平台建设,积极推动生态环保重点领域的合作,致力于构建利益共同体、责任共同体和命运共同体,遵守国际法的基本要求。

二、中国境外投资环境保护现有法律体系的问题

中国境外投资之环境保护现有法律体系尚处于发展中,存在法律效力层级低、较为分散缺乏统一的立法、内容尚不完善等问题。

(一)现有法律体系较为分散,缺乏统一的立法,法律效力层级低

中国尚缺乏统一的境外投资立法,目前关于境外投资的立法主要在部门规章层面,在法律和条例层面,尚缺乏较高法律层级的立法。境外投资环境保护方面更是如此,内容较为分散,法律层级较低。[2]

另外,现有法律体系很多是以指南、指导意见、通知、愿景、方案等形式出现,难以达到强制性法律效力的效果。除上述规定外,还有原环境保护部发布的《"一带一路"生态环境保护合作规划》、外交部《国别方案》、国务院《关于印发中国落实 2030 年可持续发展议程创新示范区建设方案的通知》等,这些规定缺乏强制性的要求和规定,将影响境外投资环境保护法律规定的实施效果。

(二)现有法律体系内容尚不完善,有待进一步补充

从内容方面,现有法律体系内容尚不完善。在对外投资环境影响评价方面,虽然中国建立起了初步的环境影响评价的法律体系,但主要适用于在

① 朱利江:《人类命运共同体视野下的普遍定期审议》,载《浙江学刊》2018 年第 2 期。

② 例如,中国商务部发布的《境外投资管理办法》,商务部和原环境保护部发布的《对外投资合作环境保护指南》,原环境保护部、外交部、国家发改委和商务部共同发布的《关于推进绿色"一带一路"建设的指导意见》等,都属于部门规章层面的法律文件,法律效力层级较低。

中国境内项目的规划建设,尚缺乏针对中国境外投资环境影响评价的相关法律制度。尽管中国国内立法提出了关于境外投资环境影响评价方面的要求,但并没有明确的监管机构和监管程序进行监督审查,也缺乏监管方面的强制性措施,即在中国企业没有履行上述义务的情况下对其进行处罚或强制其履行相关义务。

在境外投资绿色金融方面,中国相关方面的法律法规也存在缺漏,并不完善。应当加严对金融机构承担环境损害责任的法律规定,并且明确环保部门可以先行采取措施治理污染,并且由污染设施的所有者和运营者承担责任。

在境外投资环境损害责任承担方面,中国尚缺乏损失分担机制的相关立法制度,有待在跨界损害的受害者求偿法律机制、应急措施等方面予以立法上的完善。

在特定领域境外投资环境保护方面,中国还需完善核事故赔偿责任体系的立法和相关措施,完善有关规范中国航天企业安全运营和赔偿责任的法律规范,在石油领域境外投资环境保护方面就油污事故应急处理机制、环境污染损害赔偿法律机制、海洋环境污染强制责任保险制度等方面进一步完善相关法律制度。

第二章

国际投资环境保护之国家预防责任

预防原则被称为环境保护的“黄金规则”。[①] 在国际投资领域，预防原则也是环境保护的首要原则。国家应积极采取措施，在符合国际法的框架内，落实预防责任，防范因国际投资行为引发的环境污染损害。

从投资国的角度，分析投资国就其本国投资者境外投资行为导致的环境损害是否承担国家责任，首先要分析投资国是否违反了有关国际投资中环境保护的预防责任。投资国有通过本国立法和行政措施确保本国投资者在从事国际投资活动中采取预防措施避免环境损害的义务，同时投资国本身也具有在环境保护方面采取预防措施的直接义务。违反这些义务，将导致投资国自身的国际不法行为，进而产生国家责任问题。

---

① 林灿铃：《论中国应对气候变化立法的基本原则》，载《贵州党校学报》2018 年第 5 期。

01
第一节

国际投资之环境保护与预防原则

风险防范原则自20世纪80年代引入国际法领域以来，越来越受到国际社会的重视。[①] 国际投资对于东道国环境的影响应“防患于未然”，而非发生环境污染事故后再予以紧急救济和弥补。作为具有属人管辖权的投资国，对于本国投资者是事先加以约束，还是不加管教、听之任之，这会使国际投资对东道国环境产生不同的影响。投资国加强对投资者的约束，则有利于打造负责任的本国投资者形象，通过投资国法律和东道国法律双管齐下，增强国际投资者在东道国投资行为的环境保护意识和责任，预防环境污染风险。

一、预防原则之概述

国际环境法中的预防原则是指对于那些可能对环境造成危害的物质或行为，即使没有确凿证据表明其危害，也应采取各种预防手段和措施，以防发生危害环境破坏的

① 马亮：《论国际环境法中风险预防原则的法律地位》，载《法制与经济》2017年第3期。

行为。[①] 也有学者称为风险预防原则，指“为了保护环境，各国应按照本国的能力，广泛适用预防措施，遇有严重或不可逆转损害的威胁时，不得以缺乏科学充分确实证据为理由，延迟采取符合成本效益的措施防止环境恶化”。[②] 预防原则在国际环境法中发挥着越来越重要的作用，受到普遍认可。目前，比较广泛的观点认为这一原则是一种新兴的国际习惯法，有学者认为这是国际环境法的基本原则之一。[③]

预防原则已经在多个国际环境立法文件中得以体现，既有综合性国际环境立法文件，也有专门性国际环境立法文件。其共性主要集中在如下三点：(1)突出预防原则对于保护环境之重要性，增强环境污染预防之意识；(2)要求积极采取适当的预防措施，以防止环境污染现象的发生；(3)不得因缺乏充足的科学依据而延迟预防措施之采取。其差别点主要在于：(1)针对不同领域的环境问题，所需要解决的环境风险侧重点各自不同；(2)针对不同环境问题，所需要采取的预防措施也不同。

(一)国家对环境保护采取预防措施的一般责任

国家对于保护环境有采取预防措施的义务在多个国际法文件中已有体现。1972 年，联合国人类环境会议通过了《人类环境会议宣言》，要求各国为了确保不使生态环境遭到严重的或不可挽回的损害，应该采取一切必要措施来防止海洋、生物资源等方面的污染。1982 年的《内罗毕宣言》提出，预防措施应包括对所有可能影响环境的活动进行妥善规划。所有企业，包括跨国公司在内，都应考虑其对环境的责任。1992 年 6 月 14 日，联合国环境与发展会议在里约热内卢通过了《里约环境与发展宣言》，原则 15[④] 列出了预

---

① 林灿铃：《国际环境法》(修订版)，人民出版社 2011 年版，第 166 页。

② 王曦编著：《国际环境法》，法律出版社 1998 年版，第 111 页。

③ 王曦编著：《国际环境法》，法律出版社 1998 年版，第 116 页。

④ 原则 15 提出：“为了保护环境，各国应按照本国的能力，广泛适用预防措施。遇有严重或不可逆转损害的威胁时，不得以缺乏科学充分确实证据为理由，延迟采取符合成本效益的措施防止环境恶化。”

防原则的三个核心要素。①

由上述国际法文件可知，国家关于环境保护负有采取预防措施的义务，尤其是当环境面临严重或不可逆转的破坏威胁时。国家所要采取的预防措施可以建立在成本和效益的考量基础上，探求具体预防措施的可行性。然而，国家不得以缺乏充分、可靠的科学依据为理由，拒绝采取相关预防措施。国家关于环境保护采取预防措施的责任，客观上要求国家对其境内或管辖范围内可能造成环境损害的活动具有信息上的知情、活动实施的可控和紧急情况的应急救济。这就要求国家对相关活动进行环境影响评价，实施必要的许可制度，对活动的具体实施进行持续监督，并在发生环境损害紧急情况下采取应急方案进行救济。在国际投资的场景下，无论是东道国还是投资国，都对环境保护负有采取预防措施的责任。

（二）国家对特定领域环境保护采取预防措施的责任

除上述综合性国际环境立法文件外，在海洋环境保护、大气环境保护等多个方面存在多个专门性国际环境立法文件，明确提出了预防原则和国家在特定领域对环境保护采取预防措施的责任。

1. 生物多样性保护

1992年的《生物多样性公约》关于预防性措施的规定②与《里约环境与发展宣言》原则15相符。在国际投资活动的场景下，尽管项目所在地的东道国对于项目对环境生物多样性产生影响存在更多的控制和影响，但这不意味着对国际投资者具有管辖权的投资国可以不考虑或不采取任何预防措施。《生物多样性公约》本身并没有区分国际投资关系中的投资国或者东道

① 预防原则的三个核心要素包括：(1)针对严重或不可逆转损害的威胁，强调环境风险的严重性；(2)采取符合成本效益的措施，即所采取的措施从成本和效益的角度考量具有可行性；(3)不得以缺乏科学、充分证据为由拖延采取措施，即纵然没有科学充分确实的证据证明必然会发生严重损害，鉴于威胁的重要性，也不得迟延采取措施防止环境恶化。

② 关于预防性措施的规定包括：重视对导致生物多样性严重减少或丧失的原因进行预测、预防和根治，不应以缺乏足够科学定论为由，拖延采取相关措施，防止或避免生物多样性严重减少或丧失的威胁。

国,而是只要是《生物多样性公约》的缔约方,就都有关于保护生物多样性方面的环境义务和采取预防措施的责任。

《生物多样性公约》第 8 条在就地保护措施方面予以规定,①第 14 条就影响评估和尽量减少不利影响作出了规定,②包括下述内容。

(1)环境影响评价

缔约方对任何可能对生物多样性产生严重不利影响的拟议项目不满意,有责任采取适当程序对其进行环境影响评价,并且该环境影响评价程序应酌情允许公众参加。这有利于保护公众的环境权,有利于通过公众的参与和监督实现对生物多样性的保护,减少或避免拟议项目对生物多样性的不利影响。

(2)信息通报和磋商

缔约方可以通过签订双边、区域或多边安排,在互惠的基础上,就可能产生重大不利影响的拟议项目的相关信息向其他国家进行通报和磋商。如果一国管辖或控制的项目活动对其他国家或地区的生物多样性产生或即将产生重要损害,该国应立即将相关危险或损害情况通知相关国家,并积极采

---

① 《生物多样性公约》第 8 条在就地保护措施方面,要求缔约方制定或采取办法以酌情管制、管理或控制由生物技术改变的活生物体在使用和释放时可能产生的危险,即可能对环境产生不利影响,从而影响生物多样性的保护和持久使用,也要考虑到对人类健康的危险,防止引进、控制或消除那些威胁生态系统、生境或物种的外来物种。

② 《生物多样性公约》第 14 条要求每一缔约方应尽可能并酌情:(1)采取适当程序,要求就其可能对生物多样性产生严重不利影响的拟议项目进行环境影响评价,以期避免或尽量减轻这种影响,并酌情允许公众参加此种程序;(2)采取适当安排,以确保其可能对生物多样性产生严重不利影响的方案和政策的环境后果得到适当考虑;(3)在互惠基础上,就其管辖或控制范围内对其他国家或国家管辖范围以外地区生物多样性可能产生严重不利影响的活动促进通报、信息交流和磋商,其办法是为此鼓励酌情订立双边、区域或多边安排;(4)如遇其管辖或控制下起源的危险即将或严重危及或损害其他国家管辖的地区内或国家管辖地区范围以外的生物多样性的情况,应立即将此种危险或损害通知可能受影响的国家,并采取行动预防或尽量减轻这种危险或损害;(5)促进做出国家紧急应变安排,以处理大自然或其他原因引起即将严重危及生物多样性的活动或事件,鼓励旨在补充这种国家努力的国际合作,并酌情在有关国家或区域经济一体化组织同意的情况下制订联合应急计划。缔约方会议应根据所作的研究,审查生物多样性所受损害的责任和补救问题,包括恢复和赔偿,除非这种责任纯属内部事务。

取相关措施以预防或减少相关损害。

(3)应急措施安排

缔约方应制定应急措施安排,以处理因相关项目或其他原因导致生物多样性发生严重损害的紧急事件或活动。国家间可以通过国际合作,制订联合应急计划。

(4)责任和补救

当一国管辖或控制的项目或活动对其他国家或地区的生物多样性产生重大不利影响时,有关国家应承担相关责任,采取有利于修复生物多样性损害方面的措施,包括恢复受损害的环境生态、给予相关受害者赔偿等。

2. 跨界水道和国际湖泊的保护和利用

1992 年的《跨界水道和国际湖泊的保护和利用公约》第 2 条明确提出了预防原则,①第 3 条就防止、控制及削减等方面措施明确作了规定。② 在国际投资的场景下,如果相关投资项目或活动可能影响跨界水道和国际湖泊,应考虑适用《跨界水道和国际湖泊的保护和利用公约》,无论是投资国还是东道国,都应关注其中与环境保护相关的国家责任。

(1)环境影响评价

各国应采取环境影响评价等措施来防止、控制和减少相关活动对跨界

① 根据此项原则,各国不应基于科学研究尚未完全证明在这些物质与潜在的跨界影响之间存在因果关系的理由而推迟采取避免因排放有害物质而产生跨界影响的行动。

② 《跨界水道和国际湖泊的保护和利用公约》第 3 条要求各缔约方为了防止、控制和减少跨界影响之目的,应制定、接受、执行并尽力协调有关法律、行政、经济、金融及技术措施,以特别确保:(1)在源头通过特别是产废少或不产废技术的应用以防止、控制和减少污染物的排放;(2)通过合格的国家机关利用事先废水排放特许并对已授权的排放进行监测及控制的方法使跨界水体不受来自点源的污染;(3)根据有害物质排放的最为方便可得的技术确定许可证中的废水限额;(4)当纳污水体或生态系统质量有要求时,应执行更加严格的要求,在个别情况下甚至可以禁止排放;(5)市政废水应至少经过生物处理或同等工艺处理,如果必要可逐步实施;(6)采取适当措施,如应用最方便可得的技术,以减少来自工业及市政来源的营养物输入;(7)制定并实行适当措施和最有利于环境的实践以减少来自排放源头,特别是当主要源头为农业时的营养物和有害物质的输入;(8)应用环境影响评价其他评估方法;(9)促进水资源的可持续管理,包括生态系统方法的应用;(10)制订紧急状态规划;(11)采用其他具体措施以防止地下水的污染;(12)尽量降低发生污染事故的可能性。

水道和国际湖泊的跨界影响。[①] 各国可在双边和多边合作的基础上,根据相关国际法规定,参与关于跨界水体相关的环境影响评价。[②] 在技术层面,各国可在双边或多边基础上加强在相关研发领域的合作,包括评估有害物质的毒性和污染物的毒性等。[③]

对于跨界水道和国际湖泊的沿岸国(riparian parties),各沿岸国应就日常监测的排放于跨界水中的污染参数和污染物达成一致。[④] 沿岸国应积极向社会公众披露相关信息。[⑤] 为此,沿岸国应协调彼此关于设立和运营监测项目、测量系统、工具、分析技术、数据加工和评估程序、登记所排放污染物的方法等方面的法律规则。[⑥]

(2)政府许可和监管

各国对于废水排放应通过相关政府机关事前发放废水排放许可的方式予以控制,并对其进行持续监测和监管,以控制对跨界水体的点源污染。[⑦] 根据现有最方便的有害物质排放技术,可以计算和确定政府颁发的许可证中的废水排放限值。[⑧] 各国还应采取措施,减少工业来源有害营养物的输入。[⑨]

(3)信息交流和磋商

各国就跨界水道和国际湖泊相关事宜应尽早并在最大程度内交换信息。在交换信息方面,各国可以根据其本国法律体系和相关国际法主张保护其本国产业和商业秘密,包括知识产权或国家安全。[⑩]

---

① 《跨界水道和国际湖泊的保护和利用公约》第3.1(h)条。

② 《跨界水道和国际湖泊的保护和利用公约》第9.2(j)条。

③ 《跨界水道和国际湖泊的保护和利用公约》第5(a)条。

④ 《跨界水道和国际湖泊的保护和利用公约》第11.2条。

⑤ 《跨界水道和国际湖泊的保护和利用公约》第11.3条,包括就跨界水质和采取预防、控制和减少跨界影响的措施的有效性定期开展联合或经协调的评估活动和相关评估结果。

⑥ 《跨界水道和国际湖泊的保护和利用公约》第11.4条。

⑦ 《跨界水道和国际湖泊的保护和利用公约》第3.1(b)条。

⑧ 《跨界水道和国际湖泊的保护和利用公约》第3.1(c)条。

⑨ 《跨界水道和国际湖泊的保护和利用公约》第3.1(f)、3.1(g)条。

⑩ 《跨界水道和国际湖泊的保护和利用公约》第6、8条。

对于跨界水道和国际湖泊的沿岸国,其关于信息交换的义务则更为具体。沿岸国之间可交换的信息范围比较广泛。为了协调废物排放的限值,沿岸国之间还应就其本国法律法规进行信息交流。如果一个沿岸国要求另一沿岸国提供其本身没有的信息,另一沿岸国仍应努力满足该要求,但可以要求请求国支付合理的信息收集费用。各沿岸国应彼此促进最佳可得技术的交换,尤其鼓励对于可得技术进行商业性交换、行业方面建立直接联系和合作(包括设立合资企业)、交流信息和经验、提供技术援助。①

沿岸国之间可以在互惠、善意和友好睦邻关系的基础上就跨界水道和国际湖泊相关事宜进行磋商。该磋商应通过各国间设立的联合机构(如存在)进行。② 沿岸国应确保向公众提供有关跨境水域状况,为防止、控制和减少跨界影响而采取或计划采取的措施以及这些措施有效性方面的信息。③沿岸各国应确保在任何合理时间向公众免费提供上述信息,并应提供给公众合理设施,以使其可以在合理付费的基础上自沿岸国获取相关信息副本。④

(4)应急措施安排

在可能产生跨界影响的紧急情况下,沿岸国应立即将相关紧急情况通知其他沿岸国,并酌情建立共同运作的通信、警报和警报系统。沿岸国应彼此告知有关主管当局或指定联络点的联系人员和方式。⑤

(5)责任和补救

对于可能发生的跨界水道和国际湖泊相关损害,各国应支持通过适当的国际努力制定有关责任和赔偿的规则、标准和程序。⑥

---

① 《跨界水道和国际湖泊的保护和利用公约》第13条。

② 《跨界水道和国际湖泊的保护和利用公约》第10条。

③ 《跨界水道和国际湖泊的保护和利用公约》第16.1条规定,沿岸国各方应确保向公众提供以下信息:(1)水质目标;(2)签发的许可证和必须满足的条件;(3)为监测而进行的水和废水取样的评估结果,以及是否符合水质目标或许可条件的检查结果。

④ 《跨界水道和国际湖泊的保护和利用公约》第16.2条。

⑤ 《跨界水道和国际湖泊的保护和利用公约》第14条。

⑥ 《跨界水道和国际湖泊的保护和利用公约》第7条。

3. 危险废物越境转移和处置

关于危险废物的越境转移和处置，1999年的《危险废物越境转移及其处置所造成损害的责任和赔偿问题议定书》规定缔约方有义务采取预防性措施。[①] 对于采取了合理预防措施的人，不承担赔偿责任。[②]

《巴马科公约》第4条就各缔约方的一般义务部分明确规定，各缔约方应采取预防性方法，防止危险废物物质释放到环境中。缔约方应通过《巴马科公约》针对防止污染采取适当措施，实施预防原则，应用清洁生产方法，而不是基于同化能力假设寻求可被允许的排放方法。

4. 海洋环境保护

1982年《海洋法公约》第194条明确就防止、减少和控制海洋环境污染的措施进行了规定。[③] 1992年《东北大西洋海洋环境保护公约》(The Convention for the Protection of the Marine Environment of the North-East Atlantic，以下简称《东北大西洋公约》)第2条关于缔约方一般义务部分明确规定，要求各国适用预防原则。[④]

5. 臭氧层保护

1985年《保护臭氧层维也纳公约》要求各缔约方采取适当预防性措施，控制和限制对臭氧层的破坏活动。1987年《蒙特利尔议定书》第2条则专门

---

① 《危险废物越境转移及其处置所造成损害的责任和赔偿问题议定书》第6.1条规定，对危险废物和其他废物享有经营控制权的主体，应当在不违反国家法律的前提下，采取一切合理措施，尽量减少事故造成的损害。

② 《危险废物越境转移及其处置所造成损害的责任和赔偿问题议定书》第6.2条。

③ 《海洋法公约》第194条要求各国应在适当情形下个别或联合地采取一切符合《海洋法公约》的必要措施，防止、减少和控制任何来源的海洋环境污染，为此目的，按照其能力使用其所掌握的最切实可行方法，并应在这方面尽力协调它们的政策。

④ 《东北大西洋公约》第2条规定，缔约方应适用预防原则，当有合理理由担心直接或间接引入海洋环境的物质或能源可能对人类健康造成危害，损害生物资源，应采取预防措施。海洋生态系统，破坏设施或干扰其他合法用途的海洋，即使没有确凿证据表明投入与影响之间存在因果关系。

就受控物质应采取的控制措施①进行了规定。②

6. 气候变化

1992 年《联合国气候变化框架公约》第 3 条原则部分，明确提出预防原则，通过采取预防措施，预测和预防引起气候变化的原因。③

二、国际投资环境保护国家预防责任之体现

国际投资中的环境保护国家预防责任指的是国家在国际投资活动中负有的环境保护方面的初级义务。违反该初级义务，将导致国际不法行为带来的国家责任问题。

（一）国际投资中投资国和东道国之预防责任

因为大多数国际投资行为都不是国际法所禁止的，因此《预防跨界损害条款草案》和《损失分担原则草案》对于参照规范国际投资行为中投资国和东道国的义务和责任有重要意义。

基于投资国对国际投资者所具有的属人管辖权，投资国可理解为国际

① 例如针对氟氯化碳，《蒙特利尔议定书》第 2A 条明确要求，受控物质消费数量不超过 1986 年消费的计算数量。

② 每一缔约方应确保，在《蒙特利尔议定书》生效后第 7 个月第一天起的 12 个月期间，及其后每 12 个月期间，其附件 A 第一类受控物质的消费的计算数量不超过 1986 年消费的计算数量。在这个期间结束时，生产一种或数种第一类受控物质的每一缔约方应确保这些物质生产的计算数量不超过其 1986 年生产的计算数量，不过这种数量可容许超过 1986 年数量至多 10%。

③ 各缔约方应当采取预防措施，预测、防止或尽量减少引起气候变化的原因，并缓解其不利影响。当存在造成严重或不可逆转的损害的威胁时，不应当以科学上没有完全的确定性为理由推迟采取这类措施，同时考虑到应付气候变化的政策和措施应当讲求成本效益，确保以尽可能最低的费用获得全球效益。为此，这种政策和措施应当考虑到不同的社会经济情况，并且应当具有全面性，包括所有有关的温室气体源、汇和库及适应措施，并涵盖所有经济部门。应付气候变化的努力可由有关的缔约方合作进行。

法文件（如《预防跨界损害条款草案》）中的起源国（state of origin）①。当然，投资国的概念与起源国也有区别。起源国指计划在其领土内或在其管辖或控制下计划进行或进行国际法不加禁止的、其有形后果有造成重大跨界损害的危险的活动的国家。投资国指国际投资中对从事境外投资活动的本国投资者具有管辖权的国家。投资国的范围与起源国存在交叉和重合，并不完全一致。在国际法不加禁止活动的责任归责问题上，起源国由于在其定义中就界定了该国对国际法不加禁止活动的计划性，因此该活动自然可归责于起源国。而国际投资者的境外投资活动是否可以归责于投资国，则需要具体分析国际投资活动本身是否受投资国的授权、管理或控制。

《预防跨界损害条款草案》中的“跨界损害”（transboundary harm）是指在起源国以外国家的领土或其管辖或控制下的地方造成的损害，无论有关国家是否有共同边界。在国际投资关系中，投资国就其通过属人管辖权所管辖或控制的国际投资活动可能给其他国家带来损害，也应属于跨界损害。

1. 投资国之预防责任

《预防跨界损害条款草案》中的“起源国”②既涵盖在境内实施投资项目的国家，也包括通过其管辖或控制的企业或个人在其他国家实施国际投资项目的国家，即国际投资活动的法律关系中的投资方。《预防跨界损害条款草案》中的“受影响国”（state likely to be affected）③在国际投资法律关系中为接受国际投资的东道国。在展开国际投资活动中，东道国和相关第三国可能受到国际投资项目导致的重大跨界损害影响。

有观点认为，《预防跨界损害条款草案》中的“起源国”仅指在其境内计

---

① 根据《预防跨界损害条款草案》，起源国是指计划在其领土内或在其管辖或控制下计划进行或进行国际法不加禁止的、其有形后果有造成重大跨界损害的危险活动的国家。该定义与联合国国际法委员会第五十八届会议于2006年完成的《关于危险活动造成的跨界损害案件中损失分担的原则草案》（Draft principles on the allocation of loss in the case of transboundary harm arising out of hazardous activities，以下简称《损失分担原则草案》）中的起源国的定义基本相同。

② 起源国是指，在其境内或受其管辖或控制范围内计划或实施《预防跨界损害条款草案》第1条所指活动的国家。

③ 受影响国是指，在其领土内或在其管辖或控制下的区域内可能发生重大跨境损害危险的国家。

划或实施相关活动的国家,因而“跨界损害”限于在起源国境内所发生活动对另一国家的损害。这种观点是不全面的。《预防跨界损害条款草案》中“起源国”的定义不仅包括在境内计划或实施相关活动的国家,还包括计划或实施其所管辖或控制活动的国家。在国际投资的情境下,国际投资者本身由于受投资国的管辖或控制,因此国际投资者所实施的国际投资活动也受投资国的管辖或控制。因此,投资国就构成了《预防跨界损害条款草案》中的“起源国”。除此之外,投资国也由于对国际投资者属人管辖权而产生的税收,自国际投资活动受益,相应也应承担对国际投资者所实施国际投资行为的监管责任。

如图 1 所示,投资国因国内投资项目对另一国产生跨界影响,与投资国因其本国投资者所进行的国际投资项目而给另一国所带来的跨界影响,本质上并没有区别。上述两种情形存在两个核心相似点:一是投资国通过属地管辖权或属人管辖权对其国内投资项目或国际投资项目产生管辖权或控制权;二是投资国对国内投资项目或国际投资项目都存在税收方面的管辖权,通过税收可以在国内投资项目或国际投资项目中受益。因此,上述两种情形中的投资国都适用于《预防跨界损害条款草案》中的“起源国”。

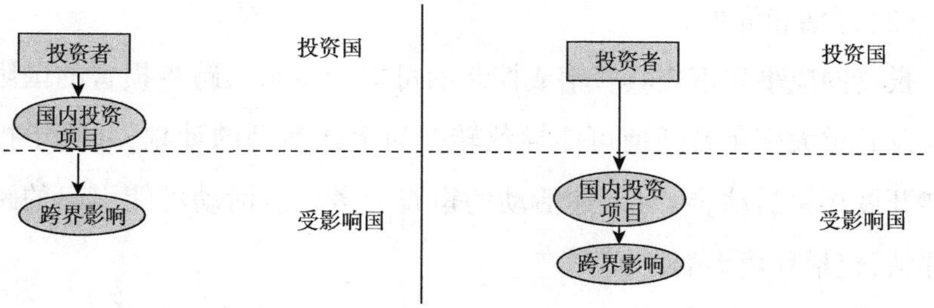

图 1　投资者国内投资项目与国际投资项目产生跨界影响比较

《预防跨界损害条款草案》规定了“起源国”如下几个方面的义务和责任,可参照适用于国际投资法律关系中的投资国。

(1)预防措施

投资国应采取所有适当的预防性措施,以防止发生重大跨界损害或最大限度减少其损害。[①] 投资国就所采取的预防性措施,应同受影响国(包括东道国及相关第三国)进行磋商,以找到可以接受的方案。磋商可以由投资国发起,也可以由东道国及相关第三国发起。投资国和东道国及相关第三国应在公平均衡考量相关利益因素的基础上达成一致,如无法达成一致,投资国在决定授权许可开展相关活动时,也应考虑到东道国及相关第三国的利益。[②] 前述需要公平均衡考量的因素包括[③]:

①产生重大跨界损害风险的可能性,以及相关防控性措施;

②该活动的重要性,考量该活动对投资国的社会、经济和技术方面的整体利益并与对东道国及相关第三国的潜在危害相比;

③对环境造成重大损害的风险,以及是否有预防该损害或使该损害最小化或修复该损害的措施;

④投资国和东道国及相关第三国准备在多大程度上负担预防措施相关费用;

⑤与预防措施的相关措施和采取替代性措施的经济可行性分析;

⑥东道国及相关第三国采用相同或可比预防措施的标准,以及适用于可比区域或国际惯例的标准。

(2)评估和许可

投资国应事先审查其管辖或控制的可能产生重大跨界损害的国际投资活动及其重大变化或任何可能导致转变为上述活动的计划,并给予授权后才能开展相关活动。[④] 对上述活动的审查应考虑该活动可能引起的跨界损害评估,包括环境影响评价。[⑤]

(3)通知和磋商

投资者认为有关国际投资活动存在造成重大跨境损害的风险的,应当

---

① 《预防跨界损害条款草案》第3条。

② 《预防跨界损害条款草案》第9条。

③ 《预防跨界损害条款草案》第10条。

④ 《预防跨界损害条款草案》第6条。

⑤ 《预防跨界损害条款草案》第7条。

及时将相关信息和评估相关的技术材料告知东道国和相关第三国。投资国在收到东道国和相关第三国的反馈前(该反馈期间不应超过6个月)不应对相关活动予以批准。①

任何国家在有合理理由情况下都可以要求投资国向其发出相关通知,该要求应附有说明理由的书面解释。如果投资国认为其没有义务提供相关通知,则其应在合理时间内通知请求国,并提供书面解释。如果请求国对上述书面解释不满意,两国应进行协商,并在适当情况下暂停相关活动。②

投资国对于其国家安全或保护工业秘密或与知识产权有关的数据和信息可以不提供,但投资国应与东道国及相关第三国真诚合作,在可能的情况下提供尽可能多的信息。③

(4)应急措施

投资国应酌情与东道国及相关第三国和主管的国际组织合作,制定应急计划以应对紧急情况。④ 在发生因国际投资导致的紧急情况下,投资国应毫不拖延地并以最快的方式,将相关紧急情况通知可能受到影响的其他国家,并向其提供所有相关信息。⑤

(5)公平的救济渠道

投资国应根据其本国法律制度,为因国际投资项目遭受或可能遭受重大跨界损害风险的自然人或企业提供司法或其他救济程序,上述救济渠道不因国籍或住所或损害发生地而有任何歧视性待遇。⑥ 因此,即使受害人来自东道国或相关第三国,其也应有权通过投资国的司法或其他救济程序提起救济申请,以保护其合法权益。投资国不应以申请人非本国公民或非本国企业或损害发生地不在本国境内而给予不公平的或歧视性的待遇。

---

① 《预防跨界损害条款草案》第8条。

② 《预防跨界损害条款草案》第11条。

③ 《预防跨界损害条款草案》第14条。

④ 《预防跨界损害条款草案》第16条。

⑤ 《预防跨界损害条款草案》第17条。

⑥ 《预防跨界损害条款草案》第15条。

另外,借鉴国际海洋法法庭第 17 号咨询意见案,担保国在《海洋法公约》下承担的两项义务可类推于投资国对其本国投资者国际投资活动环境保护方面的国家初级义务,包括:①“确保遵守”的义务,即投资国应确保本国投资者遵守合同条款和相关国际环境法及法律文件规定和进行环境影响评价的义务;②投资国的直接义务,包括根据相关国际环境法和其他法律文件规定采取预防措施的义务、采用相关法律文件规定的“最佳环境保护实践”的义务、提供赔偿救济的义务、国际合作相关义务等。以上义务属于投资国的尽责义务,其中很多内容与预防责任相关。投资国充分履行上述初级义务,可以作为其免除责任的理由。

综上,投资国可在以下层面和方面审查和管理其本国投资者的境外投资活动,以确保其履行有关国际保护的预防责任:

①在履行“确保遵守”的义务层面,投资国有义务出台法律法规和行政措施,确保本国投资者在实施境外投资活动中遵守有关环境保护的法律规定,采取环境保护预防措施,避免或减少环境损害的发生。

②在投资国直接义务层面,可在事前审查、事中监管和事后处置等方面,分别履行投资国有关环境保护的预防义务。第一,在事前审查方面做好对可能产生重大环境影响的本国投资者境外投资活动的评估和许可,包括环境影响评价,只有在得到投资国审查许可后才能开展相关活动。第二,在事中监管方面,投资国应对本国投资者实施的可能产生重大环境影响的境外投资活动展开持续监督管理,要求本国投资者对其境外投资持续经营行为保持环境合规,向投资国通报境外投资活动的重大变化或发生的不利影响,监测其境外经营活动的环境风险。第三,在发生境外投资活动导致环境损害风险或事故的情况下,投资国应及时通知东道国或其他相关方并与其磋商,采取应急措施,建立公平的救济赔偿渠道,确保受害者得到及时充分的赔偿和受损环境得以复原。

2. 东道国之预防责任

国际投资关系中的东道国属于《预防跨界损害条款草案》中的“受影响国”,但由于国际投资项目在东道国境内实施,因此东道国在跨界损害方面可以发挥的作用远比《预防跨界损害条款草案》中的“受影响国”要大。尽管如此，参考《预防跨界损害条款草案》，可以得出东道国至少有下列预防方面的责任和权利。

(1)预防措施

由于东道国直接受到国际投资项目可能产生损害的影响，因此其无论是基于国内法还是相关领域的国际法，都有责任采取积极措施避免国际投资项目对其环境或其他方面产生不利影响。东道国也可以向投资国提起磋商要求，就投资国所应采取的预防性措施进行磋商，并在公平均衡考量相关利益因素的基础上找到各国都可以接受的方案。①

(2)公众信息披露和信息交换

东道国应通过适当的方式，向可能受到国际投资活动影响的公众提供与该活动、所涉风险和可能造成的危害有关的信息，并阐明其意见。② 在进行相关国际投资活动时，东道国和投资国应及时交换与该活动有关的所有可用信息，以防止发生重大跨界损害或最大限度减少其损害。这种信息交流应持续到有关国家认为适当的时候为止，即使相关投资活动已终止。③

(3)公平的救济渠道

东道国应根据其本国法律制度，为因国际投资项目遭受或可能遭受重大跨界损害风险的自然人或企业提供司法或其他救济程序，上述救济渠道不因国籍或住所或损害发生地而有任何歧视性待遇。④

(二)国际投资相关特定领域中国家预防责任之体现

在国际投资领域如何贯彻预防原则以加强环境保护，尚缺乏相应明确的国际性综合法律文件或专门性法律文件。然而，有三个领域值得关注，包括：国际投资项目环境评估方面、绿色金融方面和双边/多边投资协定中的环境条款。预防原则在上述三个领域都有不同程度、不同角度的体现。

---

① 《预防跨界损害条款草案》第 9 条。

② 《预防跨界损害条款草案》第 13 条。

③ 《预防跨界损害条款草案》第 12 条。

④ 《预防跨界损害条款草案》第 15 条。

1. 国际投资项目环境评估与预防原则

对国际投资项目要求进行环境评估本身就是预防原则的体现,尤其是针对存在跨界环境影响的国际投资项目。《跨界环境影响评价公约》(Convention on Environmental Impact Assessment in a Transboundary Context,以下简称《埃斯波公约》)第2.1条要求缔约方采取有效预防性措施,对可能造成重大跨界环境损害的项目活动开展环境影响评价。

2. 绿色金融与预防原则

为国际投资项目提供融资支持的金融机构也负有根据预防原则审查所提供融资支持的投资项目在环境方面是否产生重要的环境威胁或损害。《赤道原则》要求对可能影响环境的项目实施环境评估。① 评估文件应提出具体措施,以与拟投资项目的性质和规模相匹配且以适当的方式最小化、减轻和抵销不利影响。

3. 双边/多边投资协定与预防原则

很多双边/多边投资协定中就投资与环境条款专门作了规定,承认在环境保护方面应出台相关法律法规并采取预防性措施防止发生环境污染。美国2012年双边投资条约范本第12条(投资与环境)规定,缔约方认可其各自的环境法②和政策及其所加入的多边环境协定在保护环境方面发挥重要作用。CPTPP第20章专门就环境部分进行了规定,③要求重视环境保护,采

---

① 《赤道原则》原则2(环境和社会评估)要求,对于所有A类和B类项目,遵循《赤道原则》的金融机构将要求客户进行评估,以便EPFI对拟投资项目的相关环境和社会风险及影响了解并满意。

② 在此,环境法是指各缔约方的法律规定,其主要目的是保护环境或防止对人类、动物或植物的生命或健康产生危害,包括:(1)预防、减少或控制污染物或环境致污物的释放或排放;(2)控制对环境有害或有毒的化学品、物质、材料和废物,并传播与之有关的信息;(3)在缔约方的领土内保护野生动植物,包括濒危物种、其栖息地和特别保护的自然区域,但不包括与工人安全或健康直接相关的任何法规或条例或规定。

③ 明确要求各缔约方应致力于确保其环境法律及政策提供,并鼓励高水平的环境保护,且持续促进其环保水平之提升。这里的环境法律系指缔约一方之法令或规定或其中之条文,包括任何履行该缔约方于多边环境协议下之义务,其主要目的为透过以下方式保护环境或防止人类生命或健康遭受危害:(1)预防、降低或管控污染物或环境污染的释排放;(2)对控制对环境有害或有毒的化学品、物质、材料或废物,并传播相关信息;(3)保护野生动物,包括濒危物种、其栖息地和特别保护的自然区域。

取预防性措施,控制环境污染损害。

综上,在国际法领域尚缺乏针对国际投资的专门性法律规定,而是在与国际投资相关的很多环节有法律规定或习惯性实践。未来在构架针对国际投资统一的国际法框架时,预防原则将是其中重要的内容,对国际投资促进环境保护而非损害当地环境将发挥重要作用。

三、中国境外投资中预防责任之体现

中国境外投资的环境影响问题在国际社会上存在疑问。因此,中国有必要加强对外投资的环境管理,积极制定相关的环境保护政策,对于中国企业走良性发展的道路具有重要的意义,对于维护中国良好的国际形象具有重要意义,对于避免走西方发达国家经济发展的老路、避免对东道国环境造成破坏具有重要意义。①

在立法上,中国有通过本国立法和行政措施确保本国投资者在从事境外投资活动中采取预防措施保护环境的义务,也有自身采取预防措施防止或减少不利环境影响的直接义务。中国在环境保护方面的法律体系认可预防原则。2014 年《环境保护法》第 5 条明确提出了预防原则在环境保护方面的重要作用。在规范中国境外投资方面,预防原则也得到了多处体现。2013 年商务部、原环境保护部印发的《对外投资合作环境保护指南》,要求对外投资的中国企业应重视环境保护问题,遵守东道国关于环境保护的法律法规,针对具体项目进行环境影响评价,并制定环保方面的相应制度。②

---

① 葛察忠、龙凤:《中国对外投资中的环境管理研究》,载《环境与可持续发展》2011 年第 4 期。

② 境外投资企业应建立健全环境保护培训制度,使员工了解和熟悉东道国相关环境保护法律法规规定,掌握有关有害物质处理、环境事故预防以及其他环境知识,提高企业员工守法意识和环保素质。企业还应当根据东道国的法律法规要求,对其开发建设和生产经营活动开展环境影响评价,并根据环境影响评价结果,采取合理措施降低可能产生的不利影响。对可能存在的环境事故风险,企业应当根据环境事故和其他突发事件的性质、特点和可能造成的环境危害,制订环境事故和其他突发事件的应急预案,并建立向当地政府、环境保护监管机构、可能受到影响的社会公众以及中国企业总部报告、沟通的制度。应急预案的内容包括应急管理工作的组织体系与职责、预防与预警机制、处置程序、应急保障以及事后恢复与重建等。鼓励企业组织预案演练,并及时对预案进行调整,鼓励企业采取投保环境污染责任保险等手段,合理分散环境事故风险。

国家发改委分别于2017年和2018年发布了《企业境外投资管理办法》①和《关于发布企业境外投资管理办法配套格式文本(2018年版)的通知》②,要求中国企业境外投资注重生态环境保护,做好境外投资项目的环境风险防范措施。

针对中国国有企业,《关于加强中央企业境外投资管理有关事项的通知》③要求中央企业在境外投资中成为节约资源、保护环境的表率。④ 针对民营企业的境外投资,《民营企业境外投资经营行为规范》⑤明确规定了民营企业境外投资应注重资源环境保护。⑥ 在支持绿色金融的海外投资方面,中国2012年《绿色信贷指引》要求银行业金融机构从战略高度推进绿色信贷,⑦建立环境和社会风险管理体系。⑧

综上,中国针对中国企业境外投资方面已有关于环境保护方面的规定,

① 2017年12月26日,国家发改委发布了《企业境外投资管理办法》,其第41条鼓励投资者创新境外投资方式,坚持诚信经营原则,避免不正当竞争,保护从业人员合法权益,尊重当地社会秩序和良好风尚,履行必要的社会责任,注重生态环境保护,促进社会和谐树立中国投资者的良好形象。

② 2018年2月9日,国家发改委随后发布了《关于发布企业境外投资管理办法配套格式文本(2018年版)的通知》,其中附件二(境外投资项目申请报告通用文本)要求中国投资者汇报境外投资项目的主要风险和防范应对措施,分析项目面临的政治、安全、经济、社会、环境等主要风险因素,并提出防范和应对措施,包括项目是否将对所在地生态环境造成重大影响,防范和治理措施有哪些,等等。

③ 国务院国有资产监督管理委员会于2008年12月31日发布了《关于加强中央企业境外投资管理有关事项的通知》(现已失效)。

④ 中央企业加强社会责任意识,境外投资要遵守当地法律法规,尊重当地民族的风俗习惯,诚实守信,进一步增强社会责任意识,积极履行社会责任,维护国家形象。在提高投资效益、加快自身发展的同时,注重扩大当地就业,向当地转移适用技术,成为节约资源、保护环境的表率。

⑤ 国家发改委、商务部、人民银行、外交部、全国工商联于2017年12月6日发布了《民营企业境外投资经营行为规范》。

⑥ 要求民营企业保护资源环境、开展环境影响评价、申请环保许可、制定环境事故应急预案、开展清洁生产和重视生态修复。

⑦ 《绿色信贷指引》第3条。

⑧ 《绿色信贷指引》第4条规定,这里的环境和社会风险是指银行业金融机构的客户及其重要关联方在建设、生产、经营活动中可能给环境和社会带来的危害及相关风险,包括与耗能、污染、土地、健康、安全、移民安置、生态保护、气候变化等有关的环境与社会问题。

从预防原则角度出发，加强对中国企业境外投资的行为约束，将环境风险方面的考量作为监管部门对中国投资者境外投资行为的审查监督要素，有利于树立中国投资者作为负责任的投资人在海外投资中的良好形象。

当然，从预防原则的角度来看，中国针对境外投资环境保护方面的法律法规也尚存在一些不足，包括：(1)监管部门较多，所出台法律文件较分散，缺乏统一性的法律规定；(2)关于境外投资环境保护方面的预防措施相关规定比较概括性，缺乏针对不同环境保护目标所需要规定的更加具体的预防性措施；(3)缺乏对于违反上述行为规范和未采取相关预防性措施的惩罚性规定。

借鉴《生物多样性公约》《预防跨界损害条款草案》等国际法文件中关于国家预防性原则方面的责任，中国针对境外投资环境损害所采取的预防性措施方面应关注以下内容。

1. 针对境外投资活动的评估和预防措施

中国政府在考量针对境外投资活动的监管时，应对东道国可能产生环境影响的境外投资活动评估以下要素：产生重大跨界损害风险的可能性，以及相关防控措施；该活动的重要性，考量该活动对中国的社会、经济和技术方面的整体利益并与对东道国及相关第三国的潜在危害相比较；对东道国环境造成重大损害的风险，以及是否有预防该损害或使该损害最小化或修复该损害的措施；中国和东道国及相关第三国准备在多大程度上负担预防措施相关费用；与预防措施的相关性和采取替代性措施的经济可行性进行分析；东道国及相关第三国采用相同或可比预防措施的标准，以及适用于可比区域或国际惯例的标准。

2. 环境影响评价和环境许可

中国应要求实施境外投资行为的中国企业，就对东道国可能产生环境影响的境外投资行为根据东道国法律进行环境影响评价，并获得东道国关于实施相关投资活动的政府许可。

3. 通知和磋商

当中国认为有关中国企业实施的境外投资活动可能造成重大跨界环境

损害时,应当及时将相关信息和材料告知东道国和相关第三国,并与其磋商采取共同措施,适当情况下停止相关活动,降低环境损害后果。

4. 应急措施

在发生环境损害的情况下,中国应与东道国及相关第三国和主管的国际组织合作,制订应急计划并采取相关应急措施,以应对紧急情况。

5. 公平的救济渠道

中国应为因境外投资项目遭受环境损害的东道国自然人或企业提供司法或其他救济程序,上述救济渠道不因国籍或住所或损害发生地而有任何歧视性待遇。

借鉴《埃斯波公约》、《赤道原则》及双边或多边投资协定中的做法,中国应重视针对境外投资项目的环境影响评价、绿色金融和相关投资协定中的环境条款,全面履行针对境外投资环境保护的预防性义务。

02
第二节

国际投资环境影响评价方面的国家预防责任

防范原则要求国家就国际投资对当地环境影响方面建立环境影响评价制度，以充分评估相关国际投资对当地环境可能产生的不利影响，并在此基础之上审慎确定是否允许进行国际投资之行为。东道国可以通过建立“环境准入”制度，要求投资项目符合环境标准和环境政策，综合考虑投资所带来的环境压力与环境影响，强化外资企业的环境管理。[①] 投资国有必要确保其所管辖的投资企业了解和遵守东道国关于环境影响评价的法律和监管要求，做到合规经营，并在相关国际投资活动可能对东道国环境产生重大影响时，及时进行国家间信息交流、通知和协商。

一、国际投资与环境影响评价

在面对国际投资行为可能带来的环境污染风险时，针对本身的国际投资行为应成为防范环境风险的重点。这其中，针对国际投资行为的环境影响评价就显得尤为重要。目前，环境影响评价制度已经出现在很多国际法文件

① 蒋红莲：《国际投资与环境保护法律机制》，载《学术界》2008 年第 4 期。

中,得到广泛认可。

(一)环境影响评价之国际法规定

环境影响评价是减少投资建设项目对环境不利影响的重要预防措施。联合国人类环境会议于1972年6月5日至16日在斯德哥尔摩召开并发布了《斯德哥尔摩宣言》,提出地方政府和国家政府将最大程度承担其管辖范围内采取大规模环境政策和行动的责任,并且需要开展国际合作,以筹集资源,支持发展中国家履行其责任。由于区域性或全球性的问题,或由于其影响共同的国际区域,日益增多的环境问题需要各国的广泛合作和国际组织为群众的共同利益采取行动。[①]

联合国环境规划署于1987年1月16日发布了《关于环境影响评价的目标和原则》,并定义了环境影响评价,其指对所规划的活动进行检查、分析和评估,以确保环境不受损害和可持续性发展,提出了关于环境影响评价的三个目标。[②]

《关于环境影响评价的目标和原则》还提出了关于环境影响评价的13项原则,对各国关于环境影响评价方面的义务提出了要求。原则1要求,各国(包括其主管当局)不应在未事先考虑其环境影响的情况下进行或授权开展相关活动,对环境可能产生重大影响的项目或活动,应进行全面的环境影响评价。原则2要求,各国应通过制定法律、法规或其他方式,明确界定某项活动是否可能对环境产生重大影响的标准和程序,进而确定是否需要进行环境影响评价,以便能够快速、可靠地确定需要进行环境影响评价的相关活

---

① 《斯德哥尔摩宣言》原则14指出,合理规划是协调发展需求与保护和改善环境需求之间冲突的重要工具;原则15指出,规划必须适用于人类居住区和城市化,以避免对环境产生不利影响,并为所有人带来最大的社会、经济和环境效益。在此方面,必须放弃为殖民主义和种族主义统治而设计的项目。

② 关于环境影响评价的三个目标包括:(1)主管当局在作出决定以采取或授权可能对环境产生重大影响的活动之前,应充分考虑该活动对环境产生的影响;(2)促进所有国家采取符合其本国法律和决策程序的适当的措施,以实现上述目标;(3)在计划的活动可能对其环境产生重大跨界影响的国家之间,建立互利的信息交流、通知和协商程序。

动范围。在信息披露方面,《关于环境影响评价的目标和原则》还对各国关于环境影响评价的公众参与和相关国家信息交流方面作出了规定。①

1982年《海洋法公约》对于监测和环境评价有专节规定,其第204条要求各国有义务监视可能引发海洋污染的活动。②《海洋法公约》第206条还规定了各国有义务将有关海洋污染活动的影响进行评价并告知主管国际组织。③

1992年《生物多样性公约》也对各国在环境影响评价和尽量减少不利影响方面的义务作出了规定,其第14条规定了缔约方关于保护生物多样性方面相关环境影响评价及采取相关适当措施的义务。④

---

① 原则7要求,在决定采取某项活动之前,应允许政府机构、公众、相关专家和相关团体有机会对环境影响评价相关情况作出评论。原则11要求,各国应努力通过缔结双边、区域或多边的安排,在互惠的基础上就可能产生潜在重大影响的跨界活动进行信息交流和磋商。原则12要求,如果作为环境影响评价的部分所提供的信息表明另一个国家的环境可能受到拟计划活动的严重影响,则计划开展该活动的国家应尽可能:(1)通知可能受影响的国家有关拟计划活动的情况;(2)在不为该国法律法规禁止的范围内,向可能受影响的其他国家提供有关环境影响评价的相关信息;(3)在与相关国家达成协议的情况下,及时进行磋商。

② 《海洋法公约》第204条规定,各国应在符合其他国家权利的情形下,在实际可行范围内,尽力直接或通过各主管国际组织,用公认的科学方法观察、测算、估计和分析海洋环境污染的危险或影响。各国特别应不断监视其所准许或从事的任何活动的影响,以便确定这些活动是否可能污染海洋环境。

③ 各国如有合理根据认为在其管辖或控制下的计划中的活动可能对海洋环境造成重大污染或重大和有害的变化,应在实际可行范围内就这种活动对海洋环境的可能影响作出评价,并应向主管国际组织提送这些评价结果的报告。

④ 1992年《生物多样性公约》第14条规定,每一缔约方应尽可能并酌情:(1)采取适当程序,要求就其可能对生物多样性产生严重不利影响的拟议项目进行环境影响评价,以期避免或尽量减轻这种影响,并酌情允许公众参加此种程序。(2)采取适当安排,以确保其可能对生物多样性产生严重不利影响的方案和政策的环境后果得到适当考虑。(3)在互惠基础上,就其管辖或控制范围内对其他国家或国家管辖范围以外地区生物多样性可能产生严重不利影响的活动促进通报、信息交流和磋商,其办法是为此鼓励酌情订立双边、区域或多边安排。(4)如遇其管辖或控制下起源的危险即将或严重危及或损害其他国家管辖的地区内或国家管辖地区范围以外的生物多样性的情况,应立即将此种危险或损害通知可能受影响的国家,并采取行动预防或尽量减轻这种危险或损害。(5)促进作出国家紧急应变安排,以处理大自然或其他原因引起即将严重危及生物多样性的活动或事件,鼓励旨在补充这种国家努力的国际合作;并酌情在有关国家或区域经济一体化组织同意的情况下制订联合应急计划。

《预防跨境损害条款草案》第 7 条也规定，关于本条款范围内的活动予以授权的任何决定，应在考量对该活动可能造成的跨界损害评估的基础上作出，其中包括环境影响评价。[①]

联合国欧洲经济委员会于 1991 年在芬兰埃斯波通过的《埃斯波公约》不仅规定了缔约方在规划的早期阶段评估某些活动对环境影响的义务，还规定了各国就可能对跨界产生重大不利环境影响的项目相互通知和协商的义务。最新修订《埃斯波公约》于 2017 年 10 月 23 日生效，目前共 45 个缔约方，中国不是《埃斯波公约》的缔约方。[②]《埃斯波公约》要求各缔约方应采取措施预防重大不利跨界环境影响，强调了环境影响评价并允许公众参与。[③]

2003 年联合国欧洲经济委员会在基辅通过了《埃斯波公约》的《战略环境评估议定书》(Protocol on Strategic Environmental Assessment，以下简称《SEA 议定书》)，将战略环境评估[④]纳入缔约方制订和通过的计划、方案以及政策和立法的适当范围内，还规定公众广泛参与政府决策过程，以促进可持续性发展。该议定书于 2010 年 7 月 11 日生效。议定书的目标是通过以

---

① 《预防跨境损害条款草案》第 7 条(风险评估)。

② 参见联合国网，https://treaties.un.org/Pages/ViewDetails.aspx?src=TREATY&mtdsg_no=XXVII-4&chapter=27&lang=en#2。

③ 各缔约方应采取必要的法律、行政或其他措施来执行公约的规定，包括对公约附录一所列可能造成重大不利跨界影响的规划活动进行环境影响评价并允许公众参与，准备公约附录二所列环境影响评价的相关文件。《埃斯波公约》还规定，拟采取规划活动的缔约方应确保在决定授权或开展可能造成重大不利跨界影响的活动之前，按照公约的规定进行环境影响评价。拟采取规划活动的缔约方应按照本公约的规定，确保向受影响的缔约方通报可能造成重大不利跨界影响的活动。相关缔约方还应在该缔约方的提议下，就未列入附录一的活动是否可能造成重大不利跨界影响进行讨论，并相应采取环境影响评价措施。

④ 《SEA 议定书》将“战略环境评估”定义为“评估可能的环境(包括健康)影响，包括确定环境报告的范围及其编制、开展公众参与和磋商，以及在制订计划或项目中考虑环境报告、公众参与和协商结果等因素”。

下方式实现对环境(包括健康)的高度保护。[1]《SEA议定书》规定,各缔约方应采取必要的立法、监管和其他适当措施,在明确、透明的框架内执行议定书的相关规定,[2]努力确保本国官员和当局在议定书所涉事项上协助并向公众提供指导,[3]并对促进环境(包括健康)保护的协会、组织或团体给予适当的承认和支持。[4]

(二)国家在环境影响评价方面的责任

环境影响评价制度一方面是一个国家的国际义务,另一方面各国对如何履行环境影响评价义务有相当大的自由裁量权。[5] 基于上述关于环境影响评价的国际法文件,尤其是联合国环境规划署发布的《关于环境影响评价的目标和原则》和联合国欧洲经济委员会通过的《埃斯波公约》,站在投资国的角度,其关于环境影响评价方面的国家责任主要包括以下几点。

1. 确保本国投资者在开展国际投资时遵守关于环境影响评价方面的法律规定

《关于环境影响评价的目标和原则》所提出的三个目标中的首要目标和次要目标就是在主管当局作出决定以采取或许可可能对环境产生重大影响的活动之前,应充分考虑其对环境产生的影响,并且促进所有国家采取符合其本国法律和决策程序的适当的措施以实现上述目标。《关于环境影响评价的目标和原则》的原则2要求各国应通过制定法律、法规或其他方式,明确界定某项活动是否可能对环境产生重大影响的标准和程序,进而确定是否需要进行环境影响评价,以便能够快速、可靠地确定需要进行环境影响评

---

① 《SEA议定书》第1条包括:(1)各缔约方确保在制订计划和方案时充分考虑到环境,包括健康因素;(2)各缔约方在制定政策和立法时应考虑环境(包括健康)问题;(3)为战略环境评估制定明确、透明和有效的程序;(4)确保公众参与战略环境评估;(5)通过这些手段将环境(包括健康)问题纳入旨在促进可持续发展的措施和手段。

② 《SEA议定书》第3.1条。

③ 《SEA议定书》第3.2条。

④ 《SEA议定书》第3.3条。

⑤ 邓华:《环境影响评估制度在国际法中的演进和实施》,载《中山大学法律评论》2015年第3期。

价的相关活动范围。在此,《关于环境影响评价的目标和原则》所约束的国家对象范围是比较广泛的,不仅包括接受外商投资的东道国,还包括输出外商投资的投资国。《埃斯波公约》则进一步明确,拟采取规划活动的缔约方应确保在决定授权或开展可能造成重大不利跨界影响的活动之前,按照公约的规定进行环境影响评价。在此,“拟采取规划活动的缔约方”既包括拥有属地管辖权的接受外商投资的东道国,也包括拥有属人管辖权的输出对外投资的投资国。

2. 在国际投资活动可能对东道国环境产生重大影响时,及时进行国家间信息交流、通知和协商等程序

作为《关于环境影响评价的目标和原则》的第三个目标,投资国在对其属人管辖的投资者拟开展的国际投资活动可能对东道国环境产生重大影响的情况下,有义务及时通知东道国并进行协商。《关于环境影响评价的目标和原则》原则 11 和原则 12 要求,各国应在互惠的基础上就产生潜在重大影响的跨界活动进行信息交流和磋商。如果作为环境影响评价的部分所提供的信息表明另一个国家的环境可能受到拟计划活动的严重影响,则计划开展该活动的国家应尽可能:(1)通知可能受影响的国家有关拟计划活动的情况;(2)在不为该国法律法规禁止的范围内,向可能受影响的其他国家提供有关环境影响评价的相关信息;(3)在与相关国家达成协议的情况下,及时进行磋商。

《埃斯波公约》也明确要求拟采取规划活动的缔约方应确保向受影响的缔约方通报可能造成重大不利跨界影响的活动。《海洋法公约》还增加了各国向主管国际组织的报告海洋污染活动及其环境影响评价的义务。1992 年《生物多样性公约》也要求各国在互惠基础上,对生物多样性可能产生严重不利影响的跨界活动进行信息交流和磋商。

二、各国或地区环境影响评价之立法实践

各国关于环境影响评价的立法主要是从保护本国环境角度出发,对可

能对本国环境产生重大影响的重大活动,要求事前进行环境影响评价。

(一)美国

NEPA 的基本政策是确保所有政府部门在决定采取任何对环境产生重大影响的重大活动之前,对环境影响给予适当的考虑,其适用于建设机场、建筑物、军事综合体、高速公路、购买绿地和其他联邦政府管辖范围内的活动。环境评估和环境影响声明是所有美国联邦政府机构都被要求考量的因素,以评估替代性活动方案可能产生的影响,也是 NEPA 最重要的要求。

NEPA 要求所有联邦政府机构应在决策过程中重视环境影响并准备详细的评估报告。① 在作出任何详细陈述报告之前,相关联邦官员应咨询环境专家的意见。上述报告的副本及相关评论意见,应提供给美国总统、美国环境质量委员会和公众,并在现有的机构审查程序中和相关提案一起提供。②

(二)欧盟

欧盟形成了多层次、系统化的环境影响评价体系格局,为成员方环境影响评价法律制度的健全、环境影响评价效率的提高、环境影响评价方法的统一、产生跨界环境影响的建设活动或规划评价的实施奠定了基础性的作用。③

欧洲议会和欧洲理事会于 2014 年 4 月 16 日通过了第 2014/52/EU 号

---

① 评估报告包括:(1)采用系统的、跨学科的方法,确保自然科学和社会科学以及环境设计艺术在计划和决策中的综合运用,关注其可能对人类环境产生的影响。(2)与美国环境质量委员会协商,确定相关方法和程序,以确保在决策过程中在考虑经济和技术因素时同样确保目前未经量化的环境设施和价值也给予适当考量。(3)在每项可能对人类环境质量产生重大影响的立法建议和其他主要联邦行动的建议或报告中,包含相关官员的详细陈述报告,涵盖:①拟采取行动对环境的影响;②如果实施该提案,所产生的无法避免的任何环境不利影响;③拟采取行动的替代方案。

② Sec. 102 [42 USC § 4332].

③ 王欢欢:《欧盟环境评价制度探析——以法律渊源为视角》,载《北京林业大学学报(社会科学版)》2010 年第 4 期。

指令(以下简称《关于环境影响评价的指令》),修订了关于评估特定公共和私人项目对环境影响的2011/92/EU号指令。《关于环境影响评价的指令》将"环境影响评价"定义为由以下各项行为组成的活动过程,包括:(1)由开发商编制环境影响评价报告;(2)进行磋商;(3)主管当局审查环境影响评价报告中提供的信息和在必要时提供的任何补充信息,以及通过磋商收集到的相关信息;(4)主管当局就项目对环境的重大影响作出合理的结论,并酌情进行补充审查;(5)根据主管当局的合理结论作出决定。[①]

《关于环境影响评价的指令》要求成员方采取一切必要措施,确保可能对环境产生重大影响的项目必须符合开发许可证的要求,并在获得开发许可证之前评估其对环境的影响,[②]评估范围较为广泛。[③]

《关于环境影响评价的指令》将可能影响环境的活动分为两类,分别列入附件一和附件二。列入附件一的项目应进行环境影响评价,共24项活动,不仅包括《埃斯波公约》附录一项下的活动,还包括根据欧洲议会和理事会2009年4月23日通过的2009/31/EC指令关于二氧化碳地理封存的储存地、装置等活动。[④] 对于附件二所列项目,成员方可以通过逐案审查或自行设定评估门槛或标准的方式,决定是否需要进行环境影响评价。[⑤] 成员方主管当局关于上述是否进行环境影响评价所作出的决定,应向公众公布,并说明进行或不进行环境影响评价的主要原因。[⑥]

对于可能对另一个成员方的环境产生重大影响的投资活动,拟在其领土内开展该项目的成员方应在不迟于通知其公众前尽快将相关信息情况通

① 《关于环境影响评价的指令》第1.2条。

② 《关于环境影响评价的指令》第2.1条。

③ 《关于环境影响评价的指令》第3.1条,环境影响评价应以适当的方式确定、描述和评估项目对以下方面的直接和间接重大影响:(1)人口和人类健康;(2)生物多样性,特别注意指令92/43/EEC和2009/147的影响,根据EC指令保护的每个项目/物种和栖息地的具体情况;(3)土地、土壤、水、空气和气候;(4)有形资产、文化遗产和景观;(5)上述因素之间的相互作用。

④ 《关于环境影响评价的指令》附件一。

⑤ 《关于环境影响评价的指令》第4.2条。

⑥ 《关于环境影响评价的指令》第4.4条和第4.5条。

知受影响的会员方，包括项目的说明、关于其有概率产生跨界影响的任何现有资料和关于有概率采取的何种决定的任何信息。该成员方应给予另一受影响成员方合理的时间，以表明其是否希望参与环境决策程序。[①]

（三）俄罗斯

在俄罗斯，环境影响评价适用于俄罗斯联邦《环境保护法》第V节（国家环境影响评价）的相关规定。俄罗斯联邦环境与自然资源保护部于1994年7月18日发布了W222号令，明确了强制性环境影响评价的项目清单。[②] 受强制性环境影响评价的项目清单包括所有大型能源、工业和农业设施项目。在环境影响评价的框架内，潜在的不利影响和公众关注的问题将被研究，预防和减少不利影响的措施将实施。国家环境评估（SER）仍然占重要位置，其目的在于验证项目是否符合环境相关法律法规，并由主管当局作出正式决定，表明相关项目活动是否可以开始。[③]

项目准备涉及环境影响评价的不同阶段，包括以下几个方面。[④]

1. 项目投资意向声明。投资项目准备工作从确定投资理念开始。在这个阶段，项目开发者应该发布意图声明并将其提交给当地政府。意向声明应反映项目的主要目标和要素，特别是拟定活动对环境影响的简要信息，包括对环境的影响类型和可能发生的紧急情况。根据意向声明，公共当局和当地政府可以制订在项目预备阶段和完成项目文件时应考虑的要求和条件。

2. 项目投资合理性材料。在此阶段，应考虑实现项目目标的不同替代方案、未来设施的暂定位置等。根据所准备的材料，拟定项目的主要性质应与主管当局达成一致，包括同意使用自然资源的条件。如果涉及新设施的

---

① 《关于环境影响评价的指令》第7条。

② Sergei M. Govorushko, *Environmental Impact Assessment in Russia*, 1997, Impact Assessment, 15:2, 195－201, DOI: 10.1080/07349165.1997.9726132.

③ OECD, *Environmental Policy and Regulation in Russia: The Implementation Challenge*, 2006, p. 14.

④ OECD, *Environmental Policy and Regulation in Russia: The Implementation Challenge*, 2006, p. 15.

建设,则在为未来设施初步协调场地的过程中,可与公共当局磋商确定拟定项目活动。对于一些简单的项目设施,可以根据主管机关的决定,基于意向声明即可获得必要的协议,包括关于土地的初步批准,而无须准备项目投资合理性材料。

3. 可行性研究报告。根据经批准的项目投资合理性材料,可准备项目可行性研究报告。通常将可行性研究报告作为项目主要文件进行审查,其包括环境保护部分相关内容,该部分应描述环境保护相关活动,环境、历史和文化遗址,以及对社会和经济的影响。

根据2014年世界银行发表的关于俄罗斯加入WTO前有关环境监管法规方面的报告,俄罗斯立法系统包括4000多个联邦级环境监管方面的法律文件,并且其中相当一部分存在相互冲突,因此难以全部遵循。环境保护者还经常挑战由俄罗斯国家主导的经济发展,并指责这些经济发展往往是在没有公众意见参与和高度腐败的情况下进行的。①

综上,上述国家或地区关于环境影响评价的立法主要是从保护本国环境的角度出发,涉及作为投资国约束本国对外投资行为环境影响评价的内容相对较少。欧盟由于其范围内涵盖众多成员方,其《关于环境影响评价的指令》要求欧盟成员方必须采取一切必要措施,确保可能对环境产生重大影响的项目在获得开发许可前获得批准,并且必须符合开发许可的要求,评估其对环境的影响。在此,欧盟《关于环境影响评价的指令》的适用范围应既包括作为接受外商投资的欧盟成员方,也包括输出外商投资的欧盟成员方。

三、中国环境影响评价之立法实践

中国引入环评制度是因为认识到了在环境保护领域"事先预防重于事

① Joshua P. Newell & Laura A. Henry, *The State of Environmental Protection in the Russian Federation: A Review of the Post-Soviet Era*, *Eurasian Geography and Economics*, DOI: 10.1080/15387216.2017.1289851.

后补救”的重要性。[①] 自1979年《环境保护法(试行)》(现已失效)在中国确立了建设项目环评报告书制度以来,随着中国关于环境保护方面的意识和法律水平不断提高,中国也在不断更新有关环境影响评价方面的立法。

(一)中国环境影响评价相关立法

2014年修订的《环境保护法》[②]严格了企业防治环境污染方面的责任,要求严格履行环境影响评价制度,[③]并加大了对企业环保违法的惩治力度。[④]限期补办手续的行政措施被取消,企业通过“先上车,后补票”的方式滥用“未批先建”擅自开工建设的现象成为历史。

中国于2018年12月29日发布了新修订的《环境影响评价法》,并于当日生效。《环境影响评价法》关于环境影响评价的规定[⑤]与《环境保护法》第61条的规定相一致,取消了未批先建的建设单位可以通过“限期补办手续”的方式规避环境影响评价,同时规定了可以按照建设项目总投资额1%以上5%以下处以罚款,加大了处罚力度。

为确定哪些建设项目需要进行环境影响评价,中国采取了分类管理的方式,于2017年6月29日发布了新修订的《建设项目环境影响评价分类管理名录》(以下简称《分类管理目录》),并于2021年11月30日再次修订,

---

① 金自宁:《中国大陆与台湾地区环评制度之比较:立法框架、行政执行和司法实践》,载《中国地质大学学报(社会科学版)》2017年第3期。

② 中国政府于2014年4月24日修订了《环境保护法》,并于2015年1月1日起实施。

③ 《环境保护法》第19条规定:在环境影响评价方面,《环境保护法》要求编制有关开发利用规划和建设对环境有影响的项目都应当依法进行环境影响评价,未依法进行环境影响评价的开发利用规划,不得组织实施;未依法进行环境影响评价的建设项目,不得开工建设。

④ 《环境保护法》第61条规定:建设单位未依法提交建设项目环境影响评价文件或者环境影响评价文件未经批准,擅自开工建设的,由负有环境保护监督管理职责的部门责令停止建设,处以罚款,并可以责令恢复原状。

⑤ 《环境影响评价法》第31条第1款规定:建设单位未依法报批建设项目环境影响报告书、报告表,或者未依法重新报批或者报请重新审核环境影响报告书、报告表,擅自开工建设的,由县级以上生态环境主管部门责令停止建设,根据违法情节和危害后果,处建设项目总投资额1%以上5%以下的罚款,并可以责令恢复原状;对建设单位直接负责的主管人员和其他直接责任人员,依法给予行政处分。

《分类管理目录》要求对建设项目的环境影响评价实行分类管理。[①]《环境影响评价公众参与办法》[②]要求专项规划的环境影响评价和依法应当编制环境影响报告书的建设项目的环境影响评价应依法保障公众参与的权利。[③]

借鉴美国、欧盟、俄罗斯等关于环境影响评价的立法和实践,中国对环境影响评价的实践可以加强咨询环保专家的意见,并将相关环境影响评价报告及时披露给社会公众和负责监督职能的政府机关,避免环保执法中易发生的腐败、造假等问题。

(二)中国对外投资和环境影响评价

中国政府重视对外投资中应按照东道国法律进行环境影响评价,并制定了相应的国内法律。中国商务部和原环境保护部于2013年2月18日印发的《对外投资合作环境保护指南》明确要求对外投资的中国企业应根据东道国的法律法规要求开展环境影响评价,并采取相应合理措施,[④]申请当地政府环境保护方面的相关许可。[⑤]《民营企业境外投资经营行为规范》还明确要求民营企业开展环境影响评价,申请境外投资环境许可,采取有利于东道国(地区)生态发展的环境保护措施。[⑥]

从上述规定来看,中国已经有明确的国内立法要求中国企业在进行海

---

① 《分类管理名录》第2条规定:根据建设项目特征和所在区域的环境敏感程度,综合考虑建设项目可能对环境产生的影响,对建设项目的环境影响评价实行分类管理。建设单位应当按照名录的规定,分别组织编制建设项目环境影响报告书、环境影响报告表或者填报环境影响登记表。

② 2018年7月16日,中国生态环境部发布了《环境影响评价公众参与办法》,2019年1月1日起生效。

③ 《环境影响评价公众参与办法》第2、4、5条。专项规划机构在提交规划草案审批前,应当征求社会的意见。建设单位应当在环境影响评价范围内依法听取社会公众的意见。

④ 《对外投资合作环境保护指南》第8条。

⑤ 《对外投资合作环境保护指南》第5条。

⑥ 《民营企业境外投资经营行为规范》第27、28条。民营企业应在海外项目建设前进行环境监测评估,在收购海外企业前对目标企业进行环境尽职调查。民营企业境外分支机构应当对其开发建设、生产经营活动进行环境影响评价。民营企业在境外建设、经营项目,必须依法申请项目建设许可。对于暂时没有环境保护法的国家或地区,可以借鉴国际组织或多边机构的环境保护标准,采取有利于东道国(地区)生态发展的环境保护措施。

外投资过程中遵循东道国法律进行环境影响评价，如在美国投资需要遵循NEPA、在欧洲投资需要遵循欧盟《关于环境影响评价的指令》、在俄罗斯投资需要遵循俄罗斯联邦《环境保护法》第Ⅴ节（国家环境影响评价）的相关规定。鉴于环境影响评价和环境许可需要在海外投资所在的东道国进行并申请，这些行为主要受东道国法律法规的监管。尽管中国国内立法对此也提出了要求，但并没有明确的监管机构和监管程序进行监督审查，也缺乏监管方面的强制性措施对未履行上述义务的中国企业进行处罚或强制其履行相关义务。

针对东道国关于环境影响评价的法律，存在三种可能性：一是高于中国国内立法要求水平，二是与中国国内立法要求水平持平，三是低于中国国内立法要求水平。美国、欧盟等对于环境影响评价的要求可能高于中国，而一些不发达国家，如非洲国家，可能低于中国立法要求水平。除各国国内立法外，还有关于双边或多边投资协定中环境条款的约定。例如，南部非洲发展共同体2012年示范投资协定（以下简称《SADC示范投资协定》）之环境条款，其第13条规定了环境和社会影响评估条款，要求投资者或其投资应按照下列法规最严格的标准遵循适用于其投资的有关环境和社会影响评估的标准和程序，包括：（1）东道国的法律法规；（2）投资者母国的法律法规；（3）国际金融公司有关环境和社会影响评估的行为标准。在此情况下，则要根据相关投资协定中的要求，按照最严格的标准进行环境影响评价。

在虚拟的中国企业海外矿业投资引发环境损害的案例中，我们应审查中国投资者Z国有企业在A国进行矿业生产前，是否按照当地国家法律的要求进行环境影响评价并申请当地政府的环境许可。如果当地法律有关于环境影响评价和环境许可的要求，但中国投资者Z国有企业没有实际遵守，则违反了当地法律要求。然而，鉴于中国已经有明确的国内立法要求中国企业在进行海外投资过程中遵循东道国法律进行环境影响评价，中国政府并不因中国投资者Z国有企业违反东道国关于环境保护的法规而承担责任。如果中国与A国的投资协定中含有类似《SADC示范投资协定》中的环境条款，即要求按照最严格环境保护标准（包括不低于东道国的法律法规、投资者母国的法律法规、国际金融公司有关环境和社会影响评估的行为标准),鉴于中国国内立法就中国企业海外投资并没有提出按照最严格环境保护标准,则可能存在中国违反与A国双边投资协定下义务而产生的责任。

中国投资企业在实施境外投资项目中,还应充分注意与环境污染有关的风险,一要做好对目标公司的环境方面的尽职调查;二要了解东道国关于环境方面的相关法规,了解将来运营过程中需要遵守的环境保护标准和相关法律规定。在尽职调查方面,中国企业应重点调查目标企业在环境保护方面的状况和能力,考察其是否建立有关环境保护的相关制度并维持其有效运作,其是否在过去的经营过程中因为环境污染问题而遭受行政处罚或司法纠纷。在了解东道国环境保护法律规定方面,中国企业应着重了解东道国在环境保护方面的法规与中国环保法规的不同。中国企业应对此提前有所了解,尤其是投资可能对环境造成污染的行业时,如矿业等,需要将环境保护等因素考虑进投资并购决策所需要的投资成本和收益分析,避免在实际投资发生后才发现面临高额的环保成本,导致投资失败。

企业在境外投资尽职调查中发现的环境风险可以作为调整交易定价的考量因素。在海外并购交易中,定价机制常常是谈判的核心,也是并购交易文本中需要财务团队、律师团队、税务团队等着重确认的交易要素之一。一般而言,常见的并购定价机制有两种:交割后价格调整机制(post-closing price adjustment mechanism)和锁箱机制(locked box mechanism)。

交割后价格调整机制是跨境并购中通常使用的定价机制。[①] 在该机制中,有两个重要的日期:股份购买协议(SPA)签署日和交割日。交易双方首先在SPA签署日确定标的公司的企业价值(enterprise value),然后在交割后通过"实际现金、负债和营运资本"(actual cash,debt,working capital)确定股权价值(equity value)[②]。由于尽职调查通常发生在交易双方签署股份购买

---

① Adam Tsao, *Pricing Mechanisms in Merger and Acquisitions: Thinking Inside the Box*, University of Pennsylvania Journal of Business Law, Vol. 18:4, 2016.

② Ronan O'Sullivan et al., *Pricing Mechanisms: Locked Box vs Completion Accounts*, PLC Mag., 2012.

协议前，在尽职调查中发现的环境问题通常作为SPA签署日确定的企业价值的考量因素，如发现存在可能导致支付环境费用的风险，将作为企业价值的调减项。由于环境风险存在隐蔽性，也存在股份转让协议签署前尽职调查无法充分发现环境风险的可能性。如果在交割后发现由于环境风险导致实际负债或费用的变化，也可以通过"实际现金、负债和营运资本"来调整标的公司的确定股权价值。

交割后价格调整机制的主要流程见图2：

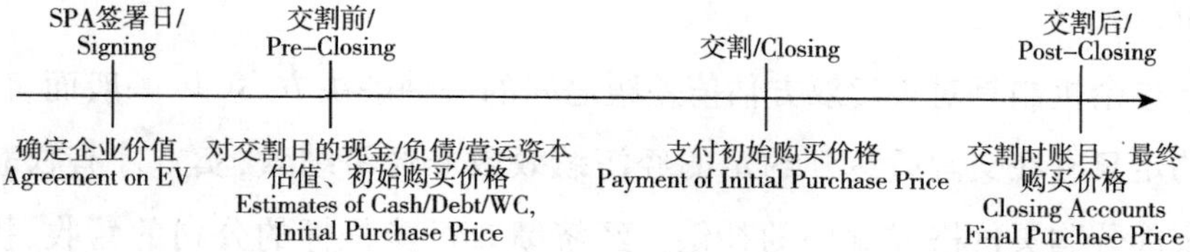

图2　交割后价格调整机制流程

锁箱机制是并购交易中另一种常见的定价机制。在锁箱机制中，有三个重要的日期：锁箱日期(locked box date)、SPA签署日及交割日。具体而言，交易双方在SPA签署日确定标的公司的固定股权价值(fixed equity value)。该固定股权价值由双方约定的锁箱日的资产负债表(锁箱资产负债表)(locked box balance sheet)计算得来，且在SPA签署日进行固定，并不在交割后进行任何调整。

由于在锁箱机制中不存在交割后调整，[①]同时标的公司的经济风险和利益在锁箱日便转移给买方，而股份的所有权在交割日才归属于买方，因此买方需要通过价值减损(leakage)的约定寻求保护。价值减损是指在锁箱日和交割日之间卖方对标的公司进行的价值抽取行为或活动。允许的价值减损(permitted leakage)是双方在SPA签署日同意的卖方可进行价值抽取的项目，发生允许的价值减损并不会导致购买价格的减少或触发卖方对陈述/保证的承诺违约。未经允许的价值减损(unpermitted leakage)一般包括标的公

① Brian Vickrey et al. ,*An Introduction to the Locked Box Closing Mechanism*: *To Lock or Not to Lock*, Transaction Advisors (2013).

司向卖方支付的管理费、以低于市场价向卖方或其关联方转让标的公司的资产、标的公司对卖方或其关联方的债务免除等。如在锁箱日和交割日之间发生未经允许的价值减损，则卖方需要向买方赔偿价值减损的部分。

锁箱机制与交割后价格调整机制的主要区别之一在于是否存在交割后的价格调整。在采用锁箱机制的并购交易中，买方最大的顾虑之一是其支付的对价（购买价格）无法准确反映交割时标的公司的价值，因此，为安抚买方的顾虑，在某些交易中双方会采用锁箱机制与盈余机制结合的方式进行定价。

盈余机制是对买卖双方估值差距之间的一种解决方案。[①] 一般而言，双方约定只有在交割后达到约定的经济绩效或非经济绩效，卖方才有权获得剩余部分购买价格或额外的补偿。经济绩效可能是标的公司的营收、折旧和摊销前的利润（EBITDA）、息税前利润（EBIT）、净利润等；非经济绩效可能是客户量、产品获得批准等。盈余机制的最大特点在于，即使标的公司的经济风险和利益已经转移，卖方仍应承担交割后标的公司的经营风险或享受相关收益。针对存在较大环境风险的标的企业，在采用锁箱机制的情况下，可将环境风险可能产生的费用支出或负债作为盈余机制的计算考量因素之一，用于对交易价格的调整。

将锁箱机制与盈余机制结合，通过盈余机制要求卖方仍承担一定比例的经营风险，能够部分降低买方的风险。利用这种方式，能够在卖方基于锁箱机制在锁箱日将标的公司的风险转移给买方后，仍要求卖方部分"承担"风险，包括因环境风险导致的费用支出或负债增加，以此部分解决买方在锁箱机制下的顾虑。

不同定价机制对交易双方的利弊各有不同。当然，交易双方应结合交易的性质、双方的需求、双方的谈判地位、操作便利性等选择合适的定价机制。如果潜在的环境风险不能及时在交割日前被发现，还可以通过陈述保

① *Share Purchase Agreements*: *Purchase Price Mechanisms and Current Trends in Practice*, Ernest & Young 4 (2012).

证条款和违约条款来约束卖方的环境责任。

在投资文件中,中国投资企业应关注环境方面的陈述和保证条款,要求被投资标的企业和当地股东就标的企业的环境合规性作出承诺,确保标的企业及其附属企业的场地未遭受任何有害物质的污染,没有发生过任何可能产生不利环境责任的擅自排放污染物质的行为,所有对污染物质的处理均符合合规要求。标的企业及其附属企业持有所有必要的环境方面的许可,遵守关于环境、健康和安全方面的法律法规,不存在任何针对其有关环境方面的调查或法律行为。

四、中国境外投资环境影响评价法律制度之完善

中国虽然初步建立环境影响评价的法律体系,但主要适用于在中国境内的项目建设和规划,尚缺乏针对中国境外投资环境影响评价的相关法律制度。中国政府重视对外投资中应按照东道国法律进行环境影响评价,并出台了相关法律法规予以规范。①

然而,尽管中国国内立法提出了关于境外投资环境影响评价方面的要求,但并没有明确的监管机构和监管程序进行监督审查,也缺乏监管方面的强制性措施对未履行上述义务的中国企业进行处罚或强制其履行相关义务。针对中国境外投资环境影响评价法律制度,应注意完善如下方面。

(一)了解境外投资东道国有关环境影响评价的法律制度,做好政策相通

中国投资者应了解并遵守境外投资东道国有关环境影响评价的法律制

① 中国商务部和原环境保护部于2013年2月18日印发的《对外投资合作环境保护指南》明确要求对外投资的中国企业应根据东道国的法律法规要求开展环境影响评价,并根据环境影响评价结果,采取合理措施降低可能产生的不利影响。国家发改委、商务部、人民银行、外交部和全国工商联于2017年12月6日发布的《民营企业境外投资经营行为规范》也明确要求民营企业在海外投资中开展环境影响评价和申请环境许可。

度，以做到环保方面的合规。中国企业在进行海外投资过程中，应遵循东道国法律进行环境影响评价，如在美国投资需要遵循NEPA、在欧洲投资需要遵循欧盟《关于环境影响评价的指令》、在俄罗斯投资需要遵循俄罗斯联邦《环境保护法》第Ⅴ节（国家环境影响评价）的相关规定。

2006年，中石化在加蓬的项目即被指令停止生产，就与其在卢安果（Loango）国家公园进行石油生产可能造成环境污染和未进行环境影响评价有关。① 缺乏对境外投资东道国有关环境影响评价的法律制度的了解或者不遵循其法律制度，将导致境外投资项目的环境风险和潜在的责任。中国政府应积极向中国投资者介绍有关境外投资东道国环境影响评价的法律制度并督促其严格遵守。

另外，如果中国投资者的境外投资项目可能产生重大不利跨界影响，也应按照《埃斯波公约》的要求进行环境影响评价。

（二）强化中国海外投资环境影响评价的监督和奖惩机制

针对中国海外投资，应加强对其关于环境影响评价方面的监督和奖惩机制。中国政府出台了关于建设绿色“一带一路”的相关政策法规，②鉴于环境影响评价和环境许可需要在海外投资所在的东道国进行并申请，这些行为主要受东道国法律法规的监管。虽然中国国内立法对此也提出了要求，但并没有明确的监管机构和监管程序进行监督审查，也缺乏监管方面的强制性措施对未履行上述义务的中国企业进行处罚或强制其履行相关义务。这就会导致在缺乏监督和奖惩机制的情况下，无法确保中国投资者境外投资须符合环境影响评价要求的落地实施。当然，如果不符合东道国关于环境影响评价的法律法规，可能导致境外投资项目的东道国的法律责任，但这也同时会增加境外投资项目的环保风险和潜在责任。为减少该风险和潜在

① David H. Shinn, *The Environmental Impact of China's Investment in Africa*, Cornell International Law Journal, 2016, p. 61.

② 中国于2017年发布的《关于推进绿色“一带一路”建设的指导意见》要求了解项目所在地的生态环境状况和相关环保要求，开展综合生态环境影响评价。

责任，中国政府有必要对中国投资者海外投资项目是否符合环境影响评价相关法律法规进行监督，可要求其报告和备案海外投资项目在东道国进行环境影响评价的相关报告和资料，对于未遵循相关法律法规进行环境影响评价的，应对其施加法律责任。

（三）促进和完善中国海外投资环境影响评价的信息披露和公众参与机制

促进中国海外投资符合环境影响评价方面的法律法规要求，需要完善相关的信息披露制度和公众参与机制。中国重视环境影响评价方面的工作，出台了相关法律法规，并对信息披露①和公众参与②予以了规范。

《埃斯波公约》和《SEA 议定书》都重视公众参与环境影响评价。《埃斯波公约》缔约方第二次会议的第Ⅱ/3 号决定强调了跨界环境情况下公众参与环境影响评价的重要性，指出在跨界环境情况中公众参与环境影响评价将有助于：(1)改善人们和国家之间的关系，防止发生跨界环境冲突；(2)促进各国发展民间社会和民主；(3)促进及时向环境决策过程的参与者披露相关信息；(4)让人们理解并尊重项目的最终决策；(5)深入了解环境保护和长期环境问题。

借鉴欧盟、俄罗斯等关于环境影响评价的立法和实践，中国对环境影响评价的实践可以加强咨询环保专家的意见，并落实将相关环境影响评价报告及时披露给社会公众和负责监督职能的政府机关，避免环保执法中易发生的腐败、造假等问题。

完善中国海外投资环境影响评价的信息披露和公众参与机制，有利于使东道国当地人们了解投资项目对环境影响的相关信息，理解并尊重投资项目的决策，有利于建立环境保护方面的沟通渠道，防止发生当地民众和中

---

① 《环境影响评价法》(2018 年修正)第 6 条规定，国家要加强环境影响评价的基础数据库和评价指标体系建设，建立必要的环境影响评价信息共享制度。

② 《环境影响评价法》(2018 年修正)第 5 条规定，鼓励有关单位、专家和公众以适当方式参与环境影响评价。

国投资者之间的冲突。环境法实施中公众的知情权是其他权利的基础，只有明确公众的知情权、参与权和监督权，才能使公众有效参与环境法的实施。[①]

（四）促进中国与境外投资东道国就环境影响评价方面的国际交流与合作

中国政府还应采取措施促进与境外投资东道国就环境影响评价方面的国际交流与合作，沟通各国间关于环境影响评价的法律政策，交换投资项目可能产生环境影响的相关信息。对于可能产生重大跨界环境影响的投资项目，应在与东道国充分磋商并达成一致的基础上再进行实施，避免因环境问题发生争议。

① 林灿铃：《环境法实施的立法保障》，载《比较法研究》2016 年第 1 期。

03 第三节

国际投资与绿色金融相关之国家预防责任

国际投资与融资活动紧密相联。绿色金融有利于促进国际投资实现环境保护方面的目标。无论是投资国还是东道国,都可将绿色金融作为协调国际投资和环境保护之间关系的有效金融工具。

一、国际投资与绿色金融

绿色金融是近年来兴起并日益重要的理念和实践,对于国际投资的发展产生了重要影响。

(一)绿色金融之定义

在国际法层面,绿色金融没有统一的定义。2016年9月5日,G20绿色金融研究小组发布的《G20绿色金融综合报告》将“绿色金融”定义为能够产生环境效益、支持可持续发展的投融资活动。在这方面,环境效益包括减少空气、水和土壤污染,减少温室气体排放,提高资源利用效率,减缓和适应气候变化,并体现其协同效应等。①

国际开发金融俱乐部(International Development Finance Club,IDFC)认为绿色金融包括气候金融(减少温室气体排放和适应类的相关项目)和其他环境金融,包括与环境保护和救济相关的项目,如水、空气和生物多样性。②香港金融发展局(HK Financial Services Development Council)在其所发布的《香港作为区域绿色金融中心》的报告中,认为“绿色金融”是一个比较广泛的术语,包括针对项目、产品和公司的资本性融资和财务投资,以支持发展更具有可持续性、低碳和气候复原性的经济。

中国内地发布了《关于构建绿色金融体系的指导意见》,对绿色金融的定义③比二十国集团更为宽泛,不仅包括投融资活动,还包括项目运营、风险管理等金融服务。未来尚需要在国际法层面明确统一的“绿色金融”的定义,并完善相关规范。正确界定绿色金融,有利于绿色投资和资产的识别/标识、风险管理、评估过程及其有效性、经济和社会影响分析、企业公共、政策和监管体系设计,实现环境效益。④

(二)绿色金融之重要作用

绿色金融通过有利于实现可持续发展目标的投融资活动,最终实现有利于环境保护的环境效益。2016 年 2 月,G20 主要经济体国家的财务部长和央行行长召开会议并承诺未来 15 年将投资 90 万亿美元以应对气候变化和实现全球可持续发展的目标。⑤

在亚太区域的发展中国家,仍然需要大量的基础设施建设。4 亿多亚洲人仍需要电力供给,约 3 亿亚洲人没有安全的饮用水,1.5 亿亚洲人缺乏基

① G20 绿色金融研究小组:《G20 绿色金融综合报告》,2016 年 9 月 5 日,第 1 页。

② IDFC:《绿色金融进展报告(2013)》,2014 年 12 月,第 4 页。

③ 《关于构建绿色金融体系的指导意见》将绿色金融定义为支持改善环境、应对气候变化、节约和高效利用资源的经济活动,即对项目投融资、项目运营和风险的金融支持管理于环保、节能、清洁能源、绿色交通、绿色建筑等领域服务。

④ G20 绿色金融研究小组:《G20 绿色金融综合报告》,2016 年 9 月 5 日,第 26 ~ 27 页。

⑤ 香港金融发展局:《香港作为区域绿色金融中心》,2016 年 5 月,第 4 页。

本的卫生设施。2016 年至 2030 年,亚洲的发展中国家仍然需要在基础设施方面投资 26 万亿美元,每年平均 1.7 万亿美元,以确保该区域的经济增长趋势,消除贫穷和应对气候变化。在上述 26 万亿美元基础设施投资中,电力方面需要投资 14.7 万亿美元,交通方面需要投资 8.4 万亿美元,通信方面需要投资 2.3 亿美元,水和卫生设施方面需要投资 8 亿美元。[①] 上述大量投资需要获得绿色金融的支持。

绿色金融在中国也越来越发挥重要作用。在绿色投资方面,"十三五"期间中国绿色投资规模超过 15 万亿元人民币。在绿色债券方面,截至 2017 年 12 月 31 日,中国债券市场上发行贴标绿色债券 2486 亿元,占全球发行的绿色债券总规模的 22%。[②] 而到 2020 年,中国贴标绿色债券发行规模达到 2580 亿元。[③]

(三)绿色金融之国际法体系

尽管目前尚没有关于绿色金融统一的国际法规范,但关于绿色投资、绿色信贷、绿色基金等内容已出现在不同的国际法文件中。

1.绿色信贷

出现于 2003 年 6 月,由花旗银行、荷兰银行等 7 个国家的 10 家银行制定的《赤道原则》是关于绿色金融最早的标准。目前,来自 37 个国家的 94 个金融机构(EPFI)正式采用了赤道原则。赤道原则在全球范围内适用,并适用于所有产业,主要应用于支持某一新项目的下述四类金融产品[④]:

(1)项目融资咨询服务,项目总资本成本为 1000 万美元或以上。

(2)项目融资,项目总资本成本为 1000 万美元或以上。

---

① *Infrastructure Development in Asia*: 12 *Things to Know*, https://www.adb.org/news/features/infrastructure-development-asia-12-things-know.

② 蔡越坤:《中国绿色债券"井喷"2017 年发行量近 2500 亿》,载《经济观察报》2018 年 2 月 9 日。

③ 《2020 中国绿色债券市场报告显示:绿债支持碳中和目标仍有空间》,载川观新闻 2021 年 3 月 19 日。

④ 《赤道原则Ⅲ》,2013 年 6 月,第 3 页。

（3）项目相关的公司贷款（包括以买方信用形式的出口融资），满足以下所有四个标准：①大部分贷款与客户具有有效运营控制（直接或间接）的单一项目有关。②总贷款金额至少为1亿美元。③赤道原则金融机构的个人承诺（在组成辛迪加或销售贷款份额之前）至少为5000万美元。④贷款期限至少为两年。

（4）期限不足两年的过桥贷款，旨在由项目融资或项目相关公司贷款再融资，预计该贷款符合上述相关标准。

《赤道原则》共10条原则。① 赤道原则金融机构在审查项目融资时，作为其环境和社会审查和尽职调查的一部分，将根据项目潜在的环境和社会风险和影响的大小对其进行分类。②

赤道原则在国际银行业社会责任实践中发挥重要作用。当然，赤道原则也有缺陷和不足，一些赤道银行最近采取了进一步行动，以加强其对可持续发展的贡献。③ 赤道原则的形成过程及其自身运行缺陷的不断弥补，是在没有国家参与的情况下进行的，其性质完全不同于传统的国际金融立法。④

联合国环境规划署金融倡议（UNEP FI）是联合国环境规划署于1992年地球首脑会议之后创建的全球金融部门之间的伙伴关系，其使命是促进可持续金融，成员包括银行、保险公司和投资者在内的230多家金融机构。

---

① 《赤道原则》的10条原则包括原则1（审查和分类）、原则2（环境和社会评估）、原则3（适用的环境和社会标准）、原则4（环境和社会管理系统和赤道原则行动计划）、原则5（利益相关者参与）、原则6（申诉机制）、原则7（独立审查）、原则8（承诺）、原则9（独立监测和报告）和原则10（报告和透明度）。

② 分类包括：A类，具有潜在重大不利环境和社会风险和/或多样化影响的项目，该影响是多方面、不可逆转或前所未有的；B类，具有潜在有限的不利于环境和社会风险和/或影响的项目，这些风险和/或影响的数量很少，通常是针对具体地点的，在很大程度上是可逆的，并且可以通过缓解措施来解决；C类，具有极小或没有不利于环境和社会风险和/或影响的项目。

③ 刘志云：《银行业践行社会责任的"私政府立法"：兴起背景与原理探究——一种从国际关系理论视角的分析》，载《国际关系与国际法学刊》2011年第1卷。

④ 刘志云：《赤道原则的生成路径——国际金融软法产生的一种典型形式》，载《当代法学》2013年第1期。

UNEP FI 的工作还包括关注各国政策，鼓励金融从业者、监督者、监管机构、政策制定者之间在国家层面的对话，以及在国际层面促进金融部门参与全球气候谈判等进程。加入 UNEP FI 的金融机构需要对可持续发展作出承诺，将可持续发展（定义为满足当前需求的发展而不损害后代满足其需求的能力）作为良好企业管理的基本方面。金融机构通过与其他经济部门和消费者的互动，以及通过自身的融资、投资和贸易活动，成为可持续发展的重要贡献者。政府在建立和执行长期优先考量事项和价值观方面发挥着领导作用。①

2. 绿色投资

在绿色投资方面，联合国全球契约组织（UN Global Compact）②和联合国责任投资原则组织（UNPRI）③都值得关注。联合国全球契约组织的 10 条原则中有 3 条与环境有关。联合国责任投资原则组织奉行《责任投资的六条原则》，其中原则 1 主张将 ESG④ 问题纳入投资分析和决策过程，原则 3 主张将寻求所投资的实体对 ESG 问题的适当披露。

企业投资重视 ESG 要素从长期来看符合企业的长远发展利益。自 20 世纪 70 年代开始，就有文献开始对 ESG 与 CFP（企业财务绩效）之间的关系进行研究，总体上这些文献大多数认为 ESG 与 CFP 呈正向相关。⑤

---

① 《关于可持续发展的金融机构承诺声明》（UNEP Statement of Commitment by Financial Institutions on Sustainable Development）第 1 条。

② 联合国全球契约是为承诺依据在人权、劳工、环境和反腐败等方面普遍接受的 10 项原则进行运作的各类企业提供的一个原则框架，由联合国原秘书长的科菲·安南提出，并于 2000 年 7 月在联合国总部正式启动，目前有来自 160 多个国家超过 12，000 家企业加入了联合国全球契约。全球契约的 10 条原则中有 3 条与环境有关，包括原则 7（企业应支持采取预防措施应对环境挑战）、原则 8（采取措施促进更大的环境责任）和原则 9（鼓励开发和推广环保技术）。

③ 联合国责任投资原则组织由联合国原秘书长科菲·安南于 2006 年发起，旨在将环境保护、社会责任和公司治理（三个要素简称 ESG）纳入投资决策之中，目前全球共有超过 1800 家机构成为该组织的签约方。

④ ESG 指环境（environmental）、社会（social）和公司治理（corporate governance）。

⑤ 星焱：《责任投资的理论构架、国际动向与中国对策》，载《经济学家》2017 年第 9 期。

3. 绿色基金

联合国发起的《亚的斯亚贝巴行动议程》(Addis Ababa Action Agenda，以下简称《行动议程》)①呼吁和支持建立绿色气候基金，开展支持《联合国气候变化框架公约》发展中国家缔约方的活动。绿色气候基金将在赠予相当的基础上，按照50∶50的比例均衡分配减少温室气体项目和气候适应项目，并将气候适应项目中的至少50%用于支持特别脆弱国家，包括最不发达国家、小岛屿发展中国家和非洲国家。《行动议程》还鼓励探索基于结合公共和私人资源的模型的其他创新机制，如绿色债券、碳定价机制等。

（四）绿色金融之国家责任

综上，国家在绿色金融方面的责任主要体现在如下方面。

1. 倡导绿色金融、绿色投资的价值理念，通过国内立法和政策落实绿色金融和绿色投资，发挥积极的政府领导作用。例如，UNEP FI鼓励金融从业者、监督者、监管机构、政策制定者之间在国家层面的对话，以及在国际层面促进金融部门参与全球气候谈判等进程，要求政府在建立和执行长期优先考量事项和价值观方面发挥领导作用。

2. 在国家作为缔约主体参与的绿色金融相关国际性法律文件或承诺中，国家应履行在绿色金融和绿色投资方面的义务。例如，2016年在纽约签署的《巴黎气候协定》明确提出，把全球平均气温升幅控制在工业化前水平以上低于2℃之内，其执行要求各国按照不同的国情，体现平等、共同但有区别的责任和各自能力的原则来进行。2015年6月30日，中国向联合国气候变化框架公约秘书处提交了应对气候变化国家自主贡献文件《强化应对气候变化行动——中国国家自主贡献》，提出探索政府和社会资本合作等低碳投融资新机制，完善绿色信贷机制，鼓励和指导金融机构积极开展能效信贷业务，发行绿色信贷资产证券化产品。

① 第三次发展筹资问题国际会议于2015年7月15日在埃塞俄比亚首都亚的斯亚贝巴通过《行动议程》，呼吁发达国家落实承诺，在2020年前通过广泛渠道联合调集1000亿美元，以满足发展中国家在适应和减缓气候变化影响方面的需求。

另外，应当注意的是，上述与绿色金融相关国际机构和法律文件主要针对私人金融机构、企业和投资者，直接鼓励上述私营主体在金融活动和投资经营活动中应考虑环境因素，其针对这些私营主体不具有立法监管方面的法律效力，而主要依赖私营主体自愿加入并做出承诺的方式来影响其投融资行为。上述以《赤道原则》为代表的法律文件从法律性质上可以认为是"私政府立法"，与"国家间立法"相比，银行践行社会责任的"私政府立法"有其自身的优势，也有其自身的劣势，全球化的进一步发展将给予"私政府立法"更大的成长空间。[①]

二、各国关于绿色金融之立法实践

关于绿色金融之各国实践，可通过绿色信贷、绿色债券、绿色投资等领域分别探讨。

（一）绿色信贷

银行作为信贷机构是绿色信贷所针对主要金融机构对象。各国通过国内立法或政策，要求银行在发放贷款过程中考虑环境因素。

1. 美国关于绿色信贷之法律规定

美国在 20 世纪 70 年代后期出现拉夫运河（Love Canal）和鼓之谷（The Valley of the Drums）等有毒废物堆放事件后，美国 CERCLA 允许美国环保署清理受污染的场地，并迫使负责污染的各方进行清理工作或提供政府因清理工作而发生的费用。[②] CERCLA 可要求潜在责任方（potentially responsible parties，PRPs）支付清理受污染财产的费用。任何"设施"的当前"所有者或经营者"都可以被视为 PRPs。[③]

---

① 刘志云：《银行业践行社会责任的"私政府立法"：兴起背景与原理探究——一种从国际关系理论视角的分析》，载《国际关系与国际法学刊》2020 年第 1 卷。

② EPA，https://www.epa.gov/superfund/superfund-cercla-overview.

③ 42 U.S. Code §9607. Liability，https://www.law.cornell.edu/uscode/text/42/9607.

CERCLA 下的责任属于“严格”责任和“连带”责任。“严格”责任是指当事人只要属于责任方的法定类别就要承担责任,不需考虑是否存在过失。“连带”责任是指任何 PRPs 都要对支付所有的清理费用承担连带责任,但在某些情况下,PRPs 可以向其他 PRPs 追偿。因此,根据 CERCLA,财产的所有者或经营者的污染行为即使发生在其获得财产的所有权或经营权之前,也可能要承担相关环境保护补救费用。另外,上述责任没有金额上限。① CERCLA 对化学和石油工业征税,并提供广泛的联邦政府权力,②直接应对可能危害公共健康或环境的有害物质的释放或危险。③

CERCLA 被认为是美国绿色金融制度发展的重大转折点,其对银行环境责任提出了明确的要求。银行作为贷款人可能根据 CERCLA 在下列情形下被认定为经营者或所有者承担责任:(1)拥有抵押权期间参与借款人的管理;(2)行使抵押权后拥有或经营该物业。④

在 New York v. HSBC USA 案件中,汇丰银行美国附属公司支付近 100 万美元来解决一项诉讼,该诉讼声称汇丰银行迫使 Westwood 化学公司放弃了数百个化学品和产品的容器。由于建筑在冬季没有加热,管道冻结,灭火系统破裂,导致容器被冻结和泄漏,造成火灾和爆炸危险。该诉讼称,汇丰银行了解该工厂的情况,但没有按照纽约法律的要求报告相关风险事件。这些情况最终由执法人员发现,进而导致进行了数百万美元的清理工作。该案件不同寻常,因为它使银行作为贷款人为客户的环境污染状况承担了责任。汇丰银行已同意支付 850,000 美元的罚款以及 68,000 美元以偿还美

① Matthew H. Ahrens & David S. Langer, *Lender Liability Under CERCLA*, Bloomberg Corporate Law Journal 2018.

② 内容主要包括:(1)关于封闭和废弃危险废物场所的禁令和要求;(2)规定负责在这些场所释放危险废物的人员的责任;(3)建立了一个信托基金,以便在没有确定责任方时提供清理服务。

③ EPA, https://www.epa.gov/superfund/superfund-cercla-overview.

④ Matthew H. Ahrens & David S. Langer, *Lender Liability Under CERCLA*, Bloomberg Corporate Law Journal 2018.

国环境保护署的清理费用和50,000美元以支付州检察长办公室的法律费用。①

CERCLA使银行在向客户发放贷款时需要考虑客户业务运营对环境造成的潜在影响,以降低自身可能发生贷款人连带责任的风险。同时,银行也注重于发行有利于环境保护的信贷产品。例如,美国银行(US Bank)推出绿色汽车贷款优惠产品,消费者购买有"智慧之路"(smart way)认证的车辆(可以节省燃料和保护环境)时,可以通过汽车贷款获得0.50%的利率折扣。在美国银行,符合条件的车辆包括所有美国环保署smart way认证的汽车和轻型卡车。②

2. 巴西关于绿色信贷之法律规定

巴西作为G20国家之一,积极使用银行政策和监管手段来支持银行业将环境因素纳入银行治理和管理实践,并为新兴的可持续经济部门筹集资金。传统上BNDES是巴西可持续社会环境发展的主要筹资机构。自1952年成立以来,BNDES在促进该国工业和基础设施的发展方面发挥了重要作用,特别是为大规模基础设施投资提供大量资金以支持可再生和清洁能源项目。③

巴西于1995年通过第一个绿色议定书,由BNDES领导联邦公共银行(除了BNDES以外,还有巴西联邦储蓄银行、巴西银行、亚马逊银行和巴西东北银行参与)签署了绿色议定书。2008年8月,BNDES、巴西环境部和联邦公共银行签署了《社会环境责任意向议定书》,这是对1995年《绿色议定书》的最新修订。《绿色议定书》的目的是在社会环境责任和与可持续发展相协调的基础上确定的银行政策和实践。协议签署方承诺通过信贷额度和促进人民生活水平和环境保护的计划为可持续发展提供融资支持。参与《绿色议定书》的银行也认识到,他们可以在为环境保护和不断改善社会福

---

① *HSBC pays $1M to erase toxic legacy*, https://www.recordonline.com/article/20070531/BIZ/705310316.

② US Bank, https://www.usbank.com/loans-credit-lines/auto-loans/green-vehicle-discount.html.

③ Kern Alexander, *Greening Banking Policy*, http://unepinquiry.org/wp-content/uploads/2016/09/10_Greening_Banking_Policy.pdf.

祉的私人投资提供咨询方面发挥重要作用。①

2014年,巴西中央银行与巴西银行联合会合作,决定建立一个自愿和强制机制,以规范信贷过程中的环境和社会风险评估,鼓励银行根据其在银行业的规模和地位及其业务模式制定“相关”和“与其活动成比例”的环境和社会政策。每家银行的环境和社会系统都旨在识别、量化、评估、监控和降低风险;建立关于环境和社会损害造成的相关损失的数据登记制度;在新形式的产品和服务启动之前进行影响评估;在董事会或高级管理层的治理结构中增加相关要求,如指定其中一名董事负责这些问题。

2014年,巴西中央银行还通过了第4327号决议,该决议以《巴塞尔协议Ⅲ》的第二支柱为基础,要求巴西银行根据内部资本充足率和评估计划评估其环境可持续性风险,如果无法证明,则增加银行的资本费用以确保其有足够的管理环境和社会风险的能力。该银行还需要根据监督审查和评估流程对其环境和社会风险进行压力测试,进行前瞻性风险评估。②

(二)绿色债券

国家可以通过资本市场发行绿色债券,为绿色投资项目提供融资支持。一国建立和完善关于绿色债券的法律制度,对于本国绿色债券的顺利发展至关重要。

1. 绿色债券之定义

根据《绿色债券原则》(GBP),③绿色债券是指利用募集资金为新建或现

---

① 巴西国家开发银行2011年年度报告,https://www.bndes.gov.br/SiteBNDES/bndes/bndes_en/Hotsites/Annual_Report_2011/Capitulos/institutional_operations/the_bndes_and_the_green_protocol.html。

② Kern Alexander, *Greening Banking Polic*, http://unepinquiry.org/wp-content/uploads/2016/09/10_Greening_Banking_Policy.pdf.

③ 《绿色债券原则》是一套自愿性的流程指引,通过明确绿色债券的发行方法提高信息透明度与披露水平,提升绿色债券市场发展中的互信程度。《绿色债券原则》可供市场广泛使用,为发行人发行可信的绿色债券所涉及的关键要素提供指引;促进必要信息的披露,协助投资者评估绿色债券投资对环境产生的积极影响;建立标准披露规范,帮助承销商促成交易。

有符合条件的绿色项目提供部分全额融资或再融资的债券工具。绿色债券有四种类型,其资金应用于绿色项目,[①]绿色项目需要具备绿色债券原则的四个核心要素。[②]

《气候债券标准》[③]对其提倡的“经认证气候债券”定义为由气候债券标准委员会认证的符合气候债券标准的债券或其他债务工具。[④] 气候债券标准和认证计划是一种绿色债券标签计划,其通过严格的科学标准确保其符合《巴黎气候协定》中2℃的升温限制。债券发行人、政府、投资者和金融市场在全球范围内使用该计划,以优先考虑真正有助于应对气候变化的投资。

第一批绿色债券是由多边开发银行在2007~2008年发行的。[⑤] 全球绿色债券年度发行量从2013年的110亿美元飙升至2017年的1610亿美元。[⑥]

2. 印度关于绿色债券之法律规定

印度证券交易委员会(SEBI)2008年发布的《债券发行和上市条例》(ILDS)主要规范在印度公认证券交易所管理债券的公开发行和通过公开发行或私募发行的债券上市。在印度发行绿色债券应受ILDS的管辖,要求发行人按照ILDS的要求进行披露。SEBI认为,绿色债券就像其他债券一样,债券工具由发行人发行,用于从投资者筹集资金。然而,绿色债券与其他债券的区别在于绿色债券发行募集的资金“标记”用于融资“绿色”项目。鉴于

① 绿色债券原则要求,绿色债券募集的资金应当用于绿色项目。合格的绿色项目包括减缓气候变化、适应气候变化、保护自然资源、保护生物多样性和防止污染。根据绿色债券原则,绿色债券有四种类型,包括标准绿色债券、绿色收益债券、绿色项目债券和绿色资产支持证券。偿债资金的主要来源一般是项目资产的现金流。

② 包括:(1)募集资金用途;(2)项目评估与遴选流程;(3)募集资金管理;(4)报告。

③ 《气候债券标准》由国际组织——气候债券倡议组织(Climate Bonds Initiative)制定。气候债券倡议组织是一家以投资者为中心的国际非营利组织,致力于为气候变化解决方案动员100万亿美元债券市场。

④ 《气候债券标准》第2.1版,第4页,载气候债券倡议组织网。

⑤ G20绿色金融研究小组:《G20绿色金融综合报告》,2016年9月5日,第14页。

⑥ 《如何发行绿色熊猫债券》,载气候债券倡议组织网2018年12月5日。

此类债券的性质，需要界定绿色债券的构成以及有关收益管理、报告要求等的具体披露要求。①

2015年12月3日，SEBI启动了关于公开发行和绿色债券上市以及私募绿色债券上市的披露要求的咨询程序，并在其网站上发布了一份概念性文件，征求公众意见。披露信息的要求是基于国际资本市场协会（ICMA）发布的《绿色债券原则》。《绿色债券原则》是关于绿色债券披露要求的概念性文件，其主要内容包括以下几点：(1)使用融资收入：发行人定义和披露"绿色"的标准，即哪些项目、资产或活动将被视为"合格"，并且确定了更广泛的绿色项目的类别。(2)项目评估和选择：评估有资格使用绿色债券收益项目标准的详细信息，以及所使用过程的详细信息，用于对选定的特定项目或活动适用"绿色"标准。此外，发行人还应披露拟议资产/项目的环境可持续性目标。(3)收益管理：流程和控制的细节，以确保资金仅用于指定的"绿色"项目。(4)报告：根据环境和财务标准评估和报告使用绿色债券融资收入的项目/资产的进度。②

SEBI于2017年5月30日发布通知，说明印度绿色债券发行和上市的披露要求。根据该通知，如果通过发行债券筹集的资金用于以下任何一种广泛的项目和/或资产，则债券应视为"绿色"或"绿色债券"，包括：(1)可再生和可持续能源，涉及风能、太阳能、生物能源、使用清洁技术的其他能源等；(2)清洁运输，涉及大众/公共交通等；(3)可持续的水管理，涉及清洁和/或饮用水，水循环利用等；(4)适应气候变化；(5)能源效率，涉及高效和绿色建筑等；(6)可持续的废物管理，涉及回收、废物转化为能源、有效处置废物等；(7)可持续土地利用，涉及可持续林业和农业、植树造林等；(8)生物多样

---

① *Disclosure Requirements for Issuance and Listing Green Bonds*, https://www.sebi.gov.in/sebi_data/meetingfiles/1453349548574-a.pdf.

② Richa Agarwal, *Green Bonds in India*, https://www.cbd.int/financial/greenbonds/india-sebi2017.pdf.

性保护;(9)SEBI 不时指定的任何其他类别。[①]

3. 墨西哥关于绿色债券之法律规定

2017 年,墨西哥城成为拉丁美洲第一个发行“绿色债券”的城市,发行金额为 5000 万美元,该项目将支付节能照明、公共交通和水基础设施的升级改造费用。墨西哥城的目标是减少相当于 1000 万吨的二氧化碳。作为气候行动计划的一部分,该市已制定了七项战略,其中包括安装 LED 路灯,使公共交通系统现代化,废弃城市的微型车,处理漏水和修复城市管道。[②]

2018 年 1 月 25 日,气候融资顾问集团(CCFC)推出了《绿色债券原则 MX》,旨在建立共同指导方针,以协助绿色债券发行人在墨西哥市场发行绿色债券,同时为投资者提供有关通过绿色债券募集资金资助项目的环境效益的确定性。[③] CCFC 的《绿色债券原则 MX》提出了明确的透明度要求,以确定债券的绿色可信度,包括使用和管理融资收入、项目选择、报告要求和外部审查。《绿色债券原则 MX》基于《绿色债券原则》制定。

《绿色债券原则 MX》的内容由五个部分组成:(1)使用发行所得款项;(2)评估和项目选择过程;(3)排放收益管理;(4)报告;(5)独立第三方的意见。[④]

根据《绿色债券原则 MX》,任何可以标记为绿色债券 MX 的债务工具、资本或二者混合意味着:(1)它可以作为债务工具、次级债务或任何其他资本工具或优先资本发行。(2)它可以由国家、国际或多边金融机构发行,以便向“绿色项目”提供信贷,或者由正在开发“绿色项目”的任何公司或联邦、州或市政府提供信贷,即使偿付来源是该公司或政府的资产负债

① *SEBI Formalises Guidelines for Issuance of Green Debt Securities in India*, *by Abhirup Ghosh*, SEBI / by Staff Publication, http://vinodkothari.com/2017/05/guidelines-for-issuance-of-green-bonds/.

② *Mexico City Becomes First in Latin America to Issue a Green Bond*, https://apolitical.co/solution_article/mexico-city-becomes-first-latin-america-issue-green-bond/.

③ Geoffrey, *Green Bond Principles Mexico-Climate Finance Advisory Group*, 载 Emerging Markets ESG, http://www.emergingmarketsesg.net/esg/2018/02/05/green-bond-principles-mexico-climate-finance-advisory-group-january-25-2018/。

④ 《绿色债券原则 MX》第Ⅲ部分,载 CCFC。

表,而并非来自特定项目。(3)它可以通过特定目的公司投资于具有"绿色项目"的公司的股本,或用于"绿色项目"的融资工具,通过将所述项目或与其相关的任何其他来源产生的收入作为偿付来源。(4)它可以是资产支持证券,如由"绿色项目"产生的贷款或任何其他资产或所有权支持的证券。①

(三)绿色投资

目前,包括共同基金、保险公司、养老基金和主权财富基金在内的机构投资者管理着全球超过100万亿美元的资产,②管理着超过59万亿美元资产的G20国家的机构投资者都签署了责任投资原则(PRI)。③

1. 英国关于绿色投资之法律和实践

20世纪70年代以来,英国加快了绿色金融相关立法进程。1972年英国出台的《有毒废物处置法》就涉及了绿色信贷理念。英国1990年颁布的《环境保护法》规定企业只有通过环境责任评估,才能从金融机构获得绿色信贷,还要求污染企业在报告中披露其在环境保护方面所做的努力。

英国于2012年成立了绿色投资银行(GIB),由英国政府全资拥有。GIB投资于绿色基础设施资产,其使命是加速英国向更环保、更强大的经济体过渡。GIB的核心业务是在英国绿色基础设施项目中进行股权投资并管理这些资产。除此之外,其子公司——英国绿色投资银行金融服务有限公司(GIBFS)管理GIB海上风电基金,进行英国海上风电项目的股权投资。GIB还与英国政府合作,通过2015年5月成立的合资企业在发展中国家投资绿色基础设施项目。2015~2016年,GIB共进行股权投资7.7亿英镑,涉及30个项目,税前利润为990万英镑,预期收益率为10%。在环境效益方面,共生产绿色能源20.3万亿瓦时,减少排放温室气体480万吨二氧化碳当

① 《绿色债券原则MX》第Ⅱ部分,载CCFC。

② G20绿色金融研究小组:《G20绿色金融综合报告》,2016年9月5日,第19页。

③ G20绿色金融研究小组:《G20绿色金融综合报告》,2016年9月5日,第19页。

量,避免垃圾填埋230万吨。① 2017年8月,英国政府以23亿英镑的价格将GIB出售给澳大利亚Macquarie集团,后者表示将继续推进GIB在环保领域的投资活动。②

2. 马来西亚关于绿色投资之法律和实践

马来西亚将绿色科技确定为国家未来经济发展的动力,并制定了《国家绿色科技政策》。该政策包含四个核心支柱:(1)能源,寻求获得能源独立,并促进有效利用能源;(2)环境,保护并将对环境的影响最小化;(3)经济,通过利用科技促进国家经济发展;(4)社会,提高人们的生活质量。③ 马来西亚通过《国家绿色科技政策》,积极促进绿色技术领域的外国直接投资,促进马来西亚国内直接投资和当地工业界的参与。

2009年4月,马来西亚能源、绿色科技和水资源部成立,取代了原来的能源、水和通信部。马来西亚国家能源中心进行了重组,成为马来西亚绿色科技公司(GreenTech Malaysia)。④

2013年10月25日,马来西亚出台了绿色技术税收激励政策,政府为购买绿色技术设备/资产提供投资税收减免(ITA),对绿色技术服务提供商免征所得税(ITE)。税收优惠的目标是:(1)鼓励在项目基础上为商业目的或自身消费投资绿色技术;(2)激励公司获得绿色技术资产;(3)加强绿色技术服务和增加绿色技术系统提供者的数量。绿色技术税收激励措施有以下三种:(1)资产类绿色投资税收减免(GITA),适用于获得合格绿色技术资产并在MyHIJAU目录下列出的公司;(2)项目类绿色投资税收减免(GITA),适

① *UK Green Investment Bank plc Annual Report and Accounts* 2015 - 16, https://www.gov.uk.

② *Macquarie Completes £2.3bn Green Investment Bank deal*, Andrew Ward, 20170818, Financial Times, https://www.ft.com/content/e018d83a-835f-11e7-a4ce-15b2513cb3ff.

③ *Green Technology Initiatives in Malaysia*, Kolony Gunting, Ministry of Energy, Green Technology & Water, https://home.jeita.or.jp/greenit-pc/activity/asia/file/8_Green%20Technology%20Presentation_Malaysia.pdf.

④ *Green Technology Initiatives in Malaysia*, Kolony Gunting, Ministry of Energy, Green Technology & Water, https://home.jeita.or.jp/greenit-pc/activity/asia/file/8_Green%20Technology%20Presentation_Malaysia.pdf.

用于从事商业或自用消费的合格绿色技术项目的公司;(3)服务类绿色所得税免税(GITE),适用于 MyHIJAU 目录下列出的合格绿色技术服务提供商公司。①

三、中国关于绿色金融之立法实践

中国在绿色金融领域,正在不断建立和完善自身的政策法律体系,并取得了举世瞩目的成就。

(一)中国关于绿色信贷之立法实践

近年来,中国绿色信贷规模保持稳步增长。2017 年 6 月末,中国绿色信贷为 8.22 万亿元,占全部人民币各项贷款余额(114.57 万亿元)②的比例为 7.17%。除此之外,绿色信贷的环境效益逐渐显现。国内 21 家主要银行节能环保项目和服务的不良贷款率较低,自 2013 年年末至 2016 年年末分别为 0.32%、0.20%、0.42%、0.49%③。

一些中国银行也积极加入赤道原则,如兴业银行(2008 年 10 月 31 日加入)④和江苏银行(2017 年 1 月 20 日加入)。⑤ 兴业银行绿色金融融资所支持项目可实现在中国境内年减排二氧化碳 8378.23 万吨。⑥ 江苏银行自 2017 年 1 月 20 日采用赤道原则以来,对 2017 年达到财务结算的 7 个项目实

① *Guidelines for Green Technology Tax Incentive*, (June 2016) Mal, https://www.myhijau.my/wp-content/uploads/.

② 《6 月末金融机构人民币贷款余额 114.57 万亿增 12.9%》,载人民网 2017 年 7 月 23 日。

③ 《2013 年至 2017 年 6 月国内 21 家主要银行绿色信贷数据》,载中国银保监会网 2018 年 2 月 9 日。

④ 兴业银行截至 2017 年年末,累计为 14,395 家企业提供绿色金融融资 14,562 亿元,累计对 1018 笔项目开展赤道原则适用性判断,其中适用赤道原则项目共计 344 笔,所涉项目总投资为 14,391 亿元。

⑤ 参见赤道原则网,https://equator-principles.com/members-reporting/。

⑥ 兴业银行:《2017 年年度社会责任报告》,载兴业银行网 2018 年 2 月 20 日。

施了赤道原则的适用性判断,总投资为44.5亿元。这7个项目包括1个B类项目和6个C类项目。B类项目融资位于中国,是城市废物管理行业。为实施赤道原则,江苏银行采取了一些具体措施,包括发布赤道原则项目管理和信用程序指南,建立赤道原则项目筛选相关IT系统,成立了专门的团队,为员工举办培训课程等。[①]

原中国银监会于2012年2月发布了《绿色信贷指引》,有效防范环境与社会风险,[②]推进绿色信贷,建立环境风险管理体系,加强对境外投资项目环境风险方面的审查,确保环保合规。[③] 为发展绿色信贷,中国政府出台了政策法规[④]建立银行绿色评价机制。[⑤]

中国尚缺乏法律法规对银行就所提供贷款项目作为经营者或所有者进行追责。中国在未来立法和司法实践中,可以借鉴CERCLA的做法,强化银行在贷款管理中的环境责任。

借鉴巴西关于绿色信贷的实践,中国在推进绿色信贷过程中可要求银行建立可以量化的环境和社会系统,识别、量化、评估、监控和降低相关环境风险,对环境损害案件进行数据登记,并在银行的公司治理结构中增加关于环保合规方面的要求,如指定一名董事负责环境问题。银行在管理环境和

---

① 江苏银行:《江苏银行股份有限公司2017年度社会责任报告》,载江苏银行网2018年4月24日。

② 《绿色信贷指引》定义了环境和社会风险,即指银行业金融机构的客户及其重要关联方在建设、生产、经营活动中可能给环境和社会带来的危害及相关风险,包括与耗能、污染、土地、健康、安全、移民安置、生态保护、气候变化等有关的环境与社会问题。

③ 根据《绿色信贷指引》,中国银行业金融机构要从战略高度推进绿色信贷,有效识别、计量、监测和控制信贷业务活动中的环境和社会风险,建立环境和社会风险管理体系,防范环境和社会风险。银行业金融机构应当制定客户环境和社会风险评估标准,并对拟授信客户进行严格的合规审查,对环境和社会表现不合规的客户不予授信。对于中国企业境外投资项目,银行有责任确保项目发起人遵守项目所在国家或地区有关环境保护、土地、健康和安全的法律法规。

④ 中国人民银行、原环境保护部、中国银行业协会等七部委于2016年8月发布了《关于构建绿色金融体系的指导意见》。

⑤ 《关于构建绿色金融体系的指导意见》第2部分规定,银行业自律组织将逐步建立银行绿色评价机制,研究明确贷款人的环境法律责任。银行等金融机构应将环境和社会风险作为重要影响因素,将企业环境违法等企业环境信息纳入金融信用信息基础数据库。

社会风险方面的能力和表现，可以与银行的资本充足率要求和考核相挂钩，做好对银行关注环境保护方面的激励措施。

(二)中国关于绿色债券之立法实践

中国目前是全球最大的绿色债券发行国，2017 年境内外发行绿色债券合计 2512.14 亿元，占全球绿色债券总规模的 32.16%。[①] 2020 年，中国贴标绿色债券发行规模达到 2580 亿元。[②]

《关于构建绿色金融体系的指导意见》指出要统一绿色债券界定标准，研究探索绿色债券第三方评估和评级标准，降低绿色债券的融资成本。[③] 绿色债券相关法规还包括《绿色债券发行指引》[④]、《关于支持绿色债券发展的指导意见》[⑤]、《非金融企业绿色债务融资工具业务指引》及配套表格[⑥]和《绿

① 中央财经大学绿色金融国际研究院：《中国绿色债券市场 2017 年度总结》，载和讯网 2018 年 1 月 14 日。

② 《2020 中国绿色债券市场报告显示：绿债支持碳中和目标仍有空间》，载经济日报网 2021 年 2 月 20 日。

③ 《关于构建绿色金融体系的指导意见》第 3 条。

④ 绿色债券的发行按照国家发改委 2015 年 12 月 31 日发布的《绿色债券发行指引》执行。该指引将绿色债券定义为募集资金，主要用于支持节能减排技术改造、绿色城镇化、清洁高效利用能源、开发利用新能源、发展循环经济、节约水资源和非常规水资源开发利用、污染防治、生态农林、节能环保产业、低碳产业、生态文明试点和低碳风机试点等绿色循环低碳发展项目。

⑤ 2017 年 3 月，中国证监会发布《关于支持绿色债券发展的指导意见》，指出绿色公司债券募集资金投资的绿色产业项目主要参照中国金融学会绿色金融专业委员会编制的《绿色债券支持项目目录》的要求，重点支持节能、防污染，资源节约与循环利用、清洁运输、清洁能源、生态保护和适应气候变化等绿色产业。更为便捷的“报审”政策适用于绿色公司债券的受理和审核。绿色项目认证评估，鼓励发行人提交独立专业评估机构或认证机构出具的募集资金投资项目属于绿色产业项目的评估意见或认证报告。

⑥ 中国银行间市场交易商协会于 2017 年 3 月发布了《非金融企业绿色债务融资工具业务指引》及配套表格，以规范非金融企业发行绿色债务融资工具的行为。绿色项目的定义和分类可参考中国金融协会绿色金融委员会编制的《绿色债券支持项目目录》。企业发行绿色债务融资工具应当向交易商协会登记，鼓励第三方认证机构对企业发行的绿色债务融资工具进行评估。

色债券评估与认证指引(暂行)》①。

借鉴印度和墨西哥关于绿色债券的实践,中国绿色债券的立法应注重透明度和披露等问题,以确保绿色债券的绿色可信度,甄别存在虚假粉饰的"绿色债券",维持合法有序的绿色债券市场秩序。

(三)中国关于绿色投资之立法实践

中国对绿色投资有着巨大的需求。从 2015 年到 2020 年,中国每年至少需要 3 万亿～4 万亿元的绿色投资,其中至少 85% 来自社会资本投资。

中国政府 2016 年发布的《关于构建绿色金融体系的指导意见》提出设立绿色发展基金。② 2018 年 6 月 19 日,中国保险资产管理业协会在其主办的"保险业 ESG 投资发展论坛"上,发布了《中国保险资产管理业绿色投资倡议书》。该倡议书引导保险机构形成"长期、有价值、可增长"的绿色投资文化,推动实现环境效益、社会效益、经济效益有机融合。鼓励保险机构发布绿色投资责任报告,积极扩大清洁能源、节能减排、环境保护、绿色建筑、绿色交通等领域项目的参与程度,充分对接绿色主体融资需求,当好绿色经济发展的"稳定器"和"压舱石"。③ 引导保险机构根据保险资金运用特性,搭建"间接投资 + 直接投资"的绿色投资体系。通过债权投资计划、股权

---

① 2017 年 10 月,中国人民银行、中国证监会发布了《绿色债券评估与认证指引(暂行)》,涵盖绿色债券包括绿色金融债券、绿色公司债券、绿色债务融资工具、绿色资产支持证券等绿色债券产品。绿色债券评估认证机构由绿色债券标准委员会自律管理。评估认证机构开展绿色债券评估认证业务,应当报绿色债券标准委员会备案。

② 《关于构建绿色金融体系的指导意见》第 4 条规定,要支持设立各类绿色发展基金,实行市场化运作。中央财政整合现有节能环保等专项资金设立国家绿色发展基金,投资绿色产业,体现国家对绿色投资的引导和政策信号作用。鼓励有条件的地方政府和社会资本共同发起区域性绿色发展基金,支持地方绿色产业发展。支持社会资本和国际资本设立各类民间绿色投资基金。政府出资的绿色发展基金要在确保执行国家绿色发展战略及政策的前提下,按照市场化方式进行投资管理。地方政府可通过放宽市场准入、完善公共服务定价、实施特许经营模式、落实财税和土地政策等措施,完善收益和成本风险共担机制,支持绿色发展基金所投资的项目。支持在绿色产业中引入 PPP 模式,鼓励将节能减排降碳、环保和其他绿色项目与各种相关高收益项目打捆,建立公共物品性质的绿色服务收费机制。

③ 《中国保险资产管理业绿色投资倡议书》第 1 条。

投资计划、资产支持计划、绿色产业基金、绿色信托、绿色 PPP、绿色债券等多元化投资方式，稳步加大保险资金绿色投资比重，促进污染防治、节能减排、新能源等领域的技术进步，提升产业绿色生产力，加速中国经济绿色转型。①

在基金领域，绿色投资受到中国政府鼓励和规范。2018 年 11 月，中国证券投资基金协会正式发布《绿色投资②指引(试行)》。③ 基金管理人在设立绿色投资主题基金或基金投资政策应秉持绿色投资原则。④

借鉴英国和马来西亚关于绿色投资的实践，中国可以鼓励设立从事绿色投资的基金主体，出台投资绿色技术方面的税收激励政策，促进对绿色技术设备和项目的投资。

(四)中国对外投资和绿色金融

1. 中国对外投资关于绿色金融之立法实践

中国鼓励绿色金融支持海外投资。《关于推进绿色"一带一路"建设的

---

① 《中国保险资产管理业绿色投资倡议书》第 2 条。

② 绿色投资定义为"以提高企业环境绩效、发展绿色产业、降低环境风险为目标，采取系统的绿色投资策略，对能够产生环境效益、降低环境成本和风险的企业或项目进行投资的行为"。

③ 绿色投资的范围应以环境保护、低碳和循环利用为重点，包括但不限于提高能效、减排、清洁和可再生能源、环境保护与整治、循环经济等。绿色投资应基于以下基本目标：(1)促进绿色环保产业的发展。优先将基金资产投资于直接或间接产生环境效益的公司和行业，发展节能环保产业链，促进清洁能源的开发利用，节能环保投资和提高环保标准。(2)促进资源循环利用和可持续发展。优先将基金资产投向可再生能源和资源循环利用企业和产业，引导产业结构积极向可持续发展转变。(3)促进高效低碳发展。合理控制基金资产碳排放水平，优先将基金资产投向资源利用效率高、排放水平低的企业和行业。(4)落实责任投资，利用投资者的权利，督促被投资企业提高环境绩效和信息披露水平。更高的污染物排放标准和环境信息披露标准适用于相关公司和行业。

④ 应遵循以下基本原则：(1)优先考虑与环保、节能、清洁能源等绿色产业相关的企业和项目，优先考虑业绩较好的企业和项目在环保节能方面高于行业标准，在降低行业整体能耗和履行环境责任方面做出重大贡献的企业；(2)积极应用已公布的行业绿色标准筛选投资目标；(3)绿色投资主题基金的设立和运作，应当符合《公开募集证券投资基金运作管理办法》《私募投资基金监督管理暂行办法》或相关自律规则的规定。

指导意见》[①]明确推动中国金融机构、多边开发机构和相关企业采用环境风险管理。《"一带一路"绿色投资原则》[②]提倡充分运用绿色金融工具，更加积极主动地运用绿色债券、绿色资产支持证券（ABS）、收益型公司（YieldCo）、排放权融资和绿色投资基金等绿色金融工具为绿色项目融资，积极探索绿色保险的运用，如通过灵活使用环境责任险、巨灾险以及绿色建筑保险等，有效规避在项目运营和资产管理中存在的环境风险。[③] 中国金融机构在给中国海外投资项目提供金融支持的时候，应基于环境风险管理的自愿原则，多采用绿色金融工具，降低海外投资项目的绿色风险。

应当意识到，中国关于对外投资方面的绿色金融立法还比较原则性，缺乏具有较高法律效力层级的立法。这将导致中国金融机构在实施针对境外投资项目的金融支持时，多在自愿和自律的基础上实施相关绿色金融的实践。未来可以针对中国对外投资，出台更加明确的关于绿色金融方面的立法，落实金融机构针对中国境外投资项目提供金融支持工作的环境保护要求。

2. 中国对外投资关于绿色金融之案例分析

在本书前述所虚拟的中国企业海外矿业投资引发环境损害的案例中，应审查中国 Y 国有政策性银行在对中国投资者 Z 国有企业在 A 国的矿业投资项目提供融资支持时，是否考虑了环保等因素。如果中国 Y 国有政策性银行在提供融资支持的决策过程中按照《绿色信贷指引》的要求已经考虑了环保等因素，采取适当措施确保项目发起人遵守项目所在东道国有关环保方面的法律法规，则中国 Y 国有政策性银行满足了中国国内立法目前的要求，不存在违规之行为。如果中国 Y 国有政策性银行在为该海外矿业投资

① 《关于推进绿色"一带一路"建设的指导意见》由原环境保护部、外交部、国家发改委、商务部于 2017 年 4 月 24 日发布，明确要求加强外商投资环境管理，促进绿色金融体系建设，支持绿色"一带一路"建设。在自愿原则的基础上，推动中国金融机构、多边开发机构和相关企业采用环境风险管理。

② 2018 年 11 月 30 日，中国金融学会绿色金融专业委员会与伦敦金融城绿色金融倡议共同发布了《"一带一路"绿色投资原则》，该原则将低碳和可持续发展议题纳入"一带一路"倡议。

③ 《"一带一路"绿色投资原则》之原则 5。

项目提供融资支持的决策过程中没有按照《绿色信贷指引》的要求考虑环保等因素，则存在违反中国国内立法的要求，存在违规行为。至于 A 国是否有权要求 Y 国有政策性银行承担赔偿责任，则应考虑适用法律和管辖权等因素。

在此情况下，A 国是否有权要求中国就 Y 国有政策性银行的违规行为也承担责任，则要审查中国与 A 国双边投资协定中关于环境条款的具体规定。如果中国与 A 国双边投资协定中含有类似于南部非洲发展共同体 2012 年示范投资协定中的环境条款，要求按照最严环境标准（包括不低于东道国的法律法规、投资者母国的法律法规、国际金融公司有关环境和社会影响评估的行为标准），则中国目前关于海外投资绿色金融方面的国内立法尚存在不足，缺乏明确要求中国金融机构对中国企业海外投资的融资支持按照上述最严环境标准的相关国内立法规定。即使不考虑最严环境标准而仅按照东道国标准，也还要审查中国监管机构是否严格履行了关于督察中国金融机构按照《绿色信贷指引》第 21 条的规定，采取适当措施确保项目发起人遵守东道国环境保护相关法律法规。如果中国监管机构未采取适当监管措施督察中国金融机构履行《绿色信贷指引》第 21 条之相关义务，也可能引发中国政府之相关责任。

四、中国境外投资绿色金融法律制度之完善

发展绿色金融对于中国包括境外投资在内的经济建设具有重要意义。发展绿色金融就是要以发展生态经济为导向，利用各种金融衍生工具，以实现可持续发展为目的的现代金融管理。①

① 安同信、侯效敏、杨杨：《中国绿色金融发展的理论内涵与实现路径研究》，载《东岳论丛》2017 年第 6 期。

中国鼓励通过绿色金融来支持海外投资,并初步出台了相关法规。[①] 然而,从目前状况看,中国在绿色金融法律体系方面的研究还较为薄弱,缺乏与绿色金融项目内容相关的法律规定,造成了中国绿色金融在推进过程中法律支持不足的状况。中国关于境外投资绿色金融方面的法律法规同样尚有不足,建议可以采取下列措施予以完善。

(一)要求了解境外投资东道国绿色投资和绿色金融政策法规,实现政策相通

就为中国企业境外投资提供金融支持的金融机构而言,只有了解境外投资所涉及东道国当地关于绿色投资和绿色金融相关的政策法规,才能进一步遵守和符合东道国相关政策法规的要求。例如,中国金融机构如参与涉及美国的境外投资项目融资时,应了解美国 CERCLA 的内容,关注银行在贷款管理中的环境责任。

中国企业在了解东道国当地关于绿色投资和绿色金融相关的政策法规方面,还应注意其政策法规的稳定性。实践中,由于东道国政府的更迭,容易导致其本国环保政策和金融监管法规的变动,因此引发了法律政策风险,增加了绿色项目的运营风险。

(二)进一步完善中国境外投资相关绿色金融法律体系

尽管中国初步建立了绿色金融体系,但其中一些法律政策尚待更新,尤其是在法律层面缺乏关于绿色金融的立法。我国可以尽快以法律的形式确立绿色金融制度,在国家层面及时制定绿色金融促进法,充分发挥法律的稳定性和可预期性功能及法律的权威性和规范调整功能,从法律上科学界定绿色金融内涵,统一绿色信贷和绿色债权标准,有效消除因内涵不一或标准

---

① 中国原环境保护部、外交部、国家发改委、商务部于 2017 年 4 月 24 日发布了《关于推进绿色"一带一路"建设的指导意见》,明确要求加强对外投资的环境管理,推动采用环境风险管理的自愿原则,支持绿色"一带一路"建设。

差异而形成的监管套利。①

中国境外投资的绿色金融体系同样尚不完善。例如,2012 年《绿色信贷指引》针对境外项目的信贷法规要求②仅有一条且比较概括,上述规定由于缺乏具体实施细则,在实践中难以落地实施。中国商业银行需要建立一个科学、合理的风险管理机制,以有条件适用赤道原则的相关规定。③

中国尚缺乏法律法规对银行就所提供贷款项目作为经营者或所有者进行追责。中国在未来立法和司法实践中,可以借鉴 CERCLA 的做法,强化银行在贷款管理中的环境责任。借鉴巴西关于绿色信贷的实践,中国在推进绿色信贷过程中可要求银行建立可以量化的环境和社会系统,识别、量化、评估、监控和降低相关环境风险,对环境损害案件进行数据登记,并在银行的公司治理结构中增加关于环保合规方面的要求,如指定一名董事负责环境问题。银行在管理环境和社会风险方面的能力和表现,可以与银行的资本充足率要求和考核相挂钩,做好对银行关注环境保护方面的激励措施。

在绿色债券领域,中国可借鉴印度和墨西哥关于绿色债券的实践,在立法方面注重透明度和披露等问题,以确保绿色债券的绿色可信度,甄别存在虚假粉饰的"绿色债券",维持合法有序的绿色债券市场秩序。

中国尚没有针对环境污染方面的强制责任保险,也没有针对境外投资引发东道国环境损害方面的强制责任保险。2018 年 5 月中国生态环境部原则通过的《环境污染强制责任保险管理办法(草案)》④明确不适用于中国投

---

① 张绍鸿:《促进绿色金融发展的法治保障机制研究》,载《理论建设》2017 年第 5 期。

② 要求银行业金融机构对于拟授信的境外项目要加强环境和社会风险管理,确保项目发起人遵守项目所在国家或地区有关环保、土地、健康、安全等相关法律法规;对拟授信的境外项目公开承诺采用相关国际惯例或国际准则的,要确保拟授信项目的实际操作与国际良好实践做法在实质上保持一致。

③ 李丽君:《赤道原则对我国绿色金融建设的启示》,载《管理现代化》2015 年第 6 期。

④ 《环境污染强制责任保险管理办法(草案)》仅适用于中国境内从事环境高风险生产经营活动的企业事业单位或其他生产经营者,规定其应当投保环境污染强制责任保险。在此,环境污染强制责任保险是指以从事环境高风险生产经营活动的企业事业单位或其他生产经营者因其污染环境导致损害应当承担的赔偿责任为标的的强制性保险。

资者境外投资项目,为中国投资者境外投资项目绿色保险方面留出了空白。

在绿色投资领域,借鉴英国和马来西亚关于绿色投资的实践,中国可以鼓励设立从事绿色投资的基金主体,出台投资绿色技术方面的税收激励政策,促进对绿色技术设备和项目的投资。中国对外投资应践行责任投资的理念,建立和完善与责任投资相关的制度和环境,制定适合自身发展的责任投资负面清单,参考《巴黎气候协定》量化责任投资目标,鼓励融资主体加强ESG信息披露,发展可持续交易所,发展ESG信用评级机构。责任投资由联合国倡导,在未来时期,中国也有潜力、有实力将自己的责任投资模式推向世界、影响世界。①

总之,中国正在积极建设绿色金融体系,但围绕境外投资的绿色金融体系尚待进一步完善,以减少中国金融机构和中国政府因境外投资项目金融支持方面涉及环保方面的风险,可使用绿色信贷、绿色债券等绿色融资工具筹集资金,探索使用环境污染责任保险等工具进行环境风险管理,提高环境信息披露水平。

(三)建立境外投资相关绿色金融方面的评估和奖惩机制、信息披露制度

有效的境外投资相关绿色金融体系需要有效的评估机制。实践中,存在道德风险,即相关海外投资项目通过虚构、粉饰等欺诈手段"漂绿",以利用绿色金融体系获取绿色投资和其他优惠待遇的风险。为建立安全有效的绿色金融体系,保护投资者和金融机构的利益,需要制定有效的评估机制,识别和纠正绿色金融中的"漂绿"风险,构建和完善风险防范制度。

欺诈制裁规则是指对于虚构绿色投资项目或者虚假披露相关信息而导致投资者受损的,政府监管部门应对上述欺诈行为予以处罚。中国《绿色信贷指引》仅概括性规定银行业金融机构应当建立有效的绿色信贷考核评价体系和奖惩机制,但未明确规定具体的奖惩措施。《绿色债券发行指引》和

① 星焱:《责任投资的理论构架、国际动向与中国对策》,载《经济学家》2017年第9期。

《绿色投资指引(试行)》等法规也都缺乏明确的奖惩机制。对于违反诚信原则进行绿色项目融资欺诈的,应追究其违法欺诈行为的责任,依法向投资者承担损害赔偿责任。

除此之外,透明度规则要求投资者作为利用绿色金融体系进行境外融资的前提条件,应对相应的投资项目的环境影响、实践效果等信息及时、充分、真实地向公众披露,保证投资者和金融机构对绿色项目有完整和持续的了解和评价,维持对绿色项目的持续监督和约束。[①] 金融机构和环保相关机构之间也可通过合作的方式实现信息共享,避免信息不对称导致的风险和问题。

(四)积极推进国际合作,加强跨境投资绿色金融方面的国际合作

中国《关于构建绿色金融体系的指导意见》要求推动开展绿色金融国际合作。绿色金融理念始于国外,跨境投资绿色金融的有效实施需要在国际合作的基础上,与各国绿色金融法律法规和国际绿色金融实践做法相对接。中国有必要在"一带一路"倡议下,推动区域性绿色金融国际合作。

---

① 袁康:《绿色金融发展及其法律制度保障》,载《证券市场导报》2017 年第 1 期。

04 第四节

国际投资协定环境条款中国家预防责任

投资国和东道国可以通过双边或多边投资协定，协调彼此关于国际投资环境保护方面的义务和责任，既要实现保护投资者合法利益之目的，又要实现保护东道国当地环境之目的。在国际投资协定中，缔约方通过其中的环境条款规定其在环境保护方面的义务和责任，采取预防措施，避免或减少因国际投资活动导致环境不利后果的发生。

一、国际投资协定之环境条款

环境保护条款在国际投资协议中得到越来越多的认可，这有利于在国际投资保护和地方环境保护之间找到平衡，最终目标是实现人的和谐可持续发展。①

（一）典型国际投资协定中的环境条款

1.《美墨加协定》中的环境条款

2018 年的《美墨加协定》用于取代 NAFTA。2020 年 3

① 刘万啸：《全球治理视野下环境保护与国际投资体制的冲突与协调》，载《齐鲁学刊》2017 年第 4 期。

月 13 日,加拿大议会通过了《美墨加协定》,至此成为三国中最后一个批准《美墨加协定》的国家。①

《美墨加协定》中第 24 章环境章节相比于其替代的《北美自由贸易协定》有很大的进步,与《跨太平洋伙伴关系协定》相比,也没有倒退,可以说代表了北美三国政府在贸易与环境问题上的立场。② 与 NAFTA 不同,《美墨加协定》大幅增加了关于环境保护方面的约定,第 24 章共 32 条与环境有关的条款,反映了其对环境保护的高度重视。

(1)范围和目标

《美墨加协定》高度重视环境作为可持续发展的重要组成部分,同时认可贸易对可持续发展的重要贡献。《美墨加协定》将环境保护视为一国主权的重要部分,同时也提出任一国不得通过其环境立法或相关措施变相限制各国间贸易或投资。

《美墨加协定》设立环境章节的目的在于促进相互支持的贸易与环境政策的实践,促进高水平的环境保护和有效执行环境法律,通过合作加强缔约方解决与贸易有关的环境问题的能力,促进可持续发展。③ 另外,《美墨加协定》重视与环境保护相关的国际合作、当地土著人民和当地社区的参与合作。

(2)环境保护程度和环境执法

对于各国环境保护的程度,《美墨加协定》一方面承认各国有权按照其各自国内环境保护水平和环境优先事项相应地制定与其环境相关的法律和政策,另一方面又鼓励各缔约方实现高水平的环境保护,并应继续努力提高其各自的环境保护水平。④

各国不得为了影响各国间的贸易或投资,而采取各种持续的或反复的

---

① Robert Stang, Julia Banegas & Cortney Morgan, *Canada Approves U. S. – Mexico-Canada Agreement. Implementation May Be Slowed By COVID – 19*, March 16, 2020, posted in International Trade & Supply Chain, https://www.internationaltradeinsights.com/2020/03/canada-approves-usmca/, last visited on April 6, 2020.

② 边永民:《〈美墨加协定〉构建的贸易与环境保护规则》,载《经贸法律评论》2019 年第 4 期。

③ 《美墨加协定》第 24.2 条。

④ 《美墨加协定》第 24.3 条。

作为或不作为,使其无法有效执行相关环境保护的法律。值得注意的是,如果一国未有效执行其与环境相关的法律,将会被默认为采取了影响各国间的贸易或投资的作为或不作为,除非该国提供相反证明。①

(3)公众知情权和参与权

各国应采取措施确保公众对其环境保护相关法律和政策予以了解,包括与环境保护相关的执法措施和合规程序。各国公众人员可以向该国提出关于执行环境保护法律方面的书面意见,各国应予以考量并按照其国内程序及时进行书面回复,并可通过网站发布等方式向公众公开。各国还可以建立由有经验人员组成的国家咨询委员会,设立与环境保护相关的咨询机制。②

(4)环境影响评价

对于任何拟建项目,各国应维持适当的国内法律程序,以评估拟建项目对环境的影响。该项目应受到该国中央政府所采取行动的影响,以免其对环境造成重大不利影响。关于环境影响评价的程序,应向公众公开相关信息并允许公众参与。③

(5)多边环境保护协定和具体领域环境保护

《美墨加协定》重视多边环境保护协定在环境保护方面和国际社会对全球或区域环境问题反应中的重要作用,各国重申将执行其所加入的多边环境协定。《美墨加协定》列举了具体多个多边环境保护协定。④

① 《美墨加协定》第24.4条。

② 《美墨加协定》第24.5条。

③ 《美墨加协定》第24.6条。

④ 《美墨加协定》第24.8条,具体包括:《濒危野生动植物种国际贸易公约》(The Convention on International Trade in Endangered Species of Wild Fauna and Flora)、《关于消耗臭氧层物质的蒙特利尔议定书》(The Montreal Protocol on Substances that Deplete the Ozone Layer)、《1973年国际防止船舶造成污染公约的1978年议定书》(The Protocol of 1978 Relating to the International Convention for the Prevention of Pollution from Ships,1973)、《关于特别是作为水禽栖息地的国际重要湿地公约》(The Convention on Wetlands of International Importance Especially as Waterfowl Habitat)、《保护南极海洋生物资源公约》(The Convention on the Conservation of Antarctic Marine Living Resources)、《国际鲸鱼管制公约》(The International Convention for the Regulation of Whaling)、《关于建立美洲间热带金枪鱼委员会的公约》(The Convention for the Establishment of an Inter-American Tropical Tuna Commission)等。

《美墨加协定》随后就多个具体领域(如保护臭氧层、海洋环境保护等)[①]的环境保护作了更加细致的约定。各国重视在上述多个具体领域的环境保护,并应按照《美墨加协定》所约定的具体措施和义务合作加强上述领域的环境保护。

①国际合作和环境委员会

《美墨加协定》重视通过各国间国际合作实现环境保护之目的,在加强各国间贸易和投资关系的同时促进可持续发展,增强各国关于环境保护的联合和各自能力建设。各国将根据三国间签署的《环境合作协定》(The Agreement on Environmental Cooperation)开展环境保护合作活动,并由《环境合作协定》项下所设环境合作委员会进行协调和审查。[②]

为便捷各国间的联系沟通,美墨加三国各自指定联系机构,并将设立由各国政府代表组成的环境委员会,[③]讨论《美墨加协定》项下的重要环境事宜。[④]

②争议解决

如果一国认为他国没有有效执行其本国环境保护相关法律,其可以提交书面材料给环境合作委员会下设的秘书处(以下简称 CEC 秘书处),经 CEC 秘书处审查后提交其他当事国。相关当事国应在收到相关材料后 60 日内将相关信息反馈给 CEC 秘书处。[⑤]

根据相关当事国的答复,如果 CEC 秘书处认为有必要建立案件档案,则应在收到相关当事国答复之日起 60 日内通知理事会和环境委员会,并说明

---

① 《美墨加协定》中涉及臭氧层保护、海洋环境保护的条款包括第 24.9 条(保护臭氧层)、第 24.10 条(保护海洋环境免受船舶污染)、第 24.11 条(空气质量)、第 24.15 条(贸易与生物多样性)、第 24.16 条(外来入侵物种)、第 24.17 条(海洋野生捕捞渔业)、第 24.19 条(保护海洋生物)、第 24.20 条(渔业补贴)、第 24.21 条[非法、未报告和未受管制(IUU)捕鱼]、第 24.22 条(野生动植物保护与贸易)和第 24.23 条(可持续森林管理和贸易)。

② 《美墨加协定》第 24.25 条。

③ 环境委员会将在《美墨加协定》生效之日起一年内举行会议,并之后每两年召开一次会议。

④ 《美墨加协定》第 24.26 条。

⑤ 《美墨加协定》第 24.27 条。

其理由。如果理事会至少有两名成员做出关于建立案件档案的指示，CEC 秘书处应准备一份案件档案。CEC 秘书处通常应在案件档案提交后的 30 日内公开提供最终的案件档案，除非理事会至少有两名成员指示不要这样做。环境委员会可以向理事会提出关于案件档案中提及事项是否可以通过合作活动有所受益的建议。①

任一国(请求方)可以通过书面形式通知另一国(响应方)的联系点，要求就相关环境事项进行磋商。请求方应提供具体且足以使响应方作出回应的事实信息，包括确定所涉事项和表明相关请求的法律依据。相关第三方可以要求加入磋商。相关方应在不得迟于答辩方收到请求之日起 30 日内立即进行磋商，并应尽一切努力达成共同满意的解决方案，包括可能采取适当的国际合作活动。②

如果上述磋商未能达成一致，请求方可以要求召开高级代表磋商会议，即要求相关方在环境委员会中的代表召开会议磋商该事项。各磋商方的环境委员会代表应在收到要求后立即召集会议，并应设法解决此问题。③

如果上述磋商仍未能达成一致，请求方可以要求召开部长级磋商会议，即磋商方可将此事提交磋商方有关部长来解决。部长级磋商会议一般应在响应方的首都进行。磋商应机密进行，并且不得损害任何一方在之后的诉讼中的权利。④

如果上述磋商仍未能达成一致，请求方可以要求设立专家组。专家组应：一是从相关多边环境协定授权下的机构实体寻求技术咨询意见或协助，以解决该特定问题，并向各磋商方提供机会就上述技术咨询意见发表评论；二是在参考上述意见的情况下作出其决定。⑤

总之，《美墨加协定》强调各成员方对自己本国的环境法的有效实施，对

① 《美墨加协定》第 24. 28 条。

② 《美墨加协定》第 24. 29 条。

③ 《美墨加协定》第 24. 30 条。

④ 《美墨加协定》第 24. 31 条。

⑤ 《美墨加协定》第 24. 32 条。

共同参加的国际环境条约的履行，同时，对于渔业资源和野生动植物资源保护规定了超出现有国际标准的新的保护措施，在防治臭氧层破坏、大气污染、对海洋的船舶污染和海洋垃圾等污染方面建立了合作机制，在鼓励信息公开、公众参与、企业社会责任传播、环境自治和环境监督等方面达成了相向而行的共识。[①]

2. CPTPP 的环境条款

作为高水平的区域贸易协定，CPTPP 对环境保护规则进行了高标准的规定和展示。[②] CPTPP 在第 20 章中单独设立了环境章节，共 23 条和两个附件。[③]

(1)宗旨

CPTPP 第 20.2 条(宗旨)指出了其宗旨是促进高水平的环境保护及环境法律之有效执行，并强化缔约方解决贸易相关之环境问题的能力。除此之外，全体缔约方确认，制定或使用环境法律或措施，形成缔约方间贸易或投资之隐性限制是不恰当的。

(2)一般承诺

CPTPP 第 20.3 条(一般承诺)一方面承认了各国有各自制定国内环保水平、优先事项、政策法律的自主权，另一方面强调各缔约方应鼓励高水平的环境保护，且持续促进其环保水平之提升。

对于投资，缔约方不得以反复或持续的作为或不作为以无效率的方式执行相关的环境法律，影响全体缔约方间的贸易或投资。各缔约方不得利用削弱或降低各自环境法律所提供之保护以鼓励贸易或投资，但各方有权就执行更重要的环境事项行使自主权，决定有关监管、合规、调查、控诉事项，以及就资源分配作出决策。

---

① 边永民：《〈美墨加协定〉构建的贸易与环境保护规则》，载《经贸法律评论》2019 年第 4 期。

② 唐海涛、陈功：《CPTPP 环境规则：承诺、创新及对我国法完善的启示》，载《重庆理工大学学报(社会科学版)》2019 年第 8 期。

③ 涉及环境的内容包括：定义、目标、一般承诺、多边环境协定、公众参与、企业社会责任、改善环境绩效的自愿机制、合作框架、低排放和适应性经济转型、海洋捕捞、环境产品和服务，以及环境委员会和联络点、争端解决等。

(3)多边环境协定和特定领域环境保护

CPTPP 共用了 8 条分别规定多边环境协定和特定领域环境保护措施。[①] 各缔约方重申履行其为缔约方之多边环境协议项下的承诺,并通过对话,特别是在相关多边环境协议与贸易协议之谈判与执行方面,促进各缔约方贸易与环境法规及政策间的相互支持。各缔约方确认公众参与和咨商的重要性,并确定了在臭氧层保护、保护海洋环境免受船舶污染、贸易与生物多样性、外来入侵物种、过渡至低排放及弹性经济、海洋捕捞渔业和环境保护与贸易等特定环境保护领域的环境保护义务和合作领域措施。

(4)合作和参与机制

CPTPP 中加入了有关合作和参与机制的专门条款,包括第 20.7 条(程序事项)、第 20.8 条(公众参与之机会)、第 20.10 条(企业社会责任)、第 20.12 条(合作架构)、第 20.11 条(加强环境绩效自愿机制)和第 20.19 条(环境委员会与联络点)。

关于合作架构,各缔约方皆认可合作是履行环境章节义务的重要机制,各缔约方将指定一个或多个机关来负责执行合作事宜,作为其国家协调合作活动的联络点,并在既有合作机制基础上考虑区域及国际组织的合作。合作可以通过多种方式进行,包括:对话、专题讨论、研讨会、会议、合作计划及项目,技术援助以推广和促进合作及培训,分享政策及程序之最佳实务,专家交流。合作架构还考虑确定绩效评估措施、定期审查机制、公众参与合作活动等内容。

关于环境委员会与联络点,各缔约方于其相关机关中指定一联络点,用于联系沟通。全体缔约方成立环境委员会,由各缔约方负责执行相关贸易及环境国家机关资深政府代表或其指定人选组成。委员会负责监督有关环境章节项下义务的履行,并定期召开会议。

关于公众参与,各缔约方将尽力配合公众参与相关的信息请求,并利用

---

① 第 20.4 条(多边环境协定)、第 20.5 条(臭氧层之保护)、第 20.6 条(保护海洋环境免受船舶污染)、第 20.13 条(贸易与生物多样性)、第 20.14 条(外来入侵物种)、第 20.15 条(过渡至低排放及弹性经济)、第 20.16 条(海洋捕捞渔业)和第 20.17 条(环境保护与贸易)。

既存或建立新的咨商机制，寻求经验人士相关意见。缔约方应对公众意见予以听取和考虑，并适时按照国内程序响应并公告。

关于企业社会责任，各缔约方应鼓励企业自愿采用与环境有关的企业社会责任原则，并将其纳入企业政策和做法。公司社会责任的原则应符合缔约方承认或支持的国际公认标准和准则。

关于加强环境绩效资源机制，各缔约方应鼓励使用弹性及自愿性机制保护其领土内自然资源及环境，如自愿性查核及申报、以市场为基础的激励机制、自愿分享信息和专业知识及公私伙伴关系。

关于程序事项，缔约方应确保环境法律和政策对公众开放，有执行环境法律的司法、准司法或行政程序，这些程序是公平、公正、透明的，并符合正当法律程序的要求，按照有关方面的要求，对涉嫌违反环境法的行为进行调查。各缔约方对违反其环境法律的情形给予适当制裁或救济。

(5)环境争端解决

CPTPP 在环境这一章节纳入了 4 款与环境争端解决的内容，[①]另外，CPTPP 文本第 28 章节争端解决也适用于该环境章节。

关于环境咨商，缔约一方可以就环境相关事宜向另一方提出咨商请求，收到方应在 30 日内尽快进行咨商。如环境咨商无效，一方可以请求另一方委员会代表召开会议参加咨商。如资深代表咨商仍无效，一方可以请求另一方之相关部长参加咨商以解决问题。如上述咨商程序仍无法在收到咨商请求初始时 60 日内或其他合议期间解决问题，一方可以启用第 28 章争端解决程序，提出争端解决咨商，或要求成立专家小组。

3. 南部非洲发展共同体 2012 年示范投资协定之环境条款

2012 年 7 月，南部非洲发展共同体(SADC)[②]发表了《SADC 示范投资

---

① 包括：第 20.20 条(环境磋商)、第 20.21 条(高级代表磋商)、第 20.22 条(部长级磋商)、第 20.23 条(争端解决)。

② 南部非洲发展共同体成员包括安哥拉、博茨瓦纳、津巴布韦等 15 个国家，面积为 926 万平方千米，约占非洲的 28%，其前身是 1980 年成立的南部非洲发展协调会议。1992 年 8 月 17 日，南部非洲发展协调会议成员方代表在纳米比亚首都温得和克签署了有关建立南部非洲发展共同体的条约、宣言和议定书，决定改南部非洲发展协调会议为南部非洲发展共同体，加快地区经济一体化方向前进的步伐。

协定》,其中含有若干环境条款。

(1)环境和社会影响评估

《SADC 示范投资协定》第 13 条规定了环境和社会影响评估条款。投资者或其投资应按照下列法规最严格的标准遵循适用于其投资的有关环境和社会影响评估的标准和程序,包括东道国的法律法规、投资者母国的法律法规和国际金融公司[①]有关环境和社会影响评估的行为标准。

环境和社会影响评估应公开(包括通过互联网公开),并且能被当地或可能被影响的其他区域的社区群众有效及时地知晓,并允许其在投资完成东道国手续之前予以评议。

投资者及其投资和东道国政府应适用预防原则于环境影响评价及有关投资的决策,包括任何有必要减少或替代投资的方式,或禁止投资(如有必要)。投资者和其投资应在环境影响报告中体现预防原则的应用。

(2)环境管理和提高

《SADC 示范投资协定》第 14 条规定了有关环境管理和提高相关的内容。在保持与投资规模和性质有关的良好做法标准要求的同时,投资还应遵循与国际公认的环境管理标准和良好商业惯例标准相一致的环境管理体系。

投资者需要准备应急机制和环境复原方案,并在环境管理体系中不断审查和更新。

投资者和投资应按照产业良好实践设立和维持投资关闭基金,确保有足够的资源执行环境复原方案。

环境管理计划应确保在整个投资周期内持续提高环境管理科技和实践。该举措应遵循相关法律,而且应努力超过法定标准并始终维持与产业最佳实践相一致的高水平的环境表现。

(3)最低环境标准

《SADC 示范投资协定》第 15 条规定了最低环境标准。投资者和投资

① 《SADC 示范投资协定》并没有对国际金融公司予以定义。

不应按照与东道国或投资者母国所承担的国际环境、劳动、人权方面的义务(二者孰高)不一致的方式设立、管理或运营其投资。

(4)国家有关环境和劳工标准方面的义务

《SADC示范投资协定》第22条规定了国家有关环境和劳工标准方面的义务。各国有权建立各自水平的国内环境保护和发展的政策和优先取向以及劳动法律和标准,并采用或修订该法律、标准和政策。各国在行使该权利时,应努力确保提供高水平的环境和劳动保护,考虑国际通常标准,并努力提高其标准。

各国确认因鼓励投资而放松国内环境和劳动立法是不恰当的。相应地,国家不应放弃或减弱,或承诺放弃或减弱相关立法以鼓励在其国内设立、维持或拓展投资。如果一国认为他国实施了这样的鼓励措施,其可要求与该国磋商。

(5)其他环境条款

《SADC示范投资协定》还有其他与环境相关的条款。例如,序言中关于环境作为可持续发展三支柱之一的重要性宣言,第6.7条关于征收的环境例外条款,第25.1条的有关履行要求的环境例外条款,第29.16条的环境专家报告等。

4.《中欧投资协定》中的环境条款

《中欧投资协定》历经多年多轮谈判,第一轮谈判于2014年1月21日举行,2014年进行了3轮谈判,2015年进行了5轮谈判,2016年和2017年各进行4轮谈判,2018年进行了3轮谈判。进入2019年后,谈判的步伐明显加快,2019年共进行了6轮谈判。2020年已经进行了6轮谈判,第32轮谈判于(2020年)9月21日至25日举行。中欧双方自第4轮谈判开始进入正式的文本谈判阶段。2020年12月30日晚,中欧领导人共同宣布如期完成《中欧投资协定》谈判。历经7年、35轮谈判,《中欧投资协定》谈判终于在2020年年底尘埃落定。

CAI的核心内容主要包括:(1)保证相互投资获得保护,尊重知识产权,确保补贴透明性;(2)改善双方市场准入条件;(3)确保投资环境和监管程序清晰、公平和透明；(4)改善劳工标准，支持可持续发展。CAI 展现了中方推进高水平对外开放的决心和信心，将为中欧相互投资提供更大的市场准入、更高水平的营商环境、更有力的制度保障、更光明的合作前景。在环境保护方面，有以下条款内容：

(1)环境服务行业投资条款

中国将取消环境服务行业外资进入的合资门槛，包括固体废物处理、污水处理、废气净化、自然和景观保护、噪声消减、卫生和其他环境服务，促进外资对中国环境服务行业方面的投资。

(2)环境保护和可持续发展条款

在 CAI 中，“可持续发展”是一个双赢的概念，即东道国不以牺牲劳工、健康、安全、环境等标准来保护和促进投资，同时实现缔约双方以及东道国与投资者之间的协调发展。从外部平衡来看，可持续发展指缔约双方利益的平衡。从内部平衡来看，可持续发展指实现缔约双方经济、社会、环境的共同发展。在环境方面，欧盟有着较严格的标准，并且已形成了有关规范企业环境义务方面的完善的法律制度。中国因为正处于发展中阶段，所以在有关可持续发展的法律规范及条文制定等方面均与欧盟中的发达国家不同，多采用磋商方式解决可持续发展问题的争端。在 CAI 的谈判中，双方就可持续发展达成了共识，可持续发展条款主要由环境条款和劳动标准条款构成，该协定将规定缔约双方应承诺不以降低劳工和环境保护标准吸引投资。

关于环境保护方面，在 2021 年 1 月底 CAI 谈判相关文件①的第四部分“投资和可持续发展”中“投资和环境”有相关规定：①每一缔约方应努力完善其法律和政策规定并鼓励推进高水平的环境保护，并应努力继续改进这些法律和政策及其基本的保护水平；②通过削弱或减少其国内环境法所规定的保护水平来鼓励投资是不妥当的；③一方不得放弃或减损其环境法，或

① Sub-Section 2 Investment and Environment, Section IV Investment and sustainable development, *EU-China Investment Negotiations, without Prejudice*, Jan. 22, 2021, p. 2 – 3.

提出放弃或减损其环境法，以鼓励在其领土内设立、收购或保留投资或投资者；④一方应通过持续或反复采取行动或不采取行动，有效地执行其环境法，以鼓励投资；⑤在执行环境法方面，如果一方的行动或不行动的结果是根据其执行环境法的优先次序作出的关于资源分配的善意决定，则该方遵守了多边环境公约；⑥一方不得适用以国内环境法的方式形成变相的投资限制或投资者与各方投资之间的不正当歧视。

关于缔约方之间多边环境协定，每一缔约方都承诺有效执行其所参加的多边环境协定。缔约各方应就各自在批准和执行多边条约方面的情况和发展定期交换信息环境协定或这些协定的修正案，以补充多边机制下的交流。

关于有利于绿色增长的投资，为了加强投资与可持续发展目标间的关系，包括加强对环境保护方面的贡献，缔约方既要更便利和鼓励对环境产品和服务的投资，又要同意就可能对环境产生重大影响的投资，通过交流与环境影响评价有关的经验和良好做法进行合作。

关于投资和气候变化，各缔约方应认识到《联合国气候变化框架公约》追求的终极目标的重要性，并认识到在《联合国气候变化框架公约》上通过的《巴黎气候协定》的宗旨和目标，即对抗气候变化及其影响并致力于加强投资来缓解和适应气候变化，据此每一方应：①有效实施《联合国气候变化框架公约》及其通过的《巴黎气候协定》，包括其关于国家自主贡献的承诺；②促进与减缓和适应气候变化有关的投资，包括对气候友好型商品和服务方面的投资，如可再生能源、低碳技术和节能产品及服务，并采取有利于部署气候友好型技术的政策框架。

(3)视情况在双边和国际论坛上就与气候变化投资相关的政策和措施与对方开展合作

在积极应对气候变化、坚持可持续发展等方面，中国和欧盟分别作为世界最大和第三大的温室气体排放者，具有相似的价值理念和政策目标。中欧双方在环境条款方面达成共识，承诺执行多边环境协定，包括《联合国气候变化框架公约》和《巴黎气候协定》。①

(二)国际投资协定中环境保护方面的国家责任

基于上述典型国际投资协定中的环境条款,不同的国际投资协定对于国际投资与环境保护的要求既有相同点,也有不同点。无论是投资国还是东道国,作为国际投资协定的缔约方,其基本都认同国家在处理国际投资中的环境保护问题时应遵循如下原则:(1)重视国际投资中的环境保护问题,承认对当地环境的治理权是东道国的本国权力,但其不得以吸引投资为目的而降低本国环境保护的执行标准;(2)投资国的投资者应遵循东道国关于环境保护的法律法规,但以发展中国家为主体的国际投资协定(如《SADC示范投资协定》)则要求按照最严标准,包括东道国的法律法规、投资者母国的法律法规、国际金融公司有关环境和社会影响评估的行为标准;(3)东道国对来自投资国的外商投资予以保护,但存在有关履行要求的环境例外和关于征收的环境例外;(4)通过合作机制实现环境保护的目的,包括强调投资者的社会责任、东道国受影响公众的共同参与、投资国和东道国政府间的联系与沟通等。

以发展中国家为主体的国际投资协定(如《SADC 示范投资协定》)更加强调防范原则在处理国际投资环境保护方面的应用,因而对于防范措施有着更加具体的规定。例如,(1)环境和社会影响评估;(2)环境保护应急机制和环境复原方案;(3)投资关闭基金;(4)持续提高环境管理科技和实践等。

环境争端解决条款也是国际投资协定中值得注意的内容。USMCA 和 CPTPP 的环境解决条款涵盖了环境磋商、高级代表磋商、部长级磋商、争端解决等。鉴于环境影响后果的重要性和涉及群体的广泛性,磋商和调解等程序在国际投资环境保护相关纠纷中可以发挥更大的作用,既能保证各方在自愿的基础上找到妥善的解决方案,又能避免仲裁和诉讼在时间、成本、

① 魏伟、张欣欣、赵丽:《中欧投资协定的缘起、意义和未来展望》,载《边界与海洋研究》2021 年第 1 期。

执行性等方面的不利因素。相对而言,国际投资协定中的仲裁则存在费用高、耗时长、执行难等问题。就广泛被认可和使用的ICSID仲裁而言,总体来看ICSID仲裁的费用堪称"昂贵",尤其是对经济水平亟待提高的发展中国家而言。此外,ICSID仲裁的另一"奢侈"之处在于费力的执行,想要真正获得裁决中支持的利益,ICSID裁决的执行,尤其是东道国的执行也是一场"持久战"。①

应当注意,调解已成为世界各国解决跨境国际贸易争端的首选方式。②2017年,在ICSID结案的44件案件中,有30起案件由仲裁庭裁决,14起案件达成和解或由于其他原因终止。③ 联合国贸易和发展会议于2017年2月发布了《投资便利化:政策实践审查》(Investment Facilitation: A Review of Policy Practices),并作为其附件发布了《投资便利化全球行动菜单示范投资协定》(Global Action Menu for Investment Facilitation),其中第2行动项中明确包括应"建立友好争议解决机制,包括调解,以协助投资争议的预防和解决"。④

有关能源过境运输相关的争端,《能源宪章条约》(Energy Charter Treaty,ECT)⑤第7条第7项规定了特殊调解机制。在争端的缔约方或相关实体与争端的另一缔约方的实体之间事先协商一致的所有相关合同或其他争端解决补救方法穷竭之后,争端的缔约一方可将争端事件通知秘书长,由秘书长告知其通知中的所有缔约方。秘书长与争议双方和其他有关缔约方在收到通知后的30日内进行商议,任命一个调解人。调解人必须有解决争

① 曾莉、王传丽:《海外并购争议解决之ICSID仲裁——必要而"奢侈的消费"》,载《辽宁大学学报(哲学社会科学版)》2014年第2期。

② 龙飞:《替代性纠纷解决机制立法的域外比较与借鉴》,载《中国政法大学学报》2019年第1期。

③ ICSID, *ICSID* 2017 *ANNUAL REPORT*, ICSID Offical Website, https://icsid.worldbank.org/sites/default/files/publications/annual-report/en/2017_ICSID_AnnualReport_English_LowRes.pdf.

④ UNCTAD, *Investment Facilitation: A Review of Policy Practices*, https://investmentpolicy.unctad.org/publications/1184/investment-facilitation-a-review-of-policy-practices.

⑤ ECT是国际法中关于能源合作方面的综合性框架条约体系,内容涉及以能源贸易、能源投资、能源过境运输、能源效率等广泛议题。

端事件的经验，并不能是争端一方的或其他有关缔约方的国民或公民或永久居住人。调解人将协助争端双方寻求和解协议或其他解决方案。如果调解人在被任命的90日内未能协助达成和解协议，其应推荐一个争端解决方案或实现解决方案的程序，并指定从一个争端解决前的日期开始，决定能源运输相关临时关税和其他条款和条件。在该调解人决定后12个月内或直到解决争端日（二者孰早），缔约方保证监督和确保在其控制或管辖区域内的实体遵守上述有关关税的临时决定、条款和条件。通过上述特殊调解机制，可以在有关能源过境的合同里没有明确规定争议解决机制时，相关能源产品的运输不会因发生争端而中断，导致损失的扩大。ECT就能源过境争议还制定了《关于过境争议调解行为的规则》，最新修订版本于2015年10月21日完成。

除了上述ECT中有关友好解决或调解的规定外，能源宪章大会还于2016年7月19日通过了《投资调解指南》，以促进通过调解作为友好解决争议的方式来解决投资争端。《投资调解指南》分为14个部分，主要介绍了调解过程、需要注意的相关事项和能源宪章秘书处（Energy Charter Secretariat）在调解中可以起到的角色等内容。①《投资调解指南》反映了ECT对调解的重视，有利于ECT缔约方和相关当事方通过调解友好妥善解决相关争议。

二、中国投资保护协定中环境条款之现状

中国也越来越重视对外投资保护协定中的环境条款。随着中国不仅作为外商投资输入国而且作为外商投资输出国的地位越来越重要，有关国际投资协定中环境条款方面的国际接轨需求也越来越强烈。“一带一路”建设离不开中国企业的海外投资，中国与沿线国家的国际投资协定的更新对中国企业规

① 具体包括：（1）调解的定义；（2）调解作为ECT争议解决机制的一部分；（3）提起调解；（4）评估调解；（5）准备调解；（6）当事方和法定代表人的角色；（7）调解规则和机构的角色；（8）选择调解员；（9）程序的基本规则；（10）初期事项；（11）调解程序；（12）和解；（13）执行和解协议；（14）和解的障碍。

避海外投资环境风险与促进区域经济和环境治理具有重要的意义。①

(一)中国所参与对外投资协定中的环境条款

中国所倡导的"一带一路"建设体现中国积极参与全球化经济建设,也终将在全球法律治理方面贡献中国智慧。从法律规则影响的终极意义上讲,"一带一路"对新规则的推动将是本初意义上的"万民法"式的,从公法层面拓展,惠及私法层面的所有主体,因而具有长久的新活力。② 截至2019年10月底,中国已经分别同137个国家和30个国际组织签署了197份关于共建"一带一路"合作的文件。③ 在双边或多边投资协定方面,中国目前已与130多个国家和地区签订对外投资协定,与"一带一路"沿线11个国家签署了自贸区协定,与56个沿线国家签署了双边投资协定。中国所参与的投资协定中,包括2012年《中日韩投资协定》、2012年《中加投资协定》等已经出现与环境相关的专门条款,且内容在不断细化丰富。

1.2012年《中日韩投资协定》

2012年《中日韩投资协定》在序言部分,肯定了环境的重要性。④ 2012年《中日韩投资协定》第23条规定了限制通过减损环境促进外国投资的环境措施。该条与2012年美国BIT范本第12.2条、NAFTA第1114.2条、CPTPP第20.3条(一般承诺)中的内容基本一致。

2.2012年《中加投资协定》

2012年《中加投资协定》⑤则主要规定了两种环境例外情形——履行要求条款中的环境例外和征收条款中的环境例外。2012年《中加投资协定》第

---

① 路遥:《"一带一路"倡议下国际投资中跨国公司环境责任研究》,载《求索》2018年第1期。

② 李居迁:《"一带一路"与国际法规则新方向》,载《法学杂志》2018年第11期。

③ 参见中国一带一路网,https://www.yidaiyilu.gov.cn/xwzx/roll/77298.htm。

④ 2012年《中日韩投资协定》中指出各方"认识到在不降低对健康、安全和环境的普适措施下也可实现这些目标;认识到投资者遵守缔约一方、即其从事对经济、社会和环境的进步作出贡献的投资活动所在地的法律法规的重要性"。

⑤ 2012年9月9日签署并于2014年10月1日生效的《中华人民共和国政府和加拿大政府关于促进和相互保护投资的协定》。

33.2 条(一般例外)中规定了履行要求中的环境例外情形,[①]与 2012 年美国 BIT 范本第 8.3 条和 NAFTA 第 1106.6 条的规定基本一致。关于征收条款中的环境例外,2012 年《中加投资协定》第 2 部分第 10 条的附录(征收)第 3 条对其予以了规定,[②]与 2012 年美国 BIT 范本附件 B(征收)第 4.2 条基本一致。

综上可见,中国目前对外签订的投资协定中已经出现了专门的有关环境的条款,但存在不同协定之间有关环境条款内容尚不统一的问题,内容尚处于较简单的阶段。应该说,中国在现有对外投资协定中的定位需要进一步清晰,明确所希望达到的保护效果侧重,是更加注重外商投资输入国还是外商投资输出国,是更加注重对外商投资的保护还是对当地环境的保护。不同的定位和效果优先的差异会导致对环境条款不同内容的选择偏好。另外,这也与不同国家谈判的具体情况有关,也表明中国目前使用的投资协定需要就环境条款进一步梳理,确定有关环境条款的示范条款。

3. CAI

鉴于 CAI 目前就主要条款已经达成一致,未来正式生效后中国政府将负有履行 CAI 中环境条款项下相关义务和责任,包括环境服务行业投资条款、环境保护和可持续发展条款。

一方面,中国将取消外资进入环境服务行业方面的合资要求,促进外资对中国环境服务行业(如污水处理、噪声消减、固体废物处理、废气净化、自然和景观保护、卫生和其他环境服务)方面的投资。中国政府既要更便利和

---

① 2012 年《中加投资协定》第 33.2 条(一般例外),只要相关措施不以武断或不合理之方式适用,或不构成对国际贸易或投资之变相限制,本协定中任何规定均不得被理解为阻止缔约方采取或维持下述措施,包括环境措施:①确保遵守与本协定条款无不一致的法律法规所必要的措施;②保护人类、动物或植物生命或健康所必要的措施;③与保护有生命或无生命的可耗尽自然资源相关的措施,如果此类措施与限制国内生产或消费的措施同时有效实施。

② 2012 年《中加投资协定》第 2 部分第 10 条的附录(征收)第 3 条规定:"除了在极少数的情况下,例如一项措施或一系列措施从目标来看相当严重,以至于这些措施不能认为以善意方式采取和适用,则缔约方为保护公众福祉之合法公共目的,如健康、安全和环境,而设计和适用的一项或一系列非歧视性措施,不构成间接征收。"

鼓励对环境产品和服务的投资，又要同意就可能对环境产生重大影响的投资，通过交流与环境影响评价有关的经验和良好做法进行合作。

另一方面，中国政府有义务遵循可持续发展的原则，努力完善其法律和政策规定和鼓励推进高水平的环境保护。中国政府将承诺切实履行其所参加的各项多边环境协定，有效实施《联合国气候变化框架公约》及其通过的《巴黎气候协定》。

（二）中国对外投资协定中的环境保护方面的责任和案例分析

从对外投资协定的角度来看，无论是中国既有的对外投资协定，还是美国、加拿大等欧美国家的对外投资协定，都比较少对投资国施加义务，要求其对东道国的环境保护承担更多的义务。无论是2012年《中日韩投资协定》中的环境措施相关规定，还是2012年《中加投资协定》的履行要求中的环境例外条款及征收条款中的环境例外条款，都主要在肯定东道国对于本国内部环境相关事项治理的主权，并且该环境治理主权不受外国投资人对于其投资相关权利的限制或减损。就投资国的角度而言，更多体现的是东道国环境治理主权的承认和尊重，即使这可能导致投资限制措施或征收行为。

值得关注的是，加拿大所采用的双边投资协定中关于健康、安全和环境措施及公司社会责任条款，鼓励其境内运营或受其管辖的企业自愿将国际认可的企业社会责任标准纳入其实践和内部政策，鼓励其本国企业采纳国际认可的环境保护标准，尽管这并非强制性的，但是这种做法值得我们学习和借鉴。

《SADC示范投资协定》中的环境条款则更加具体，对外国投资提出了更多的要求，包括环境和社会影响评估、环境管理和提高、最低环境标准、国家有关环境和劳工标准方面的义务等。这反映了南部非洲国家作为接受外国投资的东道国在环境保护方面的强烈自我保护意识，希望通过投资保护协定的方式要求投资国认可和尊重其环境保护的主权，并约束来自投资国的投资者。从南部非洲国家的角度来看，其希望达到的环境保护的标准不限于本国法规所规定的标准,还包括投资者母国及国际标准。例如,在环境和社会影响评估方面,《SADC 示范投资协定》第 13 条要求投资者或其投资应按照下列法规标准,包括:(1)东道国的法律法规;(2)投资者母国的法律法规;(3)国际金融公司有关环境和社会影响评估的行为标准。《SADC 示范投资协定》第 15 条关于最低环境标准也明确列出了不低于东道国或投资者母国的标准。就中国角度而言,我们可以考虑《SADC 示范投资协定》中的环境条款,通过双边投资协定或国内立法,要求中国海外投资者在进行海外投资时加强对当地的环境保护意识和措施,按照不低于东道国法规、中国法规、国际条约要求等进行环境影响评价、采取相关环境保护措施。

从中国企业到欧洲投资的角度,CAI 规定中国政府将有义务遵循可持续发展的原则,努力完善其法律和政策规定并鼓励推进高水平的环境保护。这里法律和政策的范围,既包括吸引外商投资来华投资的法律和政策,也包括规范中国企业到境外投资的法律和政策。环境影响评价、绿色投资和绿色金融等方面的内容将是其中的重要内容。CAI 还重点提到了中国关于有效实施《联合国气候变化框架公约》及其通过的《巴黎气候协定》项下义务的承诺,促进与减缓和适应气候变化有关的投资(包括外商来华投资和中国企业境外投资)。

在我们虚拟的中国企业海外矿业投资引发环境损害的案例中,应首先看中国与 A 国的双边投资协定中是否含有环境条款,其具体内容,尤其是缔约方在环境条款下的具体义务。如果按照 2012 年《中日韩投资协定》中的环境措施或者 2012 年《中加投资协定》中的环境条款,则中国作为投资协定缔约方就中国海外投资环境保护方面的义务有限。然而,如果按照《SADC 示范投资协定》中的环境条款,则要审查中国是否通过国内立法等措施要求中国投资者对其海外投资按照最低环境标准(如不低于东道国或投资者母国的标准或国际金融公司有关环境和社会影响评估的行为标准)进行。在此方面,则需要进一步审查中国国内立法等措施,如在海外投资环境影响评价和绿色金融等方面,是否满足不低于东道国或投资者母国的标准或国际金融公司有关环境和社会影响评估的行为标准。事实上,其结果是存在疑问的,因为中国立法针对海外投资的环境影响评价仅要求按照东道国标准,并没有要求不低于中国标准,针对绿色金融也是建立在环境风险管理的自愿原则基础上,并没有要求必须按照国际金融公司有关环境和社会影响评估的行为标准进行。

三、中国投资保护协定中环境条款之完善

在中国的对外投资协定中,有专门的环境条款,包括序言、环境措施条款、履行要求中的环境例外和征收条款中的环境例外。这些规定可以纳入未来中国对外投资协定中完整的环境规定体系。CPTPP 和 CAI 中的环境规则可能为中国的环境保护标准和环境保护提供参考。我们可以探索和完善以下环境条款。

(一)合作和参与机制条款

1. 公众参与

公众参与在国际投资环境保护问题中将发挥重要作用。对于环境紧急情况和可能产生不利跨界影响的活动,国家不是唯一应获得通知的实体,在环境保护领域的个人权利方面,公众参与是个人权利之一。[①] 中国投资保护协定中的环境条款可以参考 CPTPP 第 20.8 条(公众参与之机会)和《美墨加协定》第 24.5 条之规定,增加相关公众参与的内容。例如,缔约方有义务尽力配合公众参与相关的信息请求,并利用既存或建立新的咨商机制,寻求经验人士的相关意见。缔约方应对公众意见予以收取和考虑,并适时按照国内程序响应并公告。

中国重视在涉及环境保护问题上给予公众参与的机会和渠道。例如,

① 林灿铃:《国际环境法实施机制探析》,载《比较法研究》2011 年第 2 期。

2014 年《环境保护法》有关于信息公开和公众参与的专章规定(第五章)。[①]根据上述规定中国政府有义务配合公众参与相关的信息请求。[②] 与 CPTPP 要求相比不足的是,我国的《环境保护法》对于政府机关听取公众意见后的响应程序和相应公告缺乏明确的规定。针对境外投资可能导致的东道国环境损害,中国政府有必要规范相关中国企业在实施境外投资行为时,重视与东道国政府和当地社区居民的联系和沟通,确保在重要环境问题上,如环境影响评价、环境损害应急备灾机制等方面,给予当地社区居民公众参与的机会和渠道。

2. 企业社会责任

中国投资保护协定中的环境条款可以参考 CPTPP 第 20.10 条(企业社会责任)的内容,增加关于企业社会责任的相关内容。例如,各缔约方应鼓励企业自愿采取与环境相关的企业社会责任原则并纳入企业政策及实务,并与经缔约方认可或支持的国际公认标准及准则一致。

中国关于企业社会责任的立法[③]还较少、较分散,且法律效力位阶较低。关于具体社会责任的内容和标准,缺乏相关规定。但近年来中国对企业社会责任的关注越来越多。

《环境保护法》对企业有关环保信息披露的义务限于重点排污单位和依

① 《环境保护法》第 53 条和第 54 条规定,各级人民政府环境保护主管部门和其他负有环境保护监督管理职责的部门,应当依法公开环境信息、完善公众参与程序,为公民、法人和其他组织参与和监督环境保护提供便利。国务院环境保护主管部门统一发布国家环境质量、重点污染源监测信息及其他重大环境信息。省级以上人民政府环境保护主管部门定期发布环境状况公报。县级以上人民政府环境保护主管部门和其他负有环境保护监督管理职责的部门,应当依法公开环境质量、环境监测、突发环境事件以及环境行政许可、行政处罚、排污费的征收和使用情况等信息。

② 《环境保护法》第 56 条规定,负责审批建设项目环境影响评价文件的部门在收到建设项目环境影响报告书后,除涉及国家秘密和商业秘密的事项外,应当全文公开;发现建设项目未充分征求公众意见的,应当责成建设单位征求公众意见。

③ 例如,《公司法》第 5 条规定,公司要承担社会责任。2008 年 5 月 13 日上海证券交易所发布了《关于加强公司社会责任承担工作的通知》和《上海证券交易所上市公司环境信息披露指引》。2009 年 1 月 12 日,中国银行业协会发布了《中国银行业金融机构企业社会责任指引》。2012 年 5 月 18 日,国资委发布了《关于成立国资委中央企业社会责任指导委员会的通知》。

法应当编制环境影响报告书的建设单位。[①] 由上可见，承担环保信息披露义务的主体范围还有限。鉴于中国关于企业社会责任的立法尚处于缺失阶段，在中国对外投资协定环境条款中纳入企业社会责任条款，且与国际公认标准挂钩，是有难度的。

3. 程序事项

中国投资保护协定中的环境条款可以参考 CPTPP 第 20.7 条（程序事项）和《美墨加协定》第 24.6 条的内容，增加关于程序事项的相关内容。[②] 各缔约方对违反其环境法律的情形给予适当制裁或救济。

中国《环境保护法》鼓励社会公众参与环境保护相关宣传教育，[③]制定经济和技术政策就环境问题听取有关方面和专家的意见。最高人民法院也于 2015 年 1 月 6 日出台并于 2020 年 12 月 29 日修正了《关于审理环境民事公益诉讼案件适用法律若干问题的解释》。然而需要提醒的是，中国《环境保护法》将可以提起环境公益诉讼的主体限制为符合特定条件[④]的社会组织。另外，中国《环境保护法》第六章（法律责任）专章就违反环境保护相关强制性规定应予承担的法律责任进行了规定。

由上可见，中国关于环保的法律体系基本符合 CPTPP 第 20.7 条（程序事项）的要求，但在环境公益诉讼司法程序方面有诉讼主体限制。

---

① 重点排污单位应当如实向社会公开其主要污染物的名称、排放方式、排放浓度和总量、超标排放情况，以及防治污染设施的建设和运行情况，接受社会监督。对依法应当编制环境影响报告书的建设项目，建设单位应当在编制时向可能受影响的公众说明情况，充分征求意见。

② 例如，缔约方应确保对公众公开环境法律及政策，依据利害关系人的请求调查涉嫌违反环境法律的事件，存在有针对环境法律执行的司法、准司法或行政诉讼程序且该程序系公正、公平、透明并符合正当法律程序要求。

③ 《环境保护法》第 9 条规定，各级人民政府应当加强环境保护宣传和普及工作，鼓励基层群众性自治组织、社会组织、环境保护志愿者开展环境保护法律法规和环境保护知识的宣传，营造保护环境的良好风气。教育行政部门、学校应当将环境保护知识纳入学校教育内容，培养学生的环境保护意识。新闻媒体应当开展环境保护法律法规和环境保护知识的宣传，对环境违法行为进行舆论监督。《环境保护法》第 57 条有关于公民、法人和其他组织对发现污染环境和破坏生态行为进行举报的规定，第 58 条有关于环境公益诉讼的规定。

④ 包括：（1）依法在设区的市级以上人民政府民政部门登记；（2）专门从事环境保护公益活动连续五年以上且无违法记录。

4. 环境绩效自愿机制

中国投资保护协定中的环境条款可以参考 CPTPP 第 20. 11 条(加强环境绩效自愿机制),增加关于环境绩效自愿机制相关内容。例如,各缔约方应鼓励使用弹性及自愿性机制保护其领土内自然资源及环境,如自愿性查核及申报、以市场为基础的激励机制、自愿分享信息及专业知识及公私伙伴关系。

中国《环境保护法》中也有一些相关规定,[①]然而,上述激励机制与以市场为基础的激励机制还存在偏差,主要体现在政府补贴方面的激励措施。《环境保护法》第 26 条规定,国家实行环境保护目标责任制和考核评价制度,[②]然而,缺乏鼓励企业自愿查核和申报、自愿分享信息及专业知识的相关规定。

5. 合作架构和联络点

中国投资保护协定中的环境条款可以参考 CPTPP 中第 20. 12 条(合作架构)、第 20. 19 条(环境委员会与联络点)和《美墨加协定》第 24. 25 条及第 24. 26 条之规定,增加关于合作架构和联络点的相关内容。例如,关于合作架构,各缔约方皆认可合作是履行环境章节义务的重要机制,各缔约方将指定一个或多个机关负责执行合作事宜,作为其国家协调合作活动的联络点,并在既有合作机制基础上考虑区域及国际组织的合作。合作可以通过多种方式进行,包括对话、专题讨论、研讨会、会议、合作计划及项目,技术援助以推广、促进合作及培训,分享政策及程序之最佳实务,专家交流。合作架构还考虑确定绩效评估措施、定期审查机制、公众参与合作活动等内容。关于环境委员会与联络点,各缔约方于其相关机关中指定一联络点,用于联系沟

① 《环境保护法》第 11 条规定,人民政府对保护和改善环境有显著成绩的单位和个人给予奖励。第 22 条规定,人民政府应当依法采取财政、税收、价格、政府采购等方面的政策和措施,鼓励和支持企业事业单位和其他生产经营者,进一步减少污染物排放。

② 《环境保护法》第 26 条规定,县级以上人民政府应当将环境保护目标完成情况纳入对本级人民政府负有环境保护监督管理职责的部门及其负责人和下级人民政府及其负责人的考核内容,作为对其考核评价的重要依据。考核结果应当向社会公开。

通。全体缔约方成立环境委员会,由各缔约方负责执行相关贸易及环境国家机关资深政府代表或其指定人选组成。委员会负责监督有关环境章节项下义务的履行,并定期召开会议。

2012年《中日韩投资协定》中第24条有关于联合委员会的规定。[①] 尽管2012年《中日韩投资协定》中联合委员会并非专门针对环境的委员会,但其组成和运作机制与专门的委员会类似,都体现缔约方将建立合作机制作为保证投资协定内容履行的重要内容。因此,这一合作机制也可细化适用于环境领域。

(二)环境争端解决机制条款

中国对外投资协定中的争议解决条款尚缺乏与环境保护直接相关的条款。事实上,中国有相当数量的投资协定的签署时间相对较早,考虑到晚近中国投资者可能卷入越来越多的投资仲裁争议,应调整立场、拟订新的投资协定范本。[②]

我们可以借鉴加拿大等国家的投资保护协定,其中关于环境方面专家报告的规定可供参考,即争议所提交至的仲裁庭可以指定环境保护方面的专家就环境方面的科学事项提供书面报告。CPTPP中有关于环境争端解决的专门的规定,包括第20.20条(环境磋商)、第20.21条(高级代表磋商)、第20.22条(部长级磋商)、第20.23条(争端解决)。《美墨加协定》第24.27条至第24.32条也有类似的规定。

就环境争端设置上述争端解决程序有利于通过磋商手段及时解决环境

---

① 缔约各方应当设立联合委员会以达成本协定的目标,联合委员会的职能为:(1)讨论及审查本协定的实施和运作;(2)讨论与本协定相关的其他投资相关事项,包括该协定第3条第2款及第3款所指的现有不符措施的范围。联合委员会在必要时可以决定向缔约各方提出适当建议,以便本协定更加高效运作或者实现本协定的目标。联合委员会应当由缔约各方政府的代表组成,且可决定在缔约各方政府之外邀请具备与讨论事项有关的必要专业知识的实体的代表。联合委员会在必要时决定其运行的方式。联合委员会的任何决定都应经一致合意做出。除非缔约各方另行决定,联合委员会每年应当举行一次会议。

② 漆彤:《论中国海外投资者对国际投资仲裁机制的利用》,载《东方法学》2014年第3期。

争端,并且上述环境争端程序与现有中国对外投资协定中的争端解决程序可以相互衔接、相互补充,形成更灵活有效的环境争端解决机制。设置不同级别的磋商有利于缔约方友好解决环境相关的争议,考虑到环境争议所导致的后果通常较严重,为避免缔约方直接进入对抗性较强的仲裁,设置仲裁前的多途径的纠纷解决方式是有必要的。

除了磋商,还可以考虑以调解方式解决环境争端。调解指的是由第三人作为调解员协助,在当事人真实自愿的基础上友好解决其争议的过程。调解的本质是在当事人自愿的基础上而非第三人强加意志的基础上友好解决争议并达成和解协议。调解对于解决国家之间的环境纠纷可以发挥重要作用。在磋商、斡旋等政治解决方法不能解决纠纷的情况下,可以由第三人作为调解员主持调解,提供各方都能接受的和解方案。例如,设立和解委员会,将十分有利于解决争端国之间关于事实问题的争议。① 在我们虚拟的中国企业海外矿业投资引发环境损害的案例中,调解将是一种很好的解决 A 国和中国之间环境损害纠纷的方式。双方可以在自愿的基础上寻求解决问题的方案,而非依赖外部的强制性的仲裁结果或法院判决。

在国际商事调解领域,《关于调解所产生的国际和解协议公约》(以下简称《新加坡调解公约》)②和《国际商事调解和调解所产生国际和解协议示范法》(以下简称《国际商事调解示范法》)③将很大程度上促进调解在国际投资争议解决领域的应用。中国加入《新加坡调解公约》,有利于"一带一路"国际商事争议调解所达成和解协议的全球有效执行。

---

① 林灿铃:《边境地区环境问题的法治之道》,载《政法论丛》2017 年第 2 期。

② 联合国国际贸易法委员会在 2018 年 6 月 25 日至 7 月 13 日召开的第 51 届会议中通过了《新加坡调解公约》的最终文本草案,并于 2019 年 8 月 7 日在新加坡接受各国签署加入,中国已签署加入了《新加坡调解公约》。

③ 联合国国际贸易法委员会第 51 届会议还通过了《国际商事调解示范法》,修订了联合国国际贸易法委员会 2012 年《国际商事调解示范法》。

调解也被明确写入中国"一带一路"国际商事争端解决机制。[①] 未来，中国可制定关于国际商事调解的专门国内法律。中国目前关于调解的法律主要有2010年颁布的《人民调解法》[②]及其相关法规。[③] 人民调解主要解决民间纠纷而非商事纠纷。中国可以参照联合国国际贸易法委员会通过的《国际商事调解示范法》，建立针对商事调解的"商事调解法"，该法的适用范围可不必限于国际商事调解，还可以包括国内商事调解。"商事调解法"在内容上可以涵盖调解程序、调解机构、调解员、调解行为、保密、证据认可性、和解协议的有效性、和解协议司法确认的要求、和解协议拒绝予以救济的理由、平行申请或请求等内容。

未来，可以考虑成立专门的"一带一路"国际投资争端解决中心，制定"建立'一带一路'国际投资争端解决中心公约"。[④] "一带一路"国际投资争端解决中心可以成立专门的调解员队伍。在调解员国籍方面，可以"一带一路"国家的调解员为主，西方发达国家调解员为辅。[⑤]

（三）专家报告

中国投资双边协定中的环境条款可以参考2012年美国BIT范本第32条（专家报告）规定，增加关于专家报告相关内容。例如，仲裁庭应争端一方请求或自行决定，可以指定一名或多名专家就环境、健康、安全或其他科学

① 例如，中央全面深化改革领导小组会议于2018年1月23日审议通过了《关于建立"一带一路"国际商事争端解决机制和机构的意见》，明确支持"一带一路"国际商事纠纷通过调解、仲裁等方式解决，推动建立诉讼与调解、仲裁有效衔接的多元化纠纷解决机制。

② 人民调解是指人民调解委员会通过说服、疏导等方法，促使当事人在平等协商基础上自愿达成调解协议，解决民间纠纷的活动。

③ 《人民调解法》第2、4、7、8条。人民调解委员会由村民委员会、居民委员会设立，或者由企业事业单位根据需要设立，作为依法设立的调解民间纠纷的群众性组织。人民调解委员会调解民间纠纷，不收取任何费用。

④ 张丽娜：《"一带一路"国际投资争端解决机制完善研究》，载《法学杂志》2018年第8期。

⑤ 明瑶华：《"一带一路"投资争端调解机制研究》，载《南通大学学报（社会科学版）》2018年第1期。

事项提供书面报告。对于专家意见,中国《民事诉讼法》中也有相关规定。[①] 鉴于专家意见作为一种辅助手段有利于解决环境相关争端,因此,中国在对外投资协定有关环境条款中可以考虑加入有关专家报告的内容。

(四)多边环境公约

中国投资双边协定中的环境条款可以参考CPTPP有关多边环境协定和特定领域环境保护措施的规定,[②]需要在各个特定领域逐一梳理。《美墨加协定》列举了多个多边环境保护协定。[③]

CAI要求中国承诺有效执行其所参加的多边环境协定,并与欧盟就各自在批准和执行多边条约方面的情况和发展定期交换信息,以补充多边机制下的交流。CAI还特别强调中国和欧盟国家有义务有效实施关于气候变化的国家自主贡献承诺,促进与减缓和适应气候变化有关的投资。

目前,中国已经加入涉及对外投资的多个国际环境公约。[④] 中国负有在上述已经参加的多边环境公约项下的义务,对于重申履行其在上述多边环境协议项下的承诺,并通过对话,特别是在相关多边环境协议与贸易协议之谈判与执行方面,促进各缔约方贸易与环境法规及政策间的相互支持,这些内容建议可以在中国对外投资协定中考虑体现。对于具体环境领域,如臭氧层保护、保护海洋环境免受船舶污染、贸易与生物多样性、外来入侵物种、

① 《民事诉讼法》第66条将鉴定意见作为证据之一。第79条规定,当事人可以就查明事实的专门性问题向人民法院申请鉴定,由双方当事人协商确定具备资格的鉴定人或由人民法院指定。

② 包括第20.4条(多边环境协定)、第20.5条(臭氧层之保护)、第20.6条(保护海洋环境免受船舶污染)、第20.13条(贸易与生物多样性)、第20.14条(外来入侵物种)、第20.15条(过渡至低排放及弹性经济)、第20.16条(海洋捕捞渔业)、第20.17条(环境保护与贸易)。

③ 《美墨加协定》第24.8条列举了《濒危野生动植物种国际贸易公约》《关于消耗臭氧层物质的蒙特利尔议定书》《1973年国际防止船舶造成污染公约的1978年议定书》《关于特别是作为水禽栖息地的国际重要湿地公约》《保护南极海洋生物资源公约》《国际鲸鱼管制公约》《关于建立美洲间热带金枪鱼委员会的公约》等。

④ 例如,《关于消耗臭氧层物质的蒙特利尔议定书》《经1978年议定书修正的1973年国际防止船舶造成污染公约》《濒危野生动植物种国际贸易公约》《联合国气候变化框架公约》《巴黎气候协定》等。

过渡至低排放及弹性经济、海洋捕捞渔业等,需要就其是否有必要和如何在对外投资协定中体现,结合具体国家和具体投资协定情况,进行具体分析。

(五)其他环境条款

《SADC示范投资协定》中的特定环境条款,包括第13条(环境和社会影响评估条款)、第14条(环境管理和提高条款)、第15条(最低环境标准)、第22条(国家有关环境和劳工标准方面的义务),对于环境保护的要求水平较高,然而由于这些规定本身尚不完善,并且国际接受程度和范围尚有限,在目前阶段并不适宜在中国对外投资协定中体现。

1.环境和社会影响评估

《SADC示范投资协定》第13条规定了环境和社会影响评估条款适用于较高的标准,即下列标准中较高者:(1)东道国的法律法规;(2)投资者母国的法律法规;(3)国际金融公司有关环境和社会影响评估的行为标准。然而,此处的国际金融公司及其行为标准并没有定义。同时,投资主体要么为投资者母国的公司,要么在东道国设立在当地具有独立法人资格的公司,并且后者情况在实践中很普遍。在后者情况下,要求投资者在东道国设立的投资项目公司既要遵循东道国的法律,也要遵循投资者母国的法律,也缺乏法律依据。

关于环境和社会影响评估的公开(包括通过互联网公开)和公众评议,以及对环境影响评价和决策中体现预防原则的要求,宜在东道国和投资者母国的本国法律中体现,未必需要在双边投资协定中体现。

中国《环境保护法》中有关于环境影响评价的规定。① 由此,可见中国《环境保护法》中已经有关于环境和社会影响评估的公开和公众评议的相关规定,但针对公开的方式并没有列明通过互联网公开等具体方式。另外,中

① 其中,第19条规定要求建设对环境有影响的项目,应当依法进行环境影响评价。第56条规定,建设单位应当在编制环境影响报告书时向可能受影响的公众说明情况,充分征求意见。

国《环境保护法》第5条①也将保护优先、预防为主、公众参与等明确列为中国环境保护的基本原则。

2. 环境管理和提高

《SADC示范投资协定》第14条指出，投资应遵循与国际认可的环境管理标准和良好商业实践标准相符合的环境管理体系，然而对其并没有给予更加明确的定义和标准。该条还要求投资者准备应急机制和环境复原方案及投资关闭基金，要求环境管理计划努力超过法定标准并始终维持与产业最佳实践相一致的高水平的环境表现。上述要求应该是较高标准的要求，也宜在东道国和投资者母国的本国法律中予以规定，不宜在中国对外投资协定中予以体现。

3. 最低环境标准

《SADC示范投资协定》第15条将东道国或投资者母国所承担的国际环境方面的义务(二者孰高)作为投资者和投资应遵循的最低环境标准。然而，如前述所述，对于投资者应当具体区分是否在东道国设立当地项目公司，而不应简单地采取东道国或投资者母国二者国际义务孰高的规定。因此，该规定也不宜在中国对外投资协定中予以体现。

4. 国家有关环境和劳工标准方面的义务

《SADC示范投资协定》第22条规定各国不得为鼓励投资而放弃或减弱环境保护标准的环境措施条款，类似条款在中国对外投资协定中已经有体现。

另外，《SADC示范投资协定》第22条还要求各国应努力确保提供高水平的环境和劳动保护，考虑国际通常标准，并努力提高其标准。在此，对于何为“高水平的环境保护”和“国际通常标准”，并没有明确的定义，导致该条款不易执行。因此，建议不在中国对外投资协定中体现类似内容。

综合上述分析，在中国对外投资协定中，我们考虑接受与2012年美国

---

① 《环境保护法》第5条规定：“环境保护坚持保护优先、预防为主、综合治理、公众参与、损害担责的原则。”

BIT 范本中环境条款基本一致的内容，包括序言部分有关环境保护的宗旨、环境措施条款、履行要求中的环境例外、征收条款中的环境例外和专家报告条款。对于其他 CPTPP 和《美墨加协定》中有关环境的条款，有必要结合中国目前的立法情况予以具体分析，对于合作架构和联络点、环境争端解决等内容，可以考虑接受。对于公众参与、企业社会责任、程序事项和环境绩效资源机制，大部分内容可以接受，存在个别部分与国内法规不符或缺乏规定的地方，有待在进一步完善国内法规的基础上逐步在中国对外投资协定环境条款中完善体现。对于多边环境公约，建议就其是否有必要和如何在对外投资协定中体现，结合具体国家和具体投资协定情况，进行具体分析。

对于《SADC 示范投资协定》中的特定环境条款，包括有关环境和社会影响评估条款、环境管理和提高条款、最低环境标准、国家有关环境和劳工标准方面的义务，由于相关规定对于环境保护的要求水平较高，但这些规定本身尚不完善，并且国际接受程度和范围尚有限，在目前阶段并不适宜在中国对外投资协定中体现。

第三章

国际投资所致环境损害之国家责任及构成要件

在现代国际法中，“国家责任是指国际法主体为其国际不法行为或损害行为所应承担的国际法律责任”。① 国家责任所针对的行为范畴既包括国际不法行为，也包括不违反国际法但产生损害的行为。这对解决国际投资行为可能产生的国家责任问题来说是很重要的。投资国在面临本国国民和企业境外投资行为可能产生环境损害的风险时，既要从预防风险的角度积极采取预防性措施，又要针对发生环境损害的情况制定应急机制和救济机制。国家对于国际投资中可能产生的环境问题负有预防环境损害发生的责任，违反预防义务导致发生环境损害的，可能会使国家产生进一步的责任，如民事赔偿责任等。

除此之外，投资国本国投资者在境外投资中发生环境损害的后果不必然导致投资国承担国家赔偿责任。这需要首先分析投资国所管辖的本国投资者在境外投资行为是否可归责于投资国，是否发生了经营者难以赔偿的重大损失等要素。鉴于国家作为国际法上最重要的主权主体，在国际投资法和国际环境法领域尚缺乏统一的国际立法机构和司法机构的情况下，探讨国家在因国际投资导致环境损害承担相应责任的问题，既具有时代的现实意义，又是难度很大、需要探索的领域。

---

① 林灿铃：《论国际环境法的性质》，载《比较法研究》2005年第2期。

01 第一节

国际投资所致环境损害之国家责任

国家对于国际投资导致的环境损害需承担相应的责任，该责任既可能是民事层面的，如停止相应不当行为、进行紧急救济、对受损者予以民事赔偿等，也可能是刑事层面的。明确国家对国际投资导致环境问题的责任对维护和稳定正常的国际经济和法律秩序，树立正确的国际主体投资行为规范和使环境损害的受害者得到及时、充分、有效的赔偿，有重要作用。本书在此主要围绕民事责任方面，所探讨的国家主体也主要是投资国。

欲探究国际投资环境损害之国际赔偿责任，应首先了解国际投资行为导致环境损害进而导致国家责任的情形及其构成要件。对此，可以区分两种情况进行探讨：一是特定国际投资行为构成国际不当行为；二是特定国际投资行为构成国际法不加禁止的行为。

一、传统国家责任理论

传统的国家责任理论针对的行为范畴比较狭窄，主要基于国家自身的不当行为,[①]即只要一国对另一国实施了国际法意义上的不法行为,就会产生该国对另一国的国际责任。[②] 传统国家责任理论源于国家主权原则和国家平等原则,一国有权按照国家主权原则自行决定其国家行为,但也要注意到与其平等的其他国家的权利。如果一国实施了不法行为,通过追究该国的国家责任对于纠正有关国家的不法行为,使受害国的利益得到合理补偿并维持正常的国际法律秩序,有重要作用。[③]

将国家是否存在过错作为确定国家责任的构成要件,传统国家责任的理论基础包括两种不同的主张,即"过失责任说"和"客观责任说"。"过失责任说"将国家存在过错(包括故意或过失)作为确定国家责任的必要构成要件,即国家对其行为造成的损害承担责任的前提条件是实施了可归因于该国的不法行为的国家存在故意或过失。[④] "过失理论"由格劳秀斯引入国际法后,[⑤]在国家责任领域长期占有非常重要的地位,"无过失即无责任"的观念成为主流思想。

"客观责任说"则不将国家是否存在过错作为确定国家责任的必要构成要件,而关注于国家行为及其后果等客观要素,即只要一国实施了违反其所承担的国际义务的行为且导致损害后果即可确定有关国家应承担的国际责任。随着国际法和社会时代的发展,"客观责任说"的国家责任理论越来越占据重要的地位。

(一)传统国家责任之构成要件

根据传统国家责任理论,在确定国家责任成立时需要从是否具备主观

---

① 即一国违反其应当承担的国家义务时所应承担的法律责任。

② Malcolm N. Shaw, *International Law*, 4th Edition, 1997, p. 541.

③ 马呈元:《国际犯罪及其责任》,中国政法大学 2001 年博士学位论文,第 103 页。

④ Malcolm N. Shaw, *International Law*, 4th Edition, 1997, p. 546.

⑤ Ian Brownlie, *System of the Law of Nations: State Responsibility*, Oxford University Press, Dec. 1983, p. 38 – 41.

要件[①]和客观要件[②]两个角度进行分析和判断。[③] 因此,对于属于国际不当行为导致国家责任的构成要件,可以从上述两个方面进行分析。

1. 可归因于国家的不当行为

判断是否存在传统国家责任的主观要件需要分析和判断涉案特定不当行为是否可归因于相关国家从而被视为该国的国家行为。

(1)政府机关或其授权的行为

如果一国的任何个人或实体被视为具有一国政府机关的地位,其实施的行为将如同一国的政府机关的行为一样,被视为国际法上所指的国家行为。[④] 例如,一国派驻到另一国的使馆人员,或者一国派往另一国负责吸引招商投资的政府机构,他们自身或依据该国法律授权行使政府权力,其所实施或在上述法律授权范围之内所实施的行为也属于国家行为。[⑤] 前述使馆人员或者招商投资机构在另一国可能进行的行为的范围是广泛的,当然也会涉及购买资产等投资类行为。对于这些行为,需要具体分析行为是否依据其政府职能或授权而采取的,来判断其是否构成国家行为。对于上述人员超越职权或授权实施的行为,由于其被视为具有一国政府机关地位的特殊身份,也不能简单地认为不构成国家行为。因此,国家对于该类个人或实体行为的监督和规范是非常必要的。

(2)受到国家指挥或控制的行为

非国家机关的主体(如私人)的行为也可能归责于国家。例如,一国的国有企业在域外实施的投资行为,如果该主体实际上是在按照国家的指示或在其指挥或控制下行事,则其行为可归责于国家。[⑥] 在此,需要明确的是,判断该主体是否受到国家指挥或控制,是以其所从事的行为为基础,就具体

---

① 所谓主观要件是指一不当行为可归因于国家而被视为该国的国家行为。

② 所谓客观要件是指某一国家行为客观上违背了该国的国际义务。

③ 《国家对国际不法行为的责任条款草案》第 2 条,一是特定作为或不作为构成的行为依国际法归于该国,二是该行为构成对该国国际义务的违背。

④ 《国家对国际不法行为的责任条款草案》第 4 条。

⑤ 《国家对国际不法行为的责任条款草案》第 5 条。

⑥ 《国家对国际不法行为的责任条款草案》第 8 条。

行为论是否可归责于国家,而非以主体为基础。因此,不能简单地认为,凡是以主体为基础(如国有企业),就简单地认定所有国有企业的行为都可归责于该国。

(3)其他国家行为

其他情形还很多,包括逾越权限或违背指示的国家行为、[①]经一国确认并当作其本身行为的行为、[②]正式当局不存在或缺席时实施的行为、[③]叛乱运动或其他运动的行为,[④]这些行为都可以归责于国家。在具体情形中,需要结合具体情况来具体分析,将具体行为在上述类型行为中进行归类,按照各类行为的构成要件来作出分析和判断。

2. 该国家行为违反国际义务

从客观要件的角度,传统国家责任理论要求某一国家的行为客观上违背了该国所承担的国际义务,[⑤]这里需要先根据具体情况来分析判断国家在具体情境下所负有的具体义务,之后再分析判断国家所实施的行为是否违反了上述国际义务。另外,应当注意的是,判断该国所违反的国际义务的行为发生的时点也很重要,同一行为在不同时间段内发生所导致的后果可能是不一样的,该行为应是在该国际义务对该国家有约束力的期间发生,只有这样该国的行为才构成对其国际义务的违背。[⑥]

---

① 《国家对国际不法行为的责任条款草案》第7条,逾越权限或违背指示的国家行为,是指国家机关或经授权行使政府权力要素的个人或实体,若以此种资格行事,即使逾越权限或违背指示,其行为仍应视为国际法所指的国家行为。

② 《国家对国际不法行为的责任条款草案》第11条,经一国确认并当作其本身行为的行为是指其他该国承认和当作其本身行为的行为。

③ 《国家对国际不法行为的责任条款草案》第9条,正式当局不存在或缺席时实施的行为,是指如果一人或一群人在正式当局不存在或缺席和在需要行使上述权力要素的情况下实际上正在行使政府权力要素,其行为应视为国际法所指的一国的行为。

④ 《国家对国际不法行为的责任条款草案》第10条,叛乱运动或其他运动的行为,是指成为一国新政府的叛乱运动的行为,也包括在一个先已存在的国家的一部分领土或其管理下的某一领土内组成一个新的国家的叛乱运动或其他运动的行为。

⑤ 《国家对国际不法行为的责任条款草案》第12条。

⑥ 《国家对国际不法行为的责任条款草案》第13条。

(二)国际投资行为导致传统国家责任的可归责性

国际投资行为很多是由私人商事主体进行的,也有由国家授权特定主体根据国家的意志来进行。因此,具体投资行为需要具体分析。国际投资行为本身是否导致国家违反国际义务,也要具体情况具体分析。

大部分国际投资行为一般不会直接导致国家违反国际义务,而可归类于国际法不加禁止的行为,少数行为——例如明知某投资行为会造成海洋环境污染而不加限制,违反该国在《海洋法公约》第194条(防止、减少和控制海洋环境污染的措施)项下的海洋环境污染防范义务,[①]也可能直接导致国家违反国际义务。

又如,联合国安理会于2017年8月一致通过2371号决议,对朝鲜实施经济制裁,制裁措施范围涵盖国际投资,各国须禁止由本国国民在朝鲜或在本国境内与朝鲜企业或个人新设立合资企业或合作实体,或通过增资的方式扩大现有的合资企业。如果任意国家允许本国国民实施违反联合国安理会2371号决议的国际投资行为,也将构成国际不法行为,而该私人域外国际投资行为可归责于该国。

在以上情况下,如果该国际投资行为可归责于该国,将引发该国违反国际义务而承担国家责任。

二、国际法不加禁止行为所致国家责任

很多国际投资行为可以归入国际法不加禁止的行为,对于该类国际投资行为是否会发引发国家责任,需要分析该国际投资行为作为国际法不加禁止行为是否存在导致国家责任的情形及其具体构成要件。对此可借鉴跨界损害相关理论,该制度是基于人类社会发展的需要对国家责任制度的进

① 例如,《海洋法公约》第194.2条规定,各国应采取一切必要措施,确保在其管辖或控制下的活动的进行不致使其他国家及其环境遭受污染的损害,并确保在其管辖或控制范围内的事件或活动所造成的污染不致扩大到其按照本公约行使主权权利的区域之外。

一步完善，是对传统国家责任理论的突破和发展。①

20 世纪中叶以来，各国的发展导致各国间经济和社会联系日益密切，相应产生的跨界损害②也成为人们日益关注的主题。林灿铃教授在《跨界损害的归责与赔偿研究》一书中将跨界损害定义③扩大到了对公域环境的损害。

跨界损害责任制度是国际法上的一个难题。1992 年的《生物多样性公约》关于责任和补救方面规定，在一国管辖或控制范围内的项目或活动对其他国家或地区生物多样性产生重大不利影响的情况下，相关国家应承担相应的国际义务，研究和审查生物多样性所受损害的责任和补救问题，包括恢复原状和赔偿等。上述国际义务不仅适用于对活动本身存在属地管辖权的受影响国，也适用于对实施活动的主体存在属人管辖权的起源国。在起源国和受影响国之间，起源国对实施相关活动的主体进行监管和规范所产生的影响可能更大，尤其是在受影响国是法律制度建设较为落后的发展中国家的情况下。因此，对起源国施加生物多样性保护方面的国际义务和责任，是十分有必要的。起源国也很有必要通过其国内立法对其本国企业和个人在域外的投资行为加以规范，要求其在实施域外投资行为时遵守东道国及《生物多样性公约》关于保护生物多样性的义务，做好风险防控措施和损害救济机制方面的准备工作。

1992 年的《跨界水道和国际湖泊的保护和利用公约》关于国家责任方面规定，对于可能发生的跨界水道和国际湖泊相关损害，各国应支持通过适当的国际努力制定有关责任和赔偿的规则、标准和程序。上述国际法文件都提出了在特定领域发生跨界损害情况下各国制定关于责任和赔偿机制的重要性，但并没有提出具体做法和规定。

① 林灿铃：《论国际法不加禁止行为所产生的损害性后果的国家责任》，载《比较法研究》2000 年第 3 期。

② 《预防跨界损害条款草案》第 2 条用语，对“跨境损害”（transboundary harm）的定义为“在起源国以外的一国领土内或其管辖或控制下的其他地方造成的损害，不论各当事国是否有共同边界”。

③ 国家管辖或控制下的活动造成该国管辖或控制范围以外的其他国家领土或其管辖或控制范围的以及“公域环境”的损害。

关于危险废物和其他废物越境转移及其处置(包括此类废物的非法运输),相关国家义务适用1999年的《危险废物越境转移及其处置所造成损害的责任和赔偿问题议定书》,①其中很多责任制度设计反映了跨界损害责任制度的主要内容,值得我们借鉴和参考。然而关于国家责任部分,该议定书也仅泛泛地提出了一般国际法中有关国家责任方面的规则,并没有进行更加细化的规定。②

(一)国际法不加禁止行为所导致国家责任的构成要件

跨界损害归责的关键是将受害方遭受的跨界损害的合法利益跟跨界损害的行为主体相关联,使得跨界损害的行为主体承担对受害者合法利益的赔偿责任,把受害方的损失转移给导致损害的行为主体来承担。③ 构成跨界损害国家责任需具备如下要件:(1)存在国家的活动或其管辖或控制下的经营者的活动,无论是否为国际法禁止,无论活动是否发生在该国境内;(2)无论本国与其他国家是否有共同边界,该活动是否造成其他国家领土或其管辖或控制范围或公域环境的重大损害。

1. 存在国家的活动或其管辖或控制下的经营者的活动

对于可归责于国家的行为,不仅包括国家的活动,还包括由国家管辖或控制下的经营者的活动。对于国家的活动,指的是由国家政府机构或其授权的人所从事的活动。对于国家管辖或控制下的经营者的活动,指的是国家通过其有效管辖权(主要包括属地管辖权和属人管辖权)进行管辖或者通过产权关系或实际控制管理形成控制关系的经营者所进行的活动。

国家管辖或控制下的经营者的活动又可区分为两种情况:一是国家通过属地管辖权所管理的经营者在该国境内的域内行为;二是国家通过属人

① 该议定书旨在建立一套综合赔偿制度,以迅速充分赔偿因危险废物和其他废物越境转移及其处置所造成的损害。

② 《危险废物越境转移及其处置所造成损害的责任和赔偿问题议定书》第16条规定,“本议定书不应影响各缔约方根据一般国际法中有关国家责任方面的规则所享有的权利和所承担的义务”。

③ 林灿铃:《跨界损害的归责与赔偿研究》,中国政法大学出版社2014年版,第83页。

管辖权所管理的经营者在该国境外的域外行为。

对于域内行为，根据“使用自己的财产不得损及他人”这一罗马法原则，[①]其国家归责性较为明显。对于域外私人行为是否会导致该私人所属国家的国家责任问题，关键在于国家是否可以将该私人行为置于该国家的管控之下。[②]

对于域外私人行为可能产生的国家责任，可以进一步区分域外行为的私人主体是否为国有企业和非国有企业，区分私人主体是否在域外设立当地项目公司，区分私人主体在域外行为的性质，等等。这些问题对于“走出去”到境外投资越来越多的中国企业具有重要意义。对于可能产生国家责任的域外私人行为，国家应当采取多种方法和措施规范其行为，避免因域外私人行为造成当地损害进而导致承担国家责任。

2. 经营者活动造成重大损害

对于可归责于国家的域外私人经营者的活动，如果该经营者活动事实上导致了其他国家领土内或其管辖或控制的范围内或者不归属于任何国家的公域范围内的环境损害，并且该损害是重大损害，则可能产生可归责于国家的责任。

《预防跨界损害条款草案》将“损害”（harm）定义为“对人、物或环境造成的损害”。《损失分担原则草案》中，损害（damage）[③]与《预防跨界损害条款草案》中跨界损害英文中对“损害”一词的措辞不同。《损失分担原则草案》中损害措辞为“损害”（damage），其区别于《预防跨界损害条款草案》中的“损害”（harm）体现在如下两点：(1)《损失分担原则草案》中损害明确指的是重大损害（significant damage），而《预防跨界损害条款草案》中的损害定

① 这一罗马原则是指一个国家在使用本国领土时，不得滥用权力，给他国的领土和国民造成损害。

② 林灿铃：《跨界损害的归责与赔偿研究》，中国政法大学出版社 2014 年版，第 216 页。

③ 《损失分担原则草案》第 2 条用语：“损害”（damage）是指对人、物或环境造成的重大损害，包括(1)死亡或人身伤害；(2)财产损失或损害，包括作为文化遗产的财产；(3)由于侵害环境造成的损失或损害；(4)恢复财产、环境而采取合理措施的成本，包括自然资源；(5)采取合理应对措施发生的成本。

义中不包含重大的措辞,但也体现了重大的概念[①];(2)《损失分担原则草案》中损害的范围更明确和广泛,不仅包括了《预防跨界损害条款草案》中对人、物或环境造成的损害,还包括恢复财产、环境而采取合理措施的成本和采取合理应对措施发生的成本。

跨境损害应具有如下三个特征:(1)损害由起源国管辖或控制下的国际法不禁止的危险活动造成;(2)损害后果为重大损害且为实际物质上的损害;(3)具有跨界性。损害的重大性是跨界损害的必要特征之一,但"重大"的程度不必达到"严重"或"显著"的程度,只要超过"可察觉"的程度即可。[②]

关于跨界损害的赔偿范围,除人身损害和财产损害外,还应包括派生损害和环境损害。派生损害指起因于跨界损害而产生的后果并由此所派生的损害,主要包括恢复措施和合理反应措施,以及为防止进一步损害所采取的措施的费用等。环境损害的表现形式可以是多样的,主要包括生态系统的破坏、环境损毁、资源损失、环境质量降低及其他环境价值减损等后果,同时还包括对"公域环境"造成的损害。

(二)跨界损害国家责任的其他考量因素

1. 国际法明确规定国家应承担责任,或者根据国际法原则由经营者负担赔偿责任不足以赔偿损失而应由国家分担赔偿责任

国家对跨界损害承担国家责任之国际法依据也需要予以考量。在国际法领域缺乏超越国家的立法机构的情况下,是很难找到关于责任体系的法律绳索来束缚国家主体的。在少数领域,已经有了明确的国际法依据,规定国家在特定情况下直接承担责任。

以《责任公约》的规定为例,其明文规定国家对第三者损害的责任,即适用绝对的、无限额的损害赔偿责任原则。如果在地球表面或针对飞行中的飞机,根据该公约第2条的规定,适用绝对责任,即无论国家是否存在过失,

---

① 在"造成重大跨界损害的危险"的定义中包括造成重大跨界损害的可能性较大的危险和造成灾难性跨界损害的可能性较小的危险。

② 林灿铃:《跨界损害的归责与赔偿研究》,中国政法大学出版社2014年版,第9页。

都应负担赔偿的绝对责任。但在地球表面以外的其他地方则适用不同的归责原则,主要根据其过失或所属负责人员的过失而定。① 因此,在一国航天企业从事域外空间物体发射活动时,如果其发射活动导致了正在飞行中飞机的损害,或者坠落的空间物体部件导致受影响国的人员、财产或者环境损害,对该航天企业拥有属人管辖权的国家可能被认定为发射或促使发射空间物体的国家,进而构成发射国。该航天企业从事域外发射卫星等空间物体的行为将归责于该国政府,其将对域外发射空间物体在地球表面或对飞行中飞机造成境外其他国家国民或财产损害,负有绝对赔偿责任。

除此之外,跨界损害国家责任认定的难点是在缺乏明确国际法依据确定国家就跨界损害直接承担赔偿责任的情况下的责任界定。此时,为保护受害者得到及时充分的补偿和受污染环境得到及时修复,宜根据公平正义原则和损失分担原则,由经营者首先负担赔偿责任,不足以赔偿受害者损失的,可根据国际法和惯例由国家分担赔偿责任。

跨界损害"损失分担"强调的是多重主体共同对跨界损害的损失进行分担,责任分配可以经营者为主、有关的受益者为辅。起源国作为受益方,可以是分担损害损失的最后一个序位主体履行补偿责任。跨界损害损失分担主要适用于重大危险活动的某些领域,但还没有成为普遍适用的制度,其关键在于引进民事责任方以外的其他主体,例如提供风险转移功能的保险机构或者补充责任的国家机构,作为赔偿义务人进行补充赔偿。在跨界损害损失分担机制中,为保证损失分担的充分性,引入了金融机构等第三人提供责任保险或财务保证,经营者承担主要赔偿责任,由其首先承担民事责任,只在特定的情况下才适用国家的赔偿责任。

在核损害领域也是如此,在经营者承担首位赔偿责任后,为确保受害者

---

① 如果发射国的空间实体对另一发射国的空间实体或其所载人员或财产造成损害,并因此对第三国或第三国的自然人或法人造成损害,如损害发生在第三国的表面或飞行中的飞机,则前两国应对第三国承担绝对责任;如损害发生在地球表面以外的其他地方,对第三国的空间物体或其所载人员或财产造成损害,前两国对第三国所负的责任要根据它们的过失或所属负责人员的过失而定。

合法权益得到充分的赔偿保障，存在核设施的许可国的第二级赔偿机制和由各缔约方出资建立的第三级赔偿机制。[①] 在海上油污损害中，尽管存在船舶所有人的首位赔偿责任和相关受益者设立基金的次位赔偿责任，但相关公约没有明确规定由国家承担最终序位的补偿责任，来补偿最终剩余的损失。

在缺乏明确国际法依据确定国家就跨界损害直接承担赔偿责任的情况下，国家是否具有过错不应是国家是否承担赔偿责任的必要因素。严格责任在跨界损害责任体系中具有重要地位和作用，在跨界损害责任领域中作为一项法律原则已被广泛接受，具有习惯法地位。

在跨界损害赔偿责任制度中，即使国家不存在过错性行为，可根据严格责任确立跨界损害求偿之"责任集中于国家"原则，一方面在于产生跨界损害后果的诸多活动都是在国家的授权、管辖、监督和管理之下进行的；另一方面在于造成跨界损害的往往是不特定的多数污染源，实行责任集中原则，可以使受害人更有效地解决求偿对象问题。[②]

2. 起源国应履行跨界环境保护的一般义务，未严格履行造成损失的，将承担过错责任

首先，对经营者具有管辖权的起源国应履行预防原则所要求的一般义务，并在发生跨界损害的情况下，起源国必须建立和完善其国内法，以保证跨界损害的受害者有进行法律救济的途径和法律依据，以确保其管辖或控制下的国际法不禁止的活动所引起的损害得到及时和充分的赔偿，即使该活动在其领土外，也应为受影响国的受害者主张其利益救济提供合理的渠道和方式，而不应使其救济主张无从行使。

其次，起源国应当设立并启动应急处理机制，在较短的时间内消除跨界损害的不利影响，对受害者施以积极的救济，包括积极履行通知和磋商[③]、采

---

① 林灿铃：《跨界损害的归责与赔偿研究》，中国政法大学出版社 2014 年版，第 125 ~ 129 页。

② 林灿铃：《跨界损害的归责与赔偿研究》，中国政法大学出版社 2014 年版，第 286 页。

③ 通知和磋商的义务是指在跨界损害事故发生或可能发生时，起源国首要应当履行的基本义务是应当尽快通知受影响国并采取相关磋商行为。

取预防措施[①]、给予紧急援助[②]等相关义务。

上述义务构成起源国有关跨界损害损失分担的一般义务，起源国应严格履行，未严格履行上述义务造成或扩大跨界损害损失的，起源国将承担过错责任，构成传统国家责任法项下因发生不法行为而导致的国家责任。

三、国际投资所致环境损害的国家责任之具体构成要件分析

国际投资行为也可以划分为两种情形：一是构成国际不法行为的国际投资行为；二是属于国际法不加禁止行为的国际投资行为，在区别上述两种情形后，再分别分析其导致环境损害情况下的国家责任。

（一）国际投资构成国际不法行为情形下的国家责任要素分析

一国的境外投资构成一国之国际不法行为应满足主观和客观两个要素。[③] 对于该国际投资行为，不能因为该国的国内法把该行为定性为合法行为而影响其认定，应根据国际法作出判断。

投资国违反了其在国际法规定下关于环境保护的初级义务，将导致国际不法行为带来的国家责任。参考国际海洋法法庭第 17 号咨询意见案，担保国的责任是由于其没有履行《海洋法公约》和有关法律文书项下的义务，其承担责任的条件是：(1) 担保国没有履行其在《海洋法公约》下的责任；

---

① 采取预防措施义务要求起源国本着风险防范的态度，遵循预防性原则，提前采取积极性措施避免损害后果的发生。起源国对其管辖或控制下的域外投资活动应进行规范，对其可能在东道国产生跨界损害的风险保持警惕，提前采取预防性措施，在发生损害的情况下立即采取必要的应急救济措施，对受害者和受到损害的环境进行施救，以减轻损害后果。

② 紧急援助的义务是指在跨界损害发生或可能发生的情况下，起源国利用其在信息、技术、资金方面的优势，迅速建立和采取应急措施。紧急援助义务应是起源国应采取的行为，以展现起源国作为负责任的国家主体之担当。反之，如果起源国一味推诿否认自身的紧急援救义务，不但会产生不利的名誉风险，而且将产生违反紧急援助义务的国际法不当行为，进而引发更严重的国家责任。

③ 包括：(1) 境外投资行为依国际法归于该国；(2) 该境外投资行为构成该国国际义务的违背。

(2)发生损害。担保国失于履行其尽责义务并因此承担责任要求在未履行尽责义务和损害之间存在因果关系,该因果关系应是客观存在的,而非推定的。①

在投资国所管辖或控制的境外投资行为涉及危险废物越境转移及处置的情况下,应区别危险废物越境转移及处置是否违反国际法的规定。在此所依据的法律可适用1989年《控制危险废物越境转移及其处置巴塞尔公约》的规定,而非任一国家的国内法。出口国对于危险废物或其他废物的越境转移,负有通知相关国家的义务。② 如果出口国违反上述通知义务,在没有获得相关国家同意或通过欺诈方式获得相关同意情况下,构成了不法行为,其所进行的危险废物越境转移将构成非法运输。③

无论是进口国还是出口国都有义务和责任采取适当的国内立法,防止和惩办非法运输。④ 在发生非法运输危险废物越境转移的情况下,出口国和进口国都有采取补正行为以防止发生环境损害的义务和责任。对于出口国而言,其应于得知非法运输后30日内或经商定的其他期限内采取措施使出口者或产生者或必要时由出口国自己运回出口国,或者按照《控制危险废物越境转移及其处置巴塞尔公约》的规定另行处置。⑤ 相关国家对此应进行必要的合作。⑥

---

① *Responsibilities and Obligations of States with Respect to Activities in the Area*, *Advisory Opinion*, 1 *February* 2011, *ITLOS Reports* 2011, p. 10.

② 《控制危险废物越境转移及其处置巴塞尔公约》第6.1条和第6.2条,出口国应书面通知或要求废物产生者或出口者通过出口国主管当局的渠道书面通知有关国家的主管当局。在收到通知后,进口国有义务书面答复通知者,表示无条件或有条件同意转移、不允许转移,或要求进一步资料。

③ 《控制危险废物越境转移及其处置巴塞尔公约》第9.1条规定,下列情况的危险废物或其他废物的越境转移被定性为非法运输,包括:(1)没有依照本公约规定向所有有关国家发出通知;(2)没有依照本公约规定得到一个相关国家的同意;(3)通过伪造、谎报或欺诈而取得有关国家的同意;(4)与文件所列材料不符;(5)违反本公约以及国际法的一般原则,造成危险废物或其他废物的蓄意处置(如倾卸)。

④ 《控制危险废物越境转移及其处置巴塞尔公约》第9.5条。

⑤ 《控制危险废物越境转移及其处置巴塞尔公约》第9.2条。

⑥ 《控制危险废物越境转移及其处置巴塞尔公约》第9.3条。

国际投资行为由于涉及跨境出资，其出资的方式具有多样性，实物出资也是其中一种出资方式。在一国跨境投资涉及过剩产能转移的情况下，无论是作为实物出资的财产还是作为原材料供应的物品，都可能涉及危险废物越境转移。因国际投资而设立的跨国企业，在运营过程中也可能产生危险废物并涉及越境转移。就上述国际投资引发的危险行为，1989年《控制危险废物越境转移及其处置巴塞尔公约》规定了出口国所应承担的通知义务。发出通知者对危险废物越境转移所造成的损害负严格赔偿责任，直至进出口的处置者接管有关废物时为止，其后则由处置者对相关损害负赔偿责任。出口国违反上述预防性原则相关一般义务的，可能构成违反公约的国际不法行为。

1999年《危险废物越境转移及其处置所造成损害的责任和赔偿问题议定书》对于危险废物越境转移及其处置产生的责任和赔偿问题进行了规定。根据过失赔偿的原则，损害者对其造成的损害（包括对其故意、疏忽或轻率的不当行为或不作为而造成的损害）承担过失赔偿责任。如果出口国或进口国由于其公务员或代理人的过错行为导致损害，产生了国家责任，那么其应根据其关于公务员和代理人赔偿责任的国内法律承担责任。[①] 在损害者和受害者互有过失的情况下，受害者应对其自身过错部分负责，从而相应减少或取消损害者的赔偿。[②]

对于非法运输危险废物行为导致国家责任的，各国根据一般国际法中有关国家责任方面的规则享有权利并承担义务。[③] 尽管《危险废物越境转移及其处置所造成损害的责任和赔偿问题议定书》没有对国家该如何根据一般国际法中的国家责任给出具体指引，但不容否认的是，其明确了国家对于危险废物越境转移及其处置所造成损害是不能完全摆脱责任的，而应根据一般国际法中有关国家责任方面的规则承担相关义务和责任。这里的一般国际法应既包括类似特雷尔冶炼厂的国际法案例，也包括《国家对国际不法

① 《危险废物越境转移及其处置所造成损害的责任和赔偿问题议定书》第5条。

② 《危险废物越境转移及其处置所造成损害的责任和赔偿问题议定书》第9条。

③ 《危险废物越境转移及其处置所造成损害的责任和赔偿问题议定书》第16条。

行为的责任条款草案》《预防跨界损害条款草案》《损失分担原则草案》等相关内容。

中国投资者所进行的境外投资行为可能构成国际不法行为。《关于进一步引导和规范境外投资方向的指导意见》中禁止开展的境外投资即包括中国缔结或参加的国际条约规定禁止的境外投资。境外投资项目如违反有关国际条约或协定,监管机关应作出不予核准或备案的决定。实践中,存在企业境外投资行为违反国际条约或协定的情形。例如,联合国安理会于2017年8月一致通过2371号决议,对朝鲜实施经济制裁。[①] 其制裁措施范围也涵盖了国际投资,各国须禁止由本国国民在朝鲜或在本国境内与朝鲜企业或个人新设立合资企业或合作实体,或通过增资的方式扩大现有的合资企业,而无论它们是为了朝鲜政府还是代表朝鲜政府行事,但合资企业或合作实体事先已由委员会根据个案情况批准的,不在此列。中国商务部也随之发布了《关于执行联合国安理会第2371号决议禁止同朝鲜新设合资合作企业和追加合资企业投资的公告》,对违反联合国第2371号决议对朝鲜投资和现有投资的增资申请不予核准。实践中,如果中国企业,尤其是国有企业,违反上述联合国安理会决议进行了相关对朝鲜的境外投资,则可能构成违反国际法的不法行为,并进而导致国家责任。

(二)国际投资作为国际法不加禁止行为情形下的国家责任要素分析

《预防跨界损害条款草案》就国际法不加禁止行为所导致的国家责任,适用于存在风险且可能通过物理性后果导致重大跨界损害的国际法不加禁止行为。《损失分担原则草案》将“危险行为”(hazardous activity)定义为存在可能导致重大损害的风险的行为。在国际投资行为给投资所在地的东道

① 实施的经济制裁包括禁止朝鲜出口煤、铁和铅等矿石产品和海产品。

国带来危险行为①的情况下，可能引发跨境损害，即国际投资行为在起源国之外的其他国家管辖或控制的领域或其他地方造成的损害，无论起源国与受影响国是否拥有共同的边界。

就国际投资而言，大多数属于国际法不加禁止的行为，其导致跨境损害进而导致国家责任的要素应包括：(1)存在可归责于国家的国际法不加禁止的境外投资行为，不论是由国家进行还是经国家授权进行抑或受国家指挥或控制；(2)该境外投资给其他国家造成重大损害，包括其领土或其管辖或控制范围内的重大损害，无论本国与其他国家是否有共同边界。另外，还应考察是否存在国际法明确规定的投资国应承担的责任，或者根据国际法原则由投资国的经营者负担赔偿责任不足以赔偿损失而应由投资国分担的赔偿责任。在缺乏明确国际法依据确定国家就跨界损害直接承担赔偿责任的情况下，如果来自投资国的经营者有能力负担全部赔偿责任，则可不追究投资国的赔偿责任。如果来自投资国的经营者没有能力负担全部赔偿责任，则基于公平正义原则、损失分担原则和责任集中于国家原则，可要求投资国分担其经营者无力承担的赔偿责任部分。

以国际投资中涉及危险废物越境转移为例，在投资国所管辖或控制的境外投资行为涉及危险废物越境转移及处置且前述行为不属于非法运输的情况下，适用严格赔偿责任和过错赔偿责任的混合责任制。当国际投资中涉及危险废物越境转移，发出通知者对危险废物越境转移所造成的损害负严格赔偿责任，直至进出口的处置者接管有关废物时为止，其后则由处置者对相关损害负赔偿责任。② 如果损害者存在过错行为，则损害者应承担过失赔偿责任。如果出口国或进口国由于其公务员或代理人的过错行为导致损害，应根据其关于公务员和代理人赔偿责任的国内法律承担责任。③ 如果上

---

① 《预防跨界损害条款草案》的适用范围则针对国际法不加禁止的、其有形后果有造成重大跨界损害的危险的活动，并对“造成重大跨界损害的危险”定义为包括造成重大跨界损害的可能性较大和造成灾难性跨界损害的可能性较小的危险。

② 《危险废物越境转移及其处置所造成损害的责任和赔偿问题议定书》第4.1条。

③ 《危险废物越境转移及其处置所造成损害的责任和赔偿问题议定书》第5条。

述损害应由两人以上承担赔偿责任，则索赔者有权向其中任一或所有责任者要求全额赔偿所造成的损害。①

在严格赔偿责任下，责任者的赔偿责任有赔偿限额，但该限额不包括管辖法院裁决应予支付的任何利息或费用。② 各国应通过其国内法律确定责任赔偿金限额。③ 在过错赔偿责任下，损害者不适用于前述任何赔偿金限额。④

上述责任人如能证明损害系由不可抗力等原因所致，可以不负赔偿责任。⑤ 另外，如果索赔请求自事件发生之日起10年后提出，或者于索赔者知悉有关损害之日起5年之后提出，也将因为超过时限问题而无法得到支持。⑥

为确保充分履行赔偿责任，责任者应通过保险和其他财务担保安排，包括保险、保证金或其他财务担保方式，用于承保其赔偿责任。国家为履行其赔偿责任，可通过自我保险的方式来履行其义务。⑦ 各国可利用各种现有机制采取补偿性措施。⑧ 同时，各国根据一般国际法中有关国家责任方面的规

---

① 《危险废物越境转移及其处置所造成损害的责任和赔偿问题议定书》第4.6条。

② 《危险废物越境转移及其处置所造成损害的责任和赔偿问题议定书》第12.1条。

③ 《危险废物越境转移及其处置所造成损害的责任和赔偿问题议定书》附件B赔偿金限额规定："(a)发出通知者、出口者或进口者对任何一次事件所承担的赔偿责任的赔偿金限额应为：(i)对不超过5吨（含5吨）的货运，不低于100万记账单位；(ii)对超过5吨、但不超过25吨（含25吨）的货运，不低于200万记账单位；(iii)对超过25吨、但不超过50吨（含50吨）的货运，不低于400万记账单位；(iv)对超过50吨、但不超过1000吨（含1000吨）的货运，不低于600万记账单位；(v)对超过1000吨、但不超过10,000吨（含10,000吨）的货运，不低于1000万记账单位；(vi)随后每增加1吨则另外增加1000记账单位，最多不超过3000万记账单位。(b)处置者对任何一次事件所承担的赔偿责任的赔偿金限额不应低于200万记账单位。"

④ 《危险废物越境转移及其处置所造成损害的责任和赔偿问题议定书》第12.2条。

⑤ 《危险废物越境转移及其处置所造成损害的责任和赔偿问题议定书》第4.5条规定，具体情形包括：(1)武装冲突、敌对、内战或叛乱行为；(2)属罕见、不可避免、不可预见和无法抵御性质的自然现象；(3)完全系因遵守损害发生所在国的国家公共当局的强制性措施；(4)完全系因第三者的蓄意不当行为，包括遭受损害者的不当行为。

⑥ 《危险废物越境转移及其处置所造成损害的责任和赔偿问题议定书》第13条。

⑦ 《危险废物越境转移及其处置所造成损害的责任和赔偿问题议定书》第14条。

⑧ 《危险废物越境转移及其处置所造成损害的责任和赔偿问题议定书》第15条。

则享有权利并承担义务。①

关于损害责任和赔偿问题,《危险废物越境转移及其处置所造成损害的责任和赔偿问题议定书》的规定符合跨界损害赔偿责任体系的一般设计,对于其他国际投资行为导致跨界损害的责任承担和赔偿可以类比扩展参考适用。在构建一般国际投资行为导致跨界损害的赔偿责任机制时,应考量以下要素:(1)国际投资者在实施国际投资行为时一般承担过错责任,在特殊领域承担严格赔偿责任,在承担严格赔偿责任情况下可设置责任者的赔偿限额;(2)发生特定情形下,可以减轻或免除责任者的赔偿责任,如受害者存在过错、不可抗力等,超过诉讼时效也可以导致赔偿请求者失去申请赔偿救济的权利;(3)责任者应通过保险和其他财务担保安排,包括保险、保证金或其他财务担保方式,来确保其拥有充足的赔偿能力;(4)国家承担补充赔偿责任,为履行其赔偿责任,国家也可通过自我保险的方式来履行其义务。

四、中国境外投资所致环境损害的国家责任分析和完善建议

关于中国境外投资,根据国家发改委于 2017 年 12 月发布的《企业境外投资管理办法》,境外投资的范围较广,投资方式无论是直接还是间接,只要境内企业获得了境外企业的所有权或经营管理权,都属于境外投资。② 另根据中国商务部于 2014 年 9 月 6 日发布的《境外投资管理办法》,商务部所监

---

① 《危险废物越境转移及其处置所造成损害的责任和赔偿问题议定书》第 16 条。

② 《企业境外投资管理办法》中境外投资是指中华人民共和国境内企业直接或通过其控制的境外企业,以投入资产、权益或提供融资、担保等方式,获得境外所有权、控制权、经营管理权及其他相关权益的投资活动,主要包括但不限于下列情形:(1)获得境外土地所有权、使用权等权益;(2)获得境外自然资源勘探、开发特许权等权益;(3)获得境外基础设施所有权、经营管理权等权益;(4)获得境外企业或资产所有权、经营管理权等权益;(5)新建或改扩建境外固定资产;(6)新建境外企业或向既有境外企业增加投资;(7)新设或参股境外股权投资基金;(8)通过协议、信托等方式控制境外企业或资产。

管的境外投资[①]仅针对非金融企业。结合本书所假设的中国企业海外矿业投资所致环境损害的案例,也应区分中国对外投资行为是构成国际不法行为情形还是属于国际法不加禁止行为情形,并分别进行分析。

(一)构成国际不法行为情形之分析

针对构成国际不法行为情形,如果东道国A国为朝鲜,根据联合国安理会第2371号决议,各国有义务禁止其本国国民或在本国境内与朝鲜企业或个人开设新的合资企业,或对现有合资企业进行增资。如果中国投资者Z国有企业在朝鲜的矿业投资的行为发生在联合国安理会第2371号决议之前,则不构成国际不法行为情形。如果中国投资者Z国有企业在朝鲜的矿业投资或增资的行为发生在联合国安理会第2371号决议之后,则构成国际不法行为情形。

中国商务部也已经发布了《关于执行联合国安理会第2371号决议禁止同朝鲜新设合资合作企业和追加合资企业投资的公告》。因此,从国内立法的角度而言,中国已经采取了国内立法措施来执行联合国安理会第2371号决议。如果中国政府知晓中国投资者Z国有企业违反联合国安理会第2371号决议在朝鲜的矿业投资或增资的行为,但没有制止,则存在中国政府就该国际不法行为承担责任的风险。相反,如果中国政府对Z国有企业违反联合国安理会第2371号决议进行投资的行为不知晓,则需要讨论Z国有企业的行为是否可归责于中国政府,可参见本章第二节之论述。

(二)属于国际法不加禁止行为情形之分析

针对属于国际法不加禁止行为情形,如果中国投资者Z国有企业在A国的矿业投资行为并不为国际法所禁止,则需要考虑下述因素:(1)中国投资者Z国有企业在A国的矿业投资行为是否可归责于中国政府,在此情况

① 《境外投资管理办法》中的境外投资是指在中华人民共和国境内依法设立的企业通过新设、并购及其他方式在境外拥有非金融企业或取得既有非金融企业所有权、控制权、经营管理权及其他权益的行为。

下需要讨论该海外投资行为是否代表中国进行或经中国政府授权进行或受中国政府指挥或控制。(2)中国投资者Z国有企业在A国的矿业投资行为是否造成A国领土或其管辖或控制范围或公域环境的重大损害。这里,关于重大损害的界定需要根据东道国法律规定和案件具体情况来分析,从国际法的角度尚缺乏统一明确的标准。(3)是否存在相关国际法明确规定由具有属人管辖权的中国承担责任,如果不存在,则根据国际法原则在中国经营者负担赔偿责任不足以赔偿损失的情况下是否应由中国分担赔偿责任。基于公平正义原则和损失分担原则,如果中国经营者在首先负担赔偿责任但仍然不足以赔偿受害者损失的情况下,出于"责任集中于国家"原则可根据国际法和惯例由中国以国家身份来分担赔偿责任,减少和补救给东道国带来的环境损害。

中国投资者Z国有企业在实施在A国的矿业投资行为时一般承担过错责任,在A国就矿业领域投资存在严格赔偿责任的特殊法律规定或国际法在该特殊领域存在关于严格赔偿责任特殊规定的情况下,中国投资者Z国有企业可能需要承担严格赔偿责任。在承担严格责任情况下,中国投资者Z国有企业可寻求依据A国法律或国际法是否可适用责任者的赔偿限额限制。

在发生针对中国投资者Z国有企业的赔偿请求案件的情况下,无论是在东道国还是在中国,中国投资者Z国有企业可以依据法律和事实情况,看是否存在申请责任免除或减轻的情形,如受害者存在过错、不可抗力等。在程序上,中国投资者Z国有企业可以检查受害者提出赔偿申请是否超过了诉讼时效。

为确保充分的赔偿责任保障能力,中国投资者Z国有企业可依据相关法律规定或在自愿的基础上,通过保险和其他财务担保安排,包括保险、保证金或其他财务担保方式,来确保其拥有充足的赔偿能力。就中国投资者Z国有企业实施在A国的矿业投资行为发生的跨界环境损害,中国政府应关注该中国投资者Z国有企业的域外投资行为是否会归责于国家。在发生跨界环境损害后果比较严重的情况下,中国政府可以依据相关国际法或公平正义的原则，提供国际援助，或承担补充赔偿责任。为履行国家的赔偿责任，中国也可通过自我保险或设立相关基金的方式来履行其义务。

（三）建立和完善针对中国境外投资行为环境损害的赔偿责任体系之建议

中国最高人民法院就审理环境侵权纠纷案例已经制定了相关司法解释，[①]要求污染者对环境污染损害承担侵权责任，并且该责任为严格责任，不考虑污染者自身是否存在过错，也不论污染者的排污行为是否符合国家或地方的排污标准。[②] 多个主体造成共同污染环境的，彼此间承担连带责任。[③] 然而，针对外国人是否可以作为中国企业境外投资环境损害的受害人在中国提起侵权责任赔偿案件，并没有明确的相关法规或司法解释。

中国《民事诉讼法》（2021 年修正）[④]规定，外国人可以在中国起诉，但受限于对等原则。[⑤] 由上可见，外国人可以作为中国企业境外投资环境损害的受害人在中国法院提起侵权责任赔偿案件，但受制于对等原则。

除对作为污染者的中国境外投资企业提起诉讼外，外国人是否可以作为中国企业境外投资环境损害的受害人对为中国企业提供融资的金融机构提起诉讼，也是一个重要的问题。《最高人民法院关于审理环境侵权责任纠纷案件适用法律若干问题的解释》将承担侵权责任的主体限定为污染者，被侵权人因环境损害请求赔偿的，首先就要证明污染者排放了污染物。作为向中国企业提供融资的金融机构显然不属于排放了污染物的污染者，因此

---

① 最高人民法院于 2015 年 6 月 1 日发布并于 2020 年 12 月 29 日修正了《最高人民法院关于审理环境侵权责任纠纷案件适用法律若干问题的解释》。

② 《最高人民法院关于审理环境侵权责任纠纷案件适用法律若干问题的解释》第 1 条。

③ 《最高人民法院关于审理环境侵权责任纠纷案件适用法律若干问题的解释》第 2 条。

④ 《民事诉讼法》（2021 年修正）第 2 条规定，外国人、无国籍人、外国企业和组织也可以在中国的人民法院起诉、应诉，并且同中国公民、法人和其他组织有同等的诉讼权利义务。

⑤ 《民事诉讼法》（2021 年修正）第 5 条规定，如果外国法院对中国公民、法人和其他组织的民事诉讼权利加以限制的，中国人民法院对该国公民、企业和组织的民事诉讼权利，也可以实行对等原则。

根据上述司法解释难以对其追究侵权责任。

中国目前针对环境侵权责任的法律制度与发达国家存在一些差异。如前所述,美国于 1980 年制定了 CERCLA,允许美国环保署清理受污染的场地,并迫使负责污染的各方进行清理工作或提供政府因清理工作而产生的费用。银行作为贷款人也可能根据 CERCLA 在下列情形下被认定为经营者或所有者承担责任:(1)在取消抵押品赎回权之前参与借款人的管理;(2)取消抵押品赎回权后拥有或经营该物业。中国可以加严对金融机构承担环境损害责任的法律规定,明确环保部门可以先行采取措施治理污染,并且由污染设施的所有者和运营者承担责任。

02

第二节

私人境外投资所致环境损害之国家归责

随着国际社会和国际法不断的发展,个人主体在国际法上的地位越来越重要,由“次级、派生”地位逐渐走向“一级、基本”的地位。[①] 国际投资大多数由作为私人主体的经营者进行,而非直接由政府机构进行。那么,作为私人主体的经营者的国际投资行为是否可归责于具有属人管辖权的投资国,是判断国际投资环境损害中国家责任的难点问题。

一、域外私人行为之国家归责

鉴于国家对其领域外具有该国国籍或有类似关系的私人行为所造成的损害须承担国际责任的事例越来越多,[②]域外私人行为之国家责任成为国际法需要讨论和解决的一个重要问题。

---

① 林灿铃:《浅析个人在国际法上的地位》,载《当代法学》1999 年第 2 期。

② 安藤仁介:《领域外私人行为的国家责任》,载《日本神户法学杂志》1980 年第 30 卷第 2 号。

(一)国家对域外私人行为负有责任之法律基础

国家对于域外私人行为承担责任的法律基础可从属人管辖权,通过税收、获取资源、技术和市场等手段自其所管理监督的域外私人行为获益等因素来解释。

1. 国家对于域外私人行为通过属人管辖权进行管理和监督

属人管辖权的基础在于私人所拥有的一国的国籍。[①] 对于拥有本国国籍的人,无论其在本国境内或境外,都受本国的管辖。对于作为国际投资者的公司国籍的确定,主要依据各国内国法律确定,包括法人成立地主义、[②]法人住所地主义、[③]公司控股股东国籍主义[④]和复合标准主义。[⑤]

中国公司法人国籍的确定即依照法人成立地来确定。[⑥] 根据中国的双边投资协定,确定缔约一方企业的国籍是看该企业是否按照该缔约方的法律来设立。[⑦] 一国对于具有其国籍的私人拥有属人管辖权,对该私人的行为,无论是在该国境内还是境外,都有权予以管理和监督。[⑧] 因此,对于进行海外投资的中国企业而言,基于该中国企业的成立地在中国境内,其法人国籍为中国公司法人国籍,受制于中国法律法规和相关监管机构的管理和监督。

---

① 周忠海主编:《国际法》,中国政法大学出版社 2017 年版,第 75 页。

② 法人成立地主义即按照公司法人依据哪国法律成立来确定其国籍。

③ 法人住所地主义即按照公司作为实际住所地的管理中心或营业中心所在国家来确定公司的国籍。

④ 公司控股股东国籍主义即按照公司控股股东的国籍来确定公司的国籍。

⑤ 复合标准主义即按照法人成立地主义和法人住所地主义两项标准来确定公司法人的国籍。

⑥ 中国《公司法》第 2 条:公司指依照中国《公司法》在中国境内设立的公司,包括有限责任公司和股份有限公司。

⑦ 参考 2012 年《中日韩投资协定》的规定,“缔约一方投资者”是指在缔约另一方领土内投资的缔约一方的自然人或企业,而其中“缔约一方的企业”是指依照缔约一方的适用法律法规组建或组织的任何法人或任何其他实体,无论是否以营利为目的,是否私有、由政府所有或控制,包括企业、公司、企业联合体、合伙、独资、合营、社团、组织。

⑧ 中国《公司法》第 5 条即要求公司从事经营活动,必须遵守法律、行政法规。

鉴于中国政府出台了规范中国企业海外投资的相关法规，中国对于域外中国企业私人行为可以通过属人管辖权进行管理和监督。这种监督管理权对于不同类型的企业也体现在不同的方面，对于私营企业主要体现在境外投资行为规范方面的监督和管理；对于国有企业则不仅体现在海外投资行为监督管理方面，还包括对国有企业主体决策方面的监督管理。应当说，国有企业在境外投资过程中出现域外私人行为归责于国家的可能性会更大，这取决国有企业在进行海外投资行为决策过程中政府所发挥的作用，国有企业自身是否依据市场情况独立决策。在发生域外投资行为导致环境损害的情况下，受影响国的政府和相关主体为了保证自身权益得到充分赔偿和保障，会主张域外中国企业受中国政府监督和管理，尤其是针对中国国有企业。这种风险值得从事境外投资的中国企业和其中国监管机构注意。

2. 国家可能通过税收、获取资源、技术和市场等手段自其所管理监督的域外私人行为获益

尽管私人的行为发生在其国籍国的境外，根据其国籍国的法律，可能依然负有向其国籍国纳税的义务，[①]包括居民企业的全球收入（无论来源中国境内或境外）。[②] 另外，域外私人行为还可能通过其经贸投资行为给其国籍国带来资源、技术和市场等方面的益处，有助于国籍国自身经济的发展。

风险与收益协调原则是跨界损害的重要归责原则之一。法律应当对高收益者、高风险的制造者设定相对应的法律责任。[③] 国家作为域外私人行为的受益者也应承担与域外私人行为相关的风险责任。在发生中国企业境外投资导致当地环境损害的情况下，受影响国和相关主体可能主张中国政府也要承担相关赔偿责任的理由之一，就是中国政府自中国企业海外经营中受益，这既包括中国企业汇回中国境内的利润可能向中国政府纳税，也包括国有企业将境外投资企业的利润汇回本国。关于股利所得税的情况，考虑

---

① 中国《企业所得税法》（2018 年修正）即将纳税企业分为居民企业和非居民企业。居民企业指依法在中国境内成立，或者依照外国（地区）法律成立但实际管理机构在中国境内的企业。

② 《企业所得税法》（2018 年修正）第 3 条。

③ 林灿铃：《跨界损害的归责与赔偿研究》，中国政法大学出版社 2014 年版，第 98 页。

到中国和受影响国之间可能存在的避免双重纳税的税收协定，需要具体情况具体分析。国有企业则受到归责于政府的压力更大，这不仅是因为存在税收，还因为在股权层面导致的股利收入和股份转让收入。区别于国有企业自身是中央企业还是地方国有企业，被主张归责的政府机构可能是中国中央政府或者地方政府。从风险与收益相协调的原则出发，相应在中国企业日常域外投资行为中受益的政府机构也很难在发生风险事件的情况下，主张自身完全不承担任何责任。因此，政府机构就有必要采取应对风险的预防管制措施和建立风险损害赔偿的机制。这些预防措施和赔偿机制在应对中国企业境外投资导致环境损害的风险时将发挥重要作用。

（二）域外私人行为国家归责之相关国际法规定

在核事故、外空活动事故和海洋石油污染事故等领域，已经存在明确的国际法规定，要求当事国对其所管辖私人的域外行为承担国家责任。例如，1962 年《核动力船舶运营者责任公约》第 3 条即规定，对于任何一个核事故，核动力船舶运营者对一艘核动力船舶的责任应限于 1500 万法郎，并应提供保证保险或其他财务担保。核动力船舶运营者的许可国应确保在保险金或财务保障不足的范围内提供必要的资金，直至上述限额，以支付核损害赔偿要求。在此，核动力船舶运营者的许可国明确被要求对其所管辖的核动力船舶运营者就核损害事故产生的赔偿责任承担差额补足的保证责任。《核动力船舶运营者责任公约》第 3 条进一步明确，上述保证并不要求任何缔约方或其任何组成的政府机构购买保险或提供其他财务担保，以承担将其作为核动力船舶经营者的责任。

在外空活动所产生的事故责任方面，1971 年《责任公约》考虑到从事发射空间物体的国家虽将采取种种预防性措施，但仍规定发射国[①]对其空间物体在地球表面，或给飞行中的飞机造成损害，应负有赔偿的绝对责任。[②] 应

① 发射国是指：(1)发射或促使发射空间物体的国家；(2)从其领土或设施发射空间物体的国家。

② 《空间物体所造成损害的国际责任公约》第 2 条。

当注意的是，发射国的范围是比较广泛的，不仅包括从其领土或设施发射空间物体的国家，还包括发射或促使发射空间物体的国家。在中国航天企业参与境外发射活动的情况下，存在中国政府被认定为发射或促使发射空间物体的国家的可能性，尤其是在相关中国航天企业是国有企业的情况下。一旦中国政府被认定为发射国，中国航天企业境外投资行为的后果就可能归责于中国政府。中国政府对其所管辖的中国航天企业域外发射空间物体在地球表面或对飞行中飞机造成境外其他国家国民或财产损害，将负有绝对赔偿责任。

在海洋石油污染方面，2001 年修订的《国际油污损害民事责任公约》第 7 条①明确要求，当事国登记的总吨位大于 1000 吨的船舶的登记所有人提供强制保险或经济担保后才能获得船舶相关证书。在此，船舶登记国虽然没有对船舶登记所有人所造成油污损害的民事责任承担直接赔偿责任或差额补足的保证责任，但负有义务通过签发证书的方式确保船舶登记所有人提供有效的强制保险或经济担保。

在缺乏明确国际法依据确定国家就跨界损害直接承担赔偿责任的情况下，宜根据公平正义原则、损失分担原则和责任集中于国家原则，由经营者首先负担赔偿责任，不足以赔偿受害者损失的，可由国家根据国际法和惯例分担赔偿责任。这对于国家而言，也是展示其作为负责任的国际法主体的重要方面。相比于受到跨界损害的民事主体而言，国家和受害者之间在承受损害的能力方面存在巨大的差异。在域外投资行为导致环境损害的情况下，起源国在衡量受影响国的民事主体遭受环境损害方面的不利影响时，也应考虑到自身与受影响国的民事主体在承受损害方面能力的差异，而不应漠视受影响国及其国民遭受的损害，简单将所有责任归咎于从事域外投资行为的本国企业。毕竟，域外投资企业承担赔偿的能力也是有限的，在发生

① 2001 年修订的《国际油污损害民事责任公约》第 7 条明确要求当事国登记的总吨位大于 1000 吨的船舶的登记所有人，须进行保险或诸如银行或类似金融机构的担保等其他经济担保，以承担登记所有人的污染损害责任，并且船舶登记国的有关主管当局需要在确定上述强制保险或经济担保要求得以符合后，才向每艘船舶签发证书，证明相关保险或其他经济担保有效。

重大损害的情况下，将不得不面临破产清算的结局。这使域外投资企业和受影响国的受害者都将遭受不利影响，而无法找到妥善解决问题的良策。

当然，除此之外，国家对于私人行为造成跨界损害承担责任的难度也会较大。跨界损害的赔偿问题主要面临两个方面困难：其一，大多数国家的国内法否定国家直接为私人行为承担责任；其二，当受害方为私人时，向国家求偿很可能因为地方保护主义的阻挠，最终无法保障利益的实现。① 尽管如此，存在难度不意味着没有国家责任这个问题。对于负责任的起源国，勇于面对问题和寻找解决问题的方法，才是真正的出路。因此，建立针对域外投资导致环境损害的有效预防措施机制和赔偿救济机制，也就显得非常迫切和重要。

二、中国境外投资所致环境损害之国家归责

（一）中国投资者和境外投资

中国的境外投资主要是通过各种形式的企业进行的，②这里的私人投资者指的是国家机构之外的投资者。参见《中日韩投资协定》中关于投资者的定义，③私人投资者主要包括企业和自然人。

1. 企业

企业④可划分为两种主要类型：国有企业和私营企业。

（1）国有企业

根据美国学者费里德曼的分类，国有企业可分为三类，包括由政府部门

① 雷缪蕊：《域外私人行为的国家责任》，载《发展研究》2009 年第 3 期。

② 2017 年全年，商务部和省级商务主管部门共备案和核准了境外投资企业 6172 家，其中备案 6122 家，核准 50 家。

③ 缔约一方投资者指的是指在缔约另一方领土内投资的缔约一方的自然人或企业。

④ 参见《中日韩投资协定》，缔约一方的企业是指依照缔约一方的适用法律法规组建或组织的任何法人或任何其他实体，不论是否以营利为目的，是否私有、由政府所有或控制，包括企业、公司、企业联合体、合伙、独资、合营、社团、组织。

控制的企业[①]、公法人[②]和国家部分或全部控制的商业公司。[③] 中国《企业国有资产法》也定义了国家出资企业的范围。[④] 综上,国有企业是指存在国家出资的企业,包括国家控制或参股但不控股的企业。

根据中国国务院国有资产监督管理委员会、财政部和国家发改委 2015 年发布的《关于国有企业功能界定与分类的指导意见》,国有企业可分为商业类国有企业[⑤]和公益类国有企业。[⑥] 它们都是独立的市场主体,经营机制要适应市场经济要求。

中国国有企业因其所有权性质和管理体制,导致其海外投资行为归责于中国政府的可能性大。尽管中国国有企业作为独立的市场主体,需要适应市场经济的要求独立运行,其在人事任命和资产处置权等方面在很多情形下需要由国资委及其地方机构行使相关权力,这容易导致该类国有企业被视为置于政府的管理和控制下,其行为可能成为可归责于国家的行为。[⑦] 对此,中国国有企业应尤其注意其境外投资行为是受国家指挥或控制,还是建立在市场化运作的基础上。从政府机构的角度,也应尽量按照简政放权的工作思路,减少对国有企业境外投资行为的直接干预,包括在管理层面的人事任命和公司运营层面的资产处置,否则,在遇到需要对国有企业境外投资所造成损害后果负责的指责时将难以提供有效的抗辩。

---

① 由政府部门控制的企业属于一般行政机构的一部分,没有独立的法人资格。

② 公法人属于根据法规或特许令设立的具有法人地位的公共机构,一般视为公法团体。

③ 国家部分或全部控制的商业公司受该国商法和民法调整,形式上与任何其他商业企业没有区别。

④ 包括国家出资的国有独资企业、国有独资公司以及国有资本控股公司和国有资本参股公司。

⑤ 商业类国有企业以增强国有经济活力、放大国有资本功能、实现国有资产保值增值为主要目标,按照市场化要求实行商业化运作,依法独立自主开展生产经营活动,实现优胜劣汰、有序进退。其中,主业处于关系国家安全、国民经济命脉的重要行业和关键领域、主要承担重大专项任务的商业类国有企业,要以保障国家安全和国民经济运行为目标,重点发展前瞻性战略性产业,实现经济效益、社会效益与安全效益的有机统一。

⑥ 公益类国有企业以保障民生、服务社会、提供公共产品和服务为主要目标,必要的产品或服务价格可以由政府调控;要积极引入市场机制,不断提高公共服务效率和能力。

⑦ 张乃根:《试析〈国家责任条款〉的"国际不法行为"》,载《法学家》2007 年第 3 期。

(2)私营企业

私营企业主要指由私人出资的企业,也有人称为民营企业。中国的法律体系中有提及私营企业,但尚没有明确的定义。相反,由于中国法律对于国有企业的定义比较宽泛,实践中也存在虽然由私人资本控制但存在国有资本参股的企业,仍处于国有企业监管范围之内。对于私营企业,虽然中国的社会制度为社会主义初级阶段的基本经济制度,但中国已经正式承认和认可私营企业的合法性和有益性。①

就私营企业,中国也不断出台相关法规,②对私营企业境外投资进行引导和规范。民营企业在境外投资中发挥着重要作用,其在境外投资过程中也被要求遵守中国和东道国的法律法规及相关国际条约和国际惯例,依法合规经营,做好针对境外投资和经营行为的风险防控措施,做好环境保护工作,避免因境外投资行为导致发生损害后果,最终实现民营企业境外投资又好又快发展。

私营企业境外投资行为同国有企业一样,受到起源国政府的监督和管理,尤其是重大境外投资行为。中国政府机构,如国家发改委或商务部,其对境外投资的监管并不明显区分国有企业或私有企业,而更关注境外投资

① 中国国务院于2005年发布《关于鼓励支持和引导个体私营等非公有制经济发展的若干意见》(国发〔2005〕3号),指出中国个体、私营等非公有制经济不断发展壮大,已经成为社会主义市场经济的重要组成部分和促进社会生产力发展的重要力量,要鼓励、支持和引导非公有制经济发展。《关于鼓励支持和引导个体私营等非公有制经济发展的若干意见》指出公有制为主体、多种所有制经济共同发展是中国社会主义初级阶段的基本经济制度。毫不动摇地巩固和发展公有制经济,毫不动摇地鼓励、支持和引导非公有制经济发展,使两者在社会主义现代化进程中相互促进,共同发展,是必须长期坚持的基本方针,是完善社会主义市场经济体制、建设中国特色社会主义的必然要求。改革开放以来,中国个体、私营等非公有制经济不断发展壮大,已经成为社会主义市场经济的重要组成部分和促进社会生产力发展的重要力量。积极发展个体、私营等非公有制经济,有利于繁荣城乡经济、增加财政收入,有利于扩大社会就业、改善人民生活,有利于优化经济结构、促进经济发展,对全面建设小康社会和加快社会主义现代化进程具有重大的战略意义。

② 国家发改委等于2012年发布《关于印发鼓励和引导民营企业积极开展境外投资的实施意见的通知》,国家发改委、商务部、人民银行、外交部和全国工商联于2017年联合发布《民营企业境外投资经营行为规范》。

行为的敏感性或重大性。当然,对于国有企业还要面临来自国资委方面的监管,这一点不同于私营企业。在人事任命、商业决策、资产处置等方面,私营企业一般并不直接受制于政府机构。因此,一般将私营企业的境外投资行为直接归责于起源国的难度较大。针对重大或敏感境外投资行为,[①]如涉及跨境水资源开发利用的境外投资行为,随着起源国政府对私营企业境外投资行为的干预和监管增强,将该类境外投资行为归责于起源国的可能性也随之增加。起源国政府也应重视这种风险,有效实施对该类重大或敏感境外投资行为的监管。

2. 自然人

自然人[②]也是投资者的一种主要形式。本书中,自然人指的是拥有中国国籍且有完全民事行为能力的人。对于自然人境外投资行为,可类比私营企业。一般情况下,将自然人进行境外投资行为归责于起源国的难度较大,除非其行为来自起源国政府的授权或指示。从监管的角度,对于自然人的境外投资行为相较于私营企业,起源国可能面临更大的监管难度和压力。然而,自然人在境外投资的现象却广泛存在,并且很多是在起源国有效监管范围之外的。在发生自然人境外投资行为导致损害的情况下,由于自然人的国籍原因,起源国并不能完全将自身置于任何责任范围之外。一旦发生了自然人境外投资导致重大环境损害的情况,对于起源国的声誉也将带来重大风险。因此,起源国应加大对自然人境外投资行为的指导和规范,做好风控措施和救济机制等工作,而不能简单地置之不理,发生损害事件后一推了之。

3. 中国境外投资

国家发改委于2017年发布的《企业境外投资管理办法》对境外投资进

① 例如,2017年国家发改委发布的《企业境外投资管理办法》规定需要核准的境外投资包括针对敏感行业的境外投资:(1)武器装备的研制生产维修;(2)跨境水资源开发利用;(3)新闻传媒;(4)根据中国法律法规和有关调控政策,需要限制企业境外投资的行业。

② 《中日韩投资协定》将"缔约一方自然人"定义为依据缔约一方的适用法律法规拥有该国国籍的自然人。中国《民法典》规定成年人为完全民事行为能力人。

行了定义。[①] 在此，中国境外投资指的是由中国企业或自然人以直接投资的方式或通过其控制的境外企业以间接投资的方式，通过投入资产、权益或提供融资、担保等途径，获得境外所有权、控制权、经营管理权及其他相关权益的投资活动。

应当注意到，境外投资的范围是比较广泛的，不仅包括权益投资，还包括提供融资和担保等方面。这将境外投资者的范围也相应扩大了，不仅包括直接实施境外投资行为的企业或自然人，还包括为境外投资行为提供融资或担保支持的银行、担保机构或保险公司等金融机构。因此，对于境外投资环境保护方面的规范，不仅要着眼于投资本身是否属于绿色投资或者对环境是否可能产生不利影响，还要从金融的角度判断其是否属于绿色金融。金融机构也应重视自身在境外投资中的角色定性，不仅从金融服务者的角度来看待境外融资支持行为，还要进一步从中国境外投资者的角度来看待其自身所参与的境外投资行为，并且从投资者的角度对自身行为加强规范和要求，重视境外投资行为对东道国环境方面的影响，关注环境影响评价和绿色金融等方面的要求。

（二）中国投资者境外投资的国家归责问题

投资者的境外投资可归属于一种私人行为，因此投资者境外投资产生国家归责的因素可以参考私人行为导致国家归责的考量因素。不论是领域内还是领域外的私人行为的国家责任，都可以认为是与国家传统的属地管辖权和属人管辖权概念相对应的。[②] 对于域外私人主体投资行为所造成的环境损害，起源国被归责并需承担责任的原因在于起源国对该私人行为进行了许可和监督，从而将其置于自己的控制之下。《国家对国际不法行为的责任条款草案》第二章专门论述了把行为归于一国。尽管该条款草案适用于国际不法行为，但关于私人行为归责于国家的考量因素也应适用于包括

① 境外投资是指中华人民共和国境内企业直接或通过其控制的境外企业，以投入资产、权益或提供融资、担保等方式，获得境外所有权、控制权、经营管理权及其他相关权益的投资活动。

② 林灿铃：《跨界损害的归责与赔偿研究》，中国政法大学出版社2014年版，第216页。

境外投资在内的私人行为,包括中国投资者境外投资的国家归责问题。

1. 投资者是否行使政府权力

投资者从事域外投资行为时,行使的是政府所赋予的权力,其行为将归责于起源国。[①] 在对外援助相关投资行为中,这一形式表现得较为明显。投资者在获得起源国授权的情况下,代表起源国实施对外援助等投资行为,如建设医院或其他基础设施。投资者本身并非基于商业原因或完全自愿从事对外援助投资行为,其资金和对外援助项目都是在起源国批准或授权的情况下实施的。如果在实施对外援助投资行为过程中发生损害事件,其行为后果将归责于起源国。即使投资者实施对外援助投资行为发生逾越权限或违背指示的情形,其行为仍将归责于起源国,被视为起源国的国家行为。

中国境外投资者如果由中国政府授权,其境外投资行为是在行使政府权力要素,则其境外投资行为可归责于中国政府。以对外援助为例,中国很多对外援助所产生的境外投资项目,是中国政府对其他国家采取的对外援助行为,其在实施过程中,可以通过授权具体企业来完成,但该具体企业是经中国政府授权并代表中国政府实施对外援助之具体行为,其后果责任应归于中国政府。2017 年,中国政府新承担各类援助项目 309 个,境内外培训各类人才近 15 万名,惠及 128 个国家和地区及国际组织。[②] 以上这些对外援助项目相关的境外投资行为,尽管可能会由具体企业来进行,但其行为应归责于中国政府。

2. 投资者的境外投资是否受到国家指挥或控制

如果投资者的境外投资行为受到起源国的指挥或控制,其行为也将被

---

① 根据《国家对国际不法行为的责任条款草案》规定,直接或经一国法律授权行使政府权力要素的个人或实体的行为可归责于国家。在授权情形下,须以该个人或实体在特定情况下以此种资格行事者为限,若其确实以国家授权之资格行事,即使发生逾越权限或违背指示的情形,其行为仍应视为国际法所指的国家行为。

② 《【2017 年商务工作年终综述之十一】积极开展对外援助,助力构建人类命运共同体》,载中华人民共和国商务部 2018 年 1 月 11 日。

归责于起源国。[①] 中国投资者,无论是企业还是自然人,无论是国有企业还是私营企业,只要其境外投资受到国家指挥或控制,该境外投资行为就可以归责于国家。这一问题在投资者属于国有企业的情况下,将显得更为明显。

(1)国有企业的境外投资是否受到国家指挥或控制

就国有企业而言,并不当然将国有企业就视为国家的组成部分,或一律认为所有国有企业都受到该国的指挥或控制,而是要具体情况具体分析,要看该国有企业具体的行为(包括其境外投资)是否受国家指挥或控制。在UAB v. Latvia案中,ICSID仲裁庭就负责提供公共供暖的两家市政公司的行为是否归因于东道国进行了论述。根据联合国国际法委员会关于国家责任的《国家对国际不法行为的责任条款草案》第5条,仲裁庭认为公司没有行使"政府权力的任何要素"。仲裁庭认为,"作为首要原则,市政当局负责组织区域供暖的事实并不足以将随后提供的这种供暖行为(无论由私人或半私人实体实施)转变为政府权力的行使。仲裁庭进一步审查了公司的行为是否可根据《国家对国际不法行为的责任条款草案》第8条归因于东道国,关键在于公司实际上是否按照东道国指示或在其指导或控制下行事。在仲裁庭的分析中,问题不在于国家是否对公司实行了一般性的控制,而是国家是否"指示、指令或控制"受质疑的行为。仲裁庭最终得出结论认为,尽管缺乏直接证据,但仍有足够的"间接证据"将公司的某些具体行为归咎于东道国。[②]

中国国有企业包括国有控股企业和国有参股企业,受国资委或其地方机构的监管,行使出资人的股东权利。[③] 尽管国有企业的境外投资受到国家指挥或控制的可能性较大,然而也并不因为该企业受中国政府一般性控制,就应将其海外投资行为归责于中国政府,而应看该企业具体实施的海外投

① 根据《国家对国际不法行为的责任条款草案》,如果某人的行为受到国家指挥或控制,实际上是在按照国家的指示或在其指挥或控制下行事,则该行为应归责于该国。

② *Investor-State Dispute Settlement*: *Review of Developments in* 2017, in UNCTAD official website.

③ 根据中国国务院办公厅2017年发布的《关于进一步完善国有企业法人治理结构的指导意见》,股东会是公司的权力机构,国资委或地方机构作为履行出资人职责的机构对国家出资企业依法享有股东权利。董事会是公司的决策机构,要对股东会负责,执行股东会决定。

资行为是否受中国政府的指示或控制。对于国有参股企业，要分析履行国有出资人职责的机构的持股比例和对企业经营管理的具体控制能力，来分析其海外投资是否受到国家的指挥或控制。正如在 UAB v. Latvia 案中，仲裁庭认为，问题不在于国家是否对公司实行了一般性的控制，而是国家是否"指示、指令或控制"受质疑的行为。

在 Beijing Urban Construction v. Yemen 案中，被告国也门政府认为，北京城市建设公司作为索赔人是国有企业，不具备"另一缔约方国民"的资格，其是中国政府的代表，其所从事的表面上属于商业活动的行为其实也是在履行政府职能。ICSID 仲裁庭认为，ICSID 争议解决机制不适用于作为国家代理人或从事政府行为活动的国有公司以申请人身份发起仲裁程序。但是，ICSID 仲裁庭最终认为，案件中作为申请人的北京城市建设公司既不是中国政府的代理人，也没有在被告国境内履行中国政府职能。在仲裁庭看来，也门政府的举证并不足以证明，北京城建在机场航站楼建设中以任何意义上的中国政府代理人的身份行事。最后，仲裁庭驳回了也门的主张，认为北京城建作为国有企业是适格的投资者，仲裁庭具有属人管辖权。①

另外，在中国黑龙江国际经济技术合作公司和其他人诉蒙古案中，被告国蒙古政府认为，索赔人不符合中蒙双边投资协定(1991 年)中"投资人"的资格，理由是他们没有动力谋取利润，没有完全独立于其所有者中国政府来经营，实际上是"中国政府的准工具"，"在中国政府的直接控制下，并在其明确指示下进行海外投资并服务于中国的外交政策目标"。联合国国际贸易法委员会的仲裁庭驳回了蒙古国这一论点，其在中蒙双边投资协定中没有发现根据投资者组织形式、商业目的、所有权或控制权对投资者施加限制的法律依据。相反，仲裁庭认为条约只要求投资者是"任何一种从事经济或商业活动的法人实体"。因此，仲裁庭认定中国国家直接或间接拥有北京首钢和中国黑龙江国际经济技术合作公司的事实与其在中蒙双边投资协定中是否作为"经济实体"的资格无关。仲裁庭并未发现任何证据证明被告国声称

---

① *Investor-State Dispute Settlement: Review of Developments in* 2017, in UNCTAD official website.

索赔人是“中国政府的准工具”,或是根据中国政府的明确指示行事。最终,仲裁庭的结论是,在本案中的三个索赔人都符合中蒙双边投资协定中的投资者资格。①

结合本书虚拟的中国投资者Z国有企业在A国进行矿业投资导致环境损害的案例,A国基于中国投资者Z企业为中国国有企业而要求中国政府应对其海外投资行为承担责任的主张并不能够完全成立。问题的关键不在于中国是否对Z国有企业实行了一般性的控制,而是中国是否“指示、指令或控制”Z国有企业在A国进行矿业投资的行为。如果Z国有企业在A国进行矿业投资的行为是在独立商业决策行为的基础上作出的,则不应将该行为归因于中国政府。如果该行为是在中国政府“指示、指令或控制”下作出的,则存在将该行为归因于中国政府责任的风险。因此,建立健全中国国有企业海外投资的市场化决策机制将是非常重要的话题。

(2)私营企业的境外投资是否受到国家指挥或控制

对私营企业而言,由于其在股权架构上不直接受国家控制,可以从具体境外投资行为角度来进行分析其是否在进行境外投资过程中受到国家指挥或控制。中国境外投资行为分为三类,包括鼓励类②、限制类③

---

① *Investor-State Dispute Settlement*: *Review of Developments in* 2017,in UNCTAD official website.

② 根据国家发改委、商务部、人民银行、外交部2017年发布的《关于进一步引导和规范境外投资方向指导意见》,鼓励开展的境外投资包括:(1)重点推进有利于“一带一路”建设和周边基础设施互联互通的基础设施境外投资;(2)稳步开展带动优势产能、优质装备和技术标准输出的境外投资;(3)加强与境外高新技术和先进制造业企业的投资合作,鼓励在境外设立研发中心;(4)在审慎评估经济效益的基础上稳妥参与境外油气、矿产等能源资源勘探和开发;(5)着力扩大农业对外合作,开展农林牧副渔等领域互利共赢的投资合作;(6)有序推进商贸、文化、物流等服务领域境外投资,支持符合条件的金融机构在境外建立分支机构和服务网络,依法合规开展业务。

③ 限制开展的境外投资是指限制境内企业开展与国家和平发展外交方针、互利共赢开放战略以及宏观调控政策不符的境外投资,包括:(1)赴与中国未建交、发生战乱或者中国缔结的双多边条约或协议规定需要限制的敏感国家和地区开展境外投资;(2)房地产、酒店、影城、娱乐业、体育俱乐部等境外投资;(3)在境外设立无具体实业项目的股权投资基金或投资平台;(4)使用不符合投资目的国技术标准要求的落后生产设备开展境外投资;(5)不符合投资目的国环保、能耗、安全标准的境外投资。其中,前三类须经境外投资主管部门核准。

和禁止类[①]。针对境外投资有两种监管模式：核准和备案。实行核准管理的是针对境外直接或间接投资的敏感类项目，[②]实行备案管理的是针对境外直接投资的非敏感类项目。[③] 由上面的法律规定可知，中国对于境外投资行为实行分类管理，区分鼓励类、限制类和禁止类，同时通过行政审批和备案程序对具体境外投资行为实行行政管理。

对于私营企业而言，境外投资国家鼓励类的行业是否构成其境外投资行为受国家的指挥，或者境外投资行为受制于监管机关的核准或备案是否构成其境外投资行为受国家的控制，这些有待于在具体案件中具体分析。其他可能产生影响的因素还包括，私营企业的境外投资行为是否得到国有金融机构的融资支持或保险支持，是否得到国家财政部门的政府补贴或其他优惠政策支持等。这些问题取决于私营企业境外投资行为受国家政府机关影响的程度，如果达到受国家指挥或控制的程度，则其可归责于国家，否则不可归责于国家。

(3)自然人的个人境外投资是否受到国家指挥或控制

对于自然人的个人境外投资，其与私营企业境外投资存在类似性。然而，应当指出的是，中国针对境外投资的监管体系主要是企业。[④] 因此，对于

---

① 禁止开展的境外投资是指禁止境内企业参与危害或可能危害国家利益和国家安全等的境外投资，包括：(1)涉及未经国家批准的军事工业核心技术和产品输出的境外投资；(2)运用中国禁止出口的技术、工艺、产品的境外投资；(3)赌博业、色情业等境外投资；(4)中国缔结或参加的国际条约规定禁止的境外投资；(5)其他危害或可能危害国家利益和国家安全的境外投资。

② 根据国家发改委发布的《企业境外投资管理办法》，实行核准管理的境外投资范围包括：(1)涉及敏感国家和地区的项目；(2)涉及敏感行业的项目。敏感国家和地区包括：(1)与中国未建交的国家和地区；(2)发生战争、内乱的国家和地区；(3)根据中国缔结或参加的国际条约、协定等，需要限制企业对其投资的国家和地区；(4)其他敏感国家和地区。敏感行业包括：(1)武器装备的研制生产维修；(2)跨境水资源开发利用；(3)新闻传媒；(4)根据中国法律法规和有关调控政策，需要限制企业境外投资的行业。

③ 非敏感类项目，是指不涉及敏感国家和地区且不涉及敏感行业的项目。

④ 例如，国家发改委发布的《企业境外投资管理办法》适用于企业的境外投资行为，包括各种类型的非金融企业和金融企业。境内自然人直接对境外开展投资不适用《企业境外投资管理办法》，但境内自然人通过其控制的境外企业在境外开展投资的，参照《企业境外投资管理办法》执行。商务部发布的《境外投资管理办法》也仅适用于在中华人民共和国境内依法设立的企业境外投资行为，不适用于自然人。

中国自然人境外投资是否会受国家指挥或控制，也应具体案件具体分析。鉴于中国境外投资监管法规体系对于自然人境外投资行为的监管较弱，将自然人境外投资归责于国家的难度应大于私营企业。尽管如此，中国应重视自然人境外投资导致环境损害所引发的声誉风险，因为其将被归类于中国自然人境外投资引发的损害，尤其是针对环境引发的重大损害。因此，中国政府有必要加强对中国自然人境外投资行为的引导和规范，加强关于环境保护方面的培训，降低和防范因中国自然人境外投资引发的环境损害的风险。

（三）中国境外投资环境损害国家归责方面之法律完善建议

就中国境外投资环境损害的国家赔偿责任法律制度，中国应对国有企业海外投资独立有效决策的法律制度、境外投资行为环境合规方面的法律制度等方面进行进一步完善。

1. 完善国有企业海外投资独立有效决策的法律制度

尽管现有国际法司法实践表明并不因为国有企业自身属于国有，就必然将其行为归责于国家，然而如果国有企业的海外投资行为受制于国家政府，则该海外投资行为可归责于政府。鉴于国有企业的特殊性质，实践中，中国的国有企业在进行海外投资的具体决策过程中不可避免地受到中国政府部门的监管。

针对中央企业境外投资，国资委作为主要监管机构已经制定了相关法规，①明确了中央企业②海外投资（包括境外从事的固定资产投资与股权投资）独立决策的要求，中央企业对境外投资项目要自主决策，重大境外投资项目要上董事会决策，中央企业独立承担相关责任。③ 国资委针对中央企业

---

① 中国国务院国有资产监督管理委员会于2017年1月7日发布了《中央企业境外投资监督管理办法》。

② 这里的中央企业是指国务院国有资产监督管理委员会代表国务院履行出资人职责的国家出资企业。

③ 《中央企业境外投资监督管理办法》第5条。

境外投资的监管，建立了负面清单基础上的分类监管政策，这是比较先进的符合简政放权发展主流的监管政策，对于特殊敏感类的领域设立禁止类和特别监管类境外投资项目。①

财政部也针对国有企业境外投资制定了相关法规，②要求国有企业针对境外投资做好公司治理工作，发挥好企业各职能机构［包括股东（大）会、党委（党组）、董事会、总经理办公会或者其他形式的内部机构］的作用，依法依规决策和管理。

由上可见，中国对于国有企业境外投资在从"管人管事"到"管资本为主"发生转变。国资委作为国有企业的监督管理部门主要从国有企业年度投资计划以及投资项目负面清单两个方面严格控制企业的投资方向。③ 在境外投资决策方面，国资委也鼓励从混合所有制的角度出发，吸引不同类型的机构主体（包括民间投资机构、东道国本地投资者、国际投资机构）参与境外投资项目的入股，做好风险分散工作，降低境外投资项目自身的风险。

关于国资委的负面清单，尚未见出台细则，目前国家发改委已经发布了《境外投资敏感行业目录》（2018 年版）可以供参考，其中将跨境水资源开发利用作为境外投资敏感行业，主要是指在流经两国或两国以上国境的河流上进行水资源开发利用的境外投资活动。关于境外投资方向和领域，中国政府还出台了相关法规，④明确对于不符合投资目的国环保、能耗等方面要求的境外投资项目要予以限制。这也突出强调了，中国投资者所实施的境外投资项目需要在投资前调研东道国关于环保、能耗等方面的法律法规，并

---

① 《中央企业境外投资监督管理办法》第 9 条，列入负面清单禁止类的境外投资项目，中央企业一律不得投资；列入负面清单特别监管类的境外投资项目，中央企业应当报送国资委履行出资人审核把关程序；负面清单之外的境外投资项目，由中央企业按照企业发展战略和规划自主决策。

② 中国财政部于 2017 年 6 月 12 日发布了《国有企业境外投资财务管理办法》。

③ 对于负面清单内禁止类的境外投资项目，国有企业不得投资；列入负面清单特别监管类的境外投资项目，则由国资委审核把关；负面清单之外的境外投资项目，由国有企业自主决策。另外，对于非主业境外投资的，也应当报送国资委审核把关。

④ 2017 年 8 月 4 日，经国务院同意，国家发改委、商务部、人民银行和外交部联合颁布《关于进一步引导和规范境外投资方向的指导意见》（国办发〔2017〕74 号）。

遵守东道国相关法规要求，否则不仅要在东道国承担相应违法的责任，在本国国内也可能产生相应的法律责任。一旦境外投资项目因为违规而被归责于中国政府，引发重大损害和赔偿，对于中国投资者在本国境内的责任追究也将是不可避免的。

对于国有企业的境外投资决策，在法律制度上已经确定了对于大多数负面清单以外项目，由国有企业按照企业发展战略和规划自主决策。实践中，由于涉及国有资产保值增值、绩效考核、审计等要求，仍然存在国有企业向国资监管部门请示汇报审核备案的诸多问题，需要进一步落实国有企业根据自身发展情况独立有效进行决策的机制，做好与政府行为的分离，以避免将其境外投资行为归责为国家行为。

2. 完善针对中国境外投资行为环境合规方面的法律制度

中国政府重视对外投资中的环境保护问题。商务部和原环境保护部早在 2013 年就针对对外投资合作中的环境保护问题专门出台了相关法规，①规范海外投资中的环境保护行为，包括申请东道国环境方面许可②、开展环境影响评价③、制定突发事故的应急机制④、建立报告沟通制度、投保环境污染责任保险等。

然而，针对中国境外投资行为，尤其是私人企业和自然人从事的境外投资行为，鉴于中国境外投资监管法规体系对于其境外投资行为的监管较弱，中国应重视本国国民境外投资导致环境损害所引发的声誉风险，尤其是针对环境引发的重大损害。因此，中国政府有必要加强对中国国民境外投资行为的引导和规范，加强关于环境保护方面的培训，降低和防范因本国国民境外投资引发的环境损害的风险。

---

① 商务部和原环境保护部 2013 年 2 月 18 日发布了《对外投资合作环境保护指南》，以指导中国企业规范对外投资合作活动中的环境保护行为，履行环境保护社会责任，支持东道国的可持续发展。

② 《对外投资合作环境保护指南》第 5 条。

③ 《对外投资合作环境保护指南》第 8 条。

④ 《对外投资合作环境保护指南》第 14 条。

另外,关于实施针对境外投资环境敏感领域项目,中国尚没有相关环境污染强制责任保险方面的法规要求。① 未来针对中国企业境外投资所需要的环境污染责任保险的落地实施,尚需要中国监管部门和保险公司市场主体共同努力完善。

在促进中国境外投资行为环境合规方面,应重视非政府组织等国际组织的力量。国内一些商协会或学会联合国际非政府组织正在这些方面做一些有利的探讨,如《"一带一路"绿色投资原则》,②其就如何实施"一带一路"中的投资项目、确保实现绿色投资提出了7条原则性倡议,发出了建设绿色"一带一路"、实现可持续发展的友好声音。③

应当认识到,目前已经出台的前述法规或指导意见针对中国企业境外投资的规定尚为原则性内容,对于企业而言可能缺乏落地可操作性,这一方面需要出台更具体、具有可操作性的实施细则;另一方面需要完善相应的市场服务机制和机构及产品,为中国企业境外投资实现合规提供制度和市场环境基础。

---

① 中国原环境保护部和原保监会于2017年6月7日发布的《环境污染强制责任保险管理办法(征求意见稿)》,其针对的环境污染强制责任保险的适用范围,目前仅针对在中华人民共和国境内从事环境高风险生产经营活动的企业事业单位或其他生产经营者,应当投保环境污染强制责任保险,不包括进行境外投资的中国企业。

② 2018年11月30日,中国金融学会绿色金融专业委员会与伦敦金融城共同发布了《"一带一路"绿色投资原则》,参与该原则起草的机构还包括"一带一路"银行间常态化合作机制、绿色"一带一路"投资者联盟、国际金融公司(IFC)、联合国责任投资原则(PRI)、保尔森基金会(Paulson Institute)和世界经济论坛(World Economic Forum)。该原则从战略、运营和创新三个层面提出了7条原则性倡议,内容包括公司治理、战略制定、风险管理、对外沟通以及绿色金融工具运用等,供参与"一带一路"投资的全球金融机构和企业在自愿的基础上采纳和实施。

③ 《中英共同发布〈"一带一路"绿色投资原则〉》,载人民网2018年12月2日。

第四章

国际投资所致环境损害之国家责任形式、分担机制与免责问题

在发生国际投资中环境损害的情况下，如果确定归责于国家，那么国家承担何种责任形式、是否建立损失分担机制、何种情形构成免责情形等，都是重要的问题。投资国因本国投资者境外投资行为中环境损害导致的国家责任形式，包括终止侵害行为、恢复原状、经济赔偿和赔礼道歉等。其中，国家赔偿责任应受限于实际发生的损害范围之内，并由经营者首先负担赔偿责任，不足以赔偿受害者损失的，可由国家根据国际法和惯例分担赔偿责任。投资国也可以就国际投资中环境损害的国家责任主张免责情形。例如，不可抗力、投资国已经采取了一切必要和适当措施，或损害是由于另一国重大过错或故意所造成的，等等。

01
第一节

国际投资所致环境损害之国家责任形式

一、国家责任的主要形式

传统国际法下国家责任主要针对的是一国发生国际不法行为的情况。《国家对国际不法行为的责任条款草案》①规定一国对其国际不法行为承担国际责任。《预防跨界损害条款草案》主要针对国际法不加禁止之行为。构成跨界损害国家责任需具备如下两个要件:一是存在国家的活动或其管辖或控制下的经营者的活动,不论是否为国际法禁止,不论活动发生在该国境内还是境外;二是该活动造成其他国家领土或其管辖或控制范围或公域环境的重大损害,不论本国与其他国家是否有共同边界。《预防跨界损害条款草案》对于国家责任的形式并没有作明确的规定。针对跨界损害所引起的国家责任,《损失分担原则草案》中针对国家责任的形式主要体现在损失赔偿的分担方面,要求起源国设立国家层级的产业基金用于承担补充赔偿责任,并在相关赔偿责任仍然无法弥补跨界损害的情况

① 联合国大会第五十六届会议于2002年1月28日根据第六委员会的报告(A/56/589和Corr.1)通过了《国家对国际不法行为的责任条款草案》。

下，起源国应确保提供额外足额的金融资源承担补充赔偿责任。

依据《国家对国际不法行为的责任条款草案》，国家责任的主要形式包括如下内容：

（一）终止侵害行为

《国家对国际不法行为的责任条款草案》第 30 条规定将停止和不重复作为国际不法行为的责任国的义务。[①] 责任国有义务停止相关国际不法行为，并确保不再重复发生该国际不法行为。这为责任国设置了自我反省和悔改的义务和机会，以重新调整其和其他国家的关系。作为减少损害扩大的及时措施，需要发生国际不法行为的责任国立即停止相关不法行为，并保证未来也不会重复发生该不法行为。

停止和不重复，应不仅适用于国际不法行为，也应适用于产生跨界损害的国际法不加禁止的行为，以避免跨界损害的扩大。对于由于持续性的国际法不加禁止行为产生的跨界损害，减少跨界损害的及时救济措施也需要实施跨界损害行为的责任国立即停止相关产生跨界损害的行为，并在必要情况下保证未来不再发生导致跨界损坏的国际法不加禁止行为。

（二）恢复原状

《国家对国际不法行为的责任条款草案》第 35 条规定责任国针对国际不法行为有恢复原状的责任。[②] 责任国有义务将受损害的环境恢复到国际不法行为发生之前的状态。然而，在恢复原状不具有可行性，或者恢复原状的负担相比利益过大时，则不宜要求国家承担恢复原状的责任，而应采取其他方式，如履行赔偿等责任。

---

① 停止和不重复义务包括：（1）在从事一项持续性的不法行为时，停止该行为；（2）在必要情况下，提供不重复该行为的适当承诺和保证。

② 恢复原状责任即恢复到实施不法行为以前所存在的状况，但恢复原状存在以下两个前提条件：（1）恢复原状并非实际上办不到的；（2）从恢复原状而不要求补偿所得到的利益不致与所引起的负担完全不成比例。

恢复原状的责任形式也可以适用于跨界损害行为。由于国际法不加禁止的行为导致其他国家领土或其管辖或控制范围或公域环境的重大损害,责任国应将恢复原状作为重要的责任方式。环境复原对于恢复受影响区域原有的环境生态至关重要,是其他金钱赔偿难以替代的。因此,对于跨界损害适用恢复原状的前提条件应该是谨慎的。当然,在环境复原不具有可行性的情况下,则不应强求恢复原状。然而,对于因为环境复原的成本较高就停止环境复原,则应非常谨慎。即使环境复原的成本较高、时间较长,也不应简单不做任何环境复原的救济措施,而应寻找更有效率的方式进行环境复原,并要求责任国对环境复原提供资金和资源上的支持。

(三)赔偿

赔偿是一种常见的重要国家责任形式。值得注意的是,《国家对国际不法行为的责任条款草案》第31条有关于赔偿(reparation)的相关规定,[①]其赔偿范围比通常意义上的经济赔偿的范围要广,赔偿的方式包括恢复原状(restitution)、补偿(compensation)和满足(Satisfaction)。考虑到恢复原状不仅指经济上的赔偿,还包括履行特定行为以实现恢复原状的目的,本书将恢复原状作为一种单独的责任形式。《国家对国际不法行为的责任条款草案》第38条还就利息进行了规定,[②]第39条规定在考量赔偿时还需考虑受害国或受害者的过错程度。[③] 在受害国或受害者就损害产生存在过错的情况下,可以相应减少起源国及施害者的赔偿责任。

赔偿也应适用于非国际法不当行为引起的跨界损害,对于国际法不加

---

① 责任国有义务对国际不法行为所造成的损害提供充分赔偿。损害包括一国国际不法行为造成的任何损害,无论是物质损害还是精神损害。这里的物质损害应既包括受害人的财产损害,也应包括对环境的损害。

② 要求责任国为确保充分赔偿,必要时应支付本金金额的利息,利息从支付本金金额之日起算,至履行了支付义务之日为止。

③ 如果受害国或受害者由于故意或疏忽因为其作为或不作为促成了损害的发生,应相应减少赔偿金额。

禁止行为造成的跨界损害可以通过赔偿的救济方式由责任国承担相关责任,对受害者、受影响国给予经济赔偿,弥补其相关损害。这对于平衡受害者与施害者之间、受影响国和起源国之间的权益是很重要的。确保受害者和受影响国就国际投资行为导致的环境损害及时充分得到赔偿,不仅对于受害者和受影响国自身利益恢复很重要,而且对于输出国际投资的起源国维持与受影响国的良好国际关系和其国际声誉也是很重要的。因此,在发生国际投资导致环境损害的情况下,起源国有必要及时跟进了解相关案件理赔情况,了解国际投资者是否有充分的赔偿能力。为确保受害者和受影响国获得充分的赔偿保障,起源国可以通过立法要求本国参与境外投资的企业或国民以保险或担保等方式为其实施的境外投资活动和项目提供财务增信措施,尤其是在环境敏感领域(如矿业、化工行业等),避免在境外投资行为导致发生东道国环境损害的情况下无力提供相应赔偿。针对可能发生的特别重大的环境损害情况,起源国自身有必要提供补充赔偿保障,履行负责任的起源国的义务和担当。

(四)赔礼道歉

赔礼道歉也是一种重要的国家责任方式。[①] 赔礼道歉也可适用于跨界损害。造成跨界损害的责任国应正视自身的行为,尽管其行为属于国际法不加禁止的行为,但由于该行为造成跨界损害,责任国对于受害者和受影响国的损失负有责任,其可以采取赔礼道歉的方式作为承担国家责任的形式之一,包括表示遗憾、正式道歉或其他合适的方式。责任国应正视自身的过错及其产生的不利影响,勇于正面面对和赔礼道歉。

---

① 《国家对国际不法行为的责任条款草案》第37条规定了满足(satisfaction),其规定一国际不法行为的责任国有义务满足该行为造成的损失,如果这种损失不能以恢复原状或补偿的方式得到赔偿。满足可采取承认不法行为、表示遗憾、正式道歉或另一种合适的方式。满足不应与损失不成比例,而且不得采取羞辱责任国的方式。

二、国际投资所致环境损害相关国家责任的形式

因国际投资行为导致的环境损害,也可以参照上述国际法项下国家的责任形式,包括终止侵害行为、恢复原状、经济赔偿和赔礼道歉等。对于国际不法投资行为导致的环境损害,责任国应承担直接责任。对于国际法不加禁止的投资行为,可由投资者或其相关运营者承担直接责任,由投资国承担补充责任。

(一)采取应急救济措施,终止侵害行为

在发生危险活动导致或可能导致跨界损害的事故时,起源国负有采取应急措施以减少或消除跨界损害的义务。《损失分担原则草案》原则 5 就应急措施进行了规定。[①] 起源国有义务就发生的紧急情况迅速通知受影响国,并采取应急措施减少损害后果。起源国需要和受影响国一起磋商并采取共同措施,有必要的情况下可寻求国际社会的帮助。

《预防跨界损害条款草案》中也规定了发生紧急情况下,起源国应负有的义务,包括紧急备灾义务[②]和紧急通知义务[③],起源国应采取必要的紧急备灾措施并将相关紧急情况迅速通知受影响国。起源国应急和援助的义务包括:(1)通知和磋商的义务;(2)采取预防措施和应急措施的义务;(3)紧急

① 当发生危险活动导致或可能导致跨界损害的事故时:(1)起源国应立即通知所有受影响国或可能受影响国,及跨界影响可能产生的结果;(2)起源国应在营运者适度参与的情形下,确保采取适宜的应急措施,并为此目的依赖使用最佳可得科学数据和技术;(3)起源国应在适宜的情况下与所有受影响国或可能受影响国进行磋商并寻求合作,以减少跨界损害的后果,并在可能的情况下消除该后果;(4)受跨界损害影响国或可能受影响国应采取所有可行措施,以减少并在可能的情况下消除该跨界损害的后果;(5)相关国家应在适当的情况下根据互相能接受的条件寻求相关国际组织和其他国家的援助。

② 《预防跨界损害条款草案》第 16 条紧急备灾规定,起源国应酌情与可能受影响国和有关国际组织合作,制订对付紧急情况的应急计划。

③ 《预防跨界损害条款草案》第 17 条通知紧急情况规定,起源国应毫不迟延地以可以使用的最迅速方式将有关某项活动的紧急情况通知可能受影响国并向其提供一切有关的现有资料。

援助的义务。[1]

由上可见，在国际投资项目导致环境损害发生或者可能发生的紧急情况下，投资国应当履行通知和磋商、采取预防措施和紧急援助的义务。[2] 起源国应严格履行这些义务，未严格履行上述义务造成或扩大跨界损害损失的，起源国将承担过错责任，构成传统国家责任法项下因发生不法行为而导致的国家责任。

关于中国境外投资，商务部、原环保部于2013年2月18日联合印发了《对外投资合作环境保护指南》，其中第14条就应急措施予以了规定。[3]《对外投资合作环境保护指南》所规定的采取应急措施的义务，主要是针对境外投资企业，要求其针对其境外投资行为做好应急措施准备，并通过保险或担保等方式合理分散跨境投资行为可能引发的环境损害风险。

在中国与其他国家签订的双边协定中，也有涉及跨界损害应急措施义务的相关规定。例如，中国和俄罗斯于2008年1月29日签订《关于合理利用和保护跨界水的协定》，约定双方就利用和保护跨界水过程中可能发生的

① 郭红岩：《跨界损害损失分担基本理论问题研究》，中国政法大学出版社2013年版，第319～333页。

② 通知和磋商的义务是指在跨界损害事故发生或可能发生时，起源国应当就引发事故的设施或活动、事故发生或可能发生的时间、地点、性质、有关跨界损害的特点和发展趋势、已采取或计划采取的预防措施等尽速通知可能受影响国，并磋商可能的防止损害扩大及减少损害的办法。通知和磋商的义务是在发生跨界损害的情况下，起源国首要的基本义务。国际习惯法还赋予了起源国采取预防措施和应急措施的义务，起源国有义务对在其领土上或其管辖或控制下的活动保持警惕，随时准备尽力预防损害，在损害发生时，采取解决的应急措施，以现有最佳技术，减轻损害的影响。紧急援助的义务是指在跨界损害发生或可能发生的情况下，为了应对损害或损害的扩大，由起源国协同有关国家或国际组织对受影响国或可能受影响国提供资金和技术的紧急援助，迅速建立和采取应急措施，防止损害的发生或扩大。

③ 企业对可能存在的环境事故风险，应当根据环境事故和其他突发事件的性质、特点和可能造成的环境危害，制订环境事故和其他突发事件的应急预案，并建立向当地政府、环境保护监管机构、可能受到影响的社会公众以及中国企业总部报告、沟通的制度。应急预案的内容包括应急管理工作的组织体系与职责、预防与预警机制、处置程序、应急保障以及事后恢复与重建等。鼓励企业组织预案演练，并及时对预案进行调整，鼓励企业采取投保环境污染责任保险等手段，合理分散环境事故风险。

损害事故及时通报和磋商，共同采取必要措施，避免或减少损害后果。① 另根据中国与俄罗斯于2006年3月21日签署的《关于预防和消除紧急情况合作协定》，双方在预防和消除紧急情况时应相互合作，共同采取有效措施。② 上述跨界损害应急措施义务的相关规定可以在中国未来重新修订的双边投资协定中加以更广泛地应用。

对于终止侵害行为，针对引发环境损害的国际投资行为，应具体分析。如果国际投资行为本身已经经过环境影响评价和必要政府审批程序认定是合法进行的投资行为，引发环境损害的是其他风险因素所致（如员工操作错误），则这里所终止的侵害行为应指的是对引发环境损害存在因果关系的具体运营行为，且该行为应具有持续性。终止侵害行为并不意味着简单地终止全部投资相关行为，否则可能导致对投资者合法权益的侵犯，引发投资者与东道国之间乃至投资国与东道国之间的投资纠纷。

（二）恢复原状

在发生国际投资行为导致环境损害的情况下，恢复原状也是一种重要

---

① 《关于合理利用和保护跨界水的协定》第6条，突发事件处理，其约定按照双方事先商定的程序，相互通报在跨界水上修建的和拟建的可能导致重大跨界影响的水利工程，并采取必要措施，以预防、控制和减少该影响。如果发生突发事件，双方建立预防跨界水突发事件的必要信息通报、交换机制，并确保其有效运转，并应根据本协定以及2006年3月21日中华人民共和国政府和俄罗斯联邦政府《关于预防和消除紧急情况合作协定》，立即相互通报和交换有关信息，并采取必要和合理措施，消除或减轻突发事件引起的后果。

② 《关于预防和消除紧急情况合作协定》第5条合作方式，合作方式包括：（1）对危险的人为、生态过程及自然现象进行监控。（2）在预测和评估紧急情况发生的可能性及其对环境和居民构成的潜在威胁方面交流信息。（3）就组织培训群众在紧急情况来临时采取行动，包括如何进行自救交流经验。（4）就消除紧急情况提供相互援助。（5）开展互利科技合作，共同计划、制定和实施科研项目；交流科技资料和研究成果；交换信息、刊物、教材和其他资料、录像、照片及技术；组织联合会议、研讨会、工作会议、演习和训练；交换进修生、教师、学者和专家，为对方国家教学机构培训专业人才。（6）保证双方主管机关的相互协作；在配备技术、物资和装备方面提供相互援助。（7）鼓励国家机关、政府和非政府组织、其他法人和自然人间在预防和消除紧急情况领域开展合作。（8）必要时采取有力措施防止一方境内的紧急情况向另一方境内蔓延。（9）双方主管机关在预防和消除紧急情况领域开展其他活动。

的责任形式,以复原环境损害发生前的环境状态。即使环境复原的成本较高、时间较长,也不应简单地不做任何环境复原的救济措施。责任国应对受影响国的环境复原提供资金、资源、技术等方面的支持。

(三)经济赔偿

针对国际投资行为导致环境损害的赔偿范围,应包括如下内容:(1)人身伤害和财产损害,即国际投资导致环境损害进而造成相关区域居民的身体健康受损,相关财产(如农产品、养殖业等)的损害等;(2)消除污染和采取应急措施及其他相关措施的费用,即因国际投资导致环境损害而采取应急措施和其他相关措施以消除相关污染的费用;(3)修复资源环境的费用,即将因国际投资行为导致破坏的环境恢复至初始健康状态的费用,但该环境复原建立在具有实践可行性的基础上并且复原措施在合理的范围内;(4)后果性经济损失,如因人身伤害导致的收入损失,因企业停产导致的合理利润损失,因环境损害合理导致的收入减少等,这里需要注意致害行为和后果性经济损失之间的因果关系和相关经济损失的合理范围。

另外,如果受害国或受害者由于故意或疏忽的作为或不作为导致了国际投资环境损害的发生,在考量相关赔偿时应相应减少投资者和投资国的赔偿金额。

(四)赔礼道歉

在发生国际投资行为导致环境损害的情况下,当该国国民域外投资行为可归责于起源国,起源国可要求受影响国赔礼道歉。起源国应正视而非漠视该国国民域外投资行为的跨界环境损害后果,可以考虑通过表示遗憾、正式道歉或其他合适的方式进行赔礼道歉,勇于承担责任。

02
第二节

国际投资所致环境损害之损失分担机制

国际投资行为导致环境损害的分担机制,是指针对作为国际法未禁止的国际投资行为一旦对东道国环境造成损害的情况,为使受害者能够及时获得适当的赔偿,由多个实体(包括造成跨界损害的经营者、相关利害方以及在特定情况下的起源国等)根据一定的承担赔偿责任的原则和赔偿顺序,建立的分担受害者所遭受损失的赔偿责任的法律机制。从责任方的角度来看,损害赔偿并不完全由国家承担,原则上,经营者也应当承担赔偿责任。国家在经营者保险额不足以赔偿损失等情况下,在一定限额内分担赔偿责任。[①]

这里所探讨的损失分担机制仅适用于作为国际法不加禁止行为的国际投资行为,不适用于作为国际法不当行为的国际投资行为,后者应由国家依据相应国际法的规定承担直接责任。

① 林灿铃:《跨界损害的归责与赔偿研究》,中国政法大学出版社 2014 年版,第 6 页。

一、跨界损害之损失分担机制

国际投资所致环境损害之损失分担机制的理论基础主要是跨界损害的损失分担机制。

(一)跨界损害损失分担机制之法理基础

跨界损害损失分担的法理基础来自分配正义,在受害者、受影响国及施害者、起源国之间建立权益和风险分担的平衡,而不至于由占据主导优势地位的起源国和施害者攫取不均衡的过多利益。起源国承担补充保证责任是跨界损害损失分担的重要法律原则,也是跨界损害得以有效赔偿和救济的保障。

1. 分配正义是跨界损害损失分担的法理基础

跨界损害损失分担的伦理基础是可持续发展,使得各方利益在可持续发展的基础上实现利益均衡,既保证跨界损害的受害者利益得到充分及时的补偿,又不至于将施害者逼入破产清算的境地。分配正义从权利和责任分配及均衡的角度,要求对社会成员或群体之间的权利和义务、权力和责任进行最优的配置,而实现这一目标的最好途径就是通过损失分担的方式把损失分散给多数社会成员。

跨界损害损失分担不仅是为了对民事责任人行使矫正手段,还是为了实现分配正义,在不背离"污染者付费原则"的前提下,把给予受害者充分赔偿作为起点,逆向设计多重损失分担者的赔偿责任和赔偿义务。然后,针对每一层级的赔偿义务人如何履行赔偿义务,设计了具体的资金保证机制。如果处于第一序位和次级序位的赔偿义务人仍然无法满足跨界损害的赔偿要求,为保障跨界损害的受害者及时充分得到补偿,起源国有必要作为最后一层赔偿义务主体,承担补充赔偿责任。

2. 起源国承担补充保证责任是跨界损害损失分担的重要法律原则

国家主权原则决定了起源国自主管理其本国国民域外投资行为的权

力,然而不损害国外环境权益原则也要求起源国有效约束其所管辖或控制的域外投资行为,避免因为该等域外投资行为导致东道国发生环境损害事件。这也要求起源国需要对其所管辖或控制的域外投资行为产生的环境损害事件的不利后果承担责任,包括损失分担责任。

起源国一般在跨界损害中承担次位补充责任。就赔偿顺序的角度而言,造成跨界损害的经营者一般承担第一序位的赔偿义务,起源国承担最后序位的补充赔偿责任。从赔偿的履行方面来看,起源国的次位补充赔偿责任,也往往依赖于其自动履行,缺乏凌驾于起源国之上的司法机构所主导和实施的强制执行程序。

(二)跨界损害之损失分担机制

在跨界损害中,负首位赔偿义务者是民事责任人或者导致跨界损害活动的致害行为人;次位主体一般由相关受益者或潜在污染者构成;起源国是分担跨界损害损失的最后一个序位主体,履行国际赔偿责任。[①]《损失分担原则草案》旨在制定各国可接受的跨境损害损失分担机制,原则 3 指出其宗旨[②]在于确保对受害者及时充分的赔偿和保护环境。《损失分担原则草案》中对跨界损害损失分担机制进行了更详细的阐释。[③]

由上可知,跨界损害损失分担机制是指为确保跨界损害的受害者能够

---

① 郭红岩:《跨界损害损失分担基本理论问题研究》,中国政法大学出版社 2013 年版,第 50 ~ 52 页。

② 《损失分担原则草案》宗旨在于:(1)确保跨界损害的受害者及时充分地得到补偿;(2)一旦发生跨界损害情况下维护和保护环境,特别是减少对环境的损害及确保环境恢复或复原。

③ 参见《损失分担原则草案》原则 4(及时充分的补偿):(1)各国应采取所有必要措施以确保由于该国领土内或其管辖或控制下危险行为导致的跨界损害的受害者能够得到及时充分的补偿。(2)上述措施应包括运营者或者其他人或实体(如合适)承担责任。该等责任应不需要举证证明存在过错。如该等责任存在任何条件、限制或例外,应与《损失分担原则草案》原则 3 保持一致。(3)该等措施还应包括要求运营者或者其他人或实体(如合适)设立且维持财务担保,如保险、保函或其他财务担保,以确保覆盖赔偿请求。(4)适当情形下,该等措施应包括要求设立国家级别的产业基金。(5)如前述措施不足以提供充分的赔偿,起源国还应确保提供额外的财务资源支持。

及时充分得到赔偿而由各国应予采取措施实施的多层主体损失的分担机制,包括以下三层:(1)运营者或者其他人或实体(如合适)作为跨界损害损失分担机制的首层主体,承担无过错赔偿责任;(2)相关财务担保机构承担第二层赔偿责任,不仅包括运营者或者其他人或实体(如合适)安排的财务担保机构,如承担保险的保险公司、承担保函责任的银行或承担其他财务担保责任的机构,还包括国家级别设立的产业基金;(3)起源国承担最后一层的赔偿责任主体,确保就赔偿责任提供额外的财务资源支持。

二、国际投资所致环境损害之损失分担机制

跨界损害损失分担机制为国际投资国构建海外投资环境损害方面的救济机制提供了重要的指导意义。为了确保因本国投资者海外投资导致环境损害情况下受害者得到及时充分的救济,投资国可以与东道国积极合作,采取措施建立多层主体损失分担机制。

(一)国际投资环境损害的多层主体损失分担机制

在构建国际投资环境损害的多层主体损失分担机制中,应至少包括以下层次。

1. 投资者或其相关主体应承担首层赔偿责任

投资者或其相关运营主体作为国际投资行为直接参与者和实施者,对国际投资行为导致的环境损害应承担直接责任。为确保受害者得到及时充分补偿和环境的及时修复,投资者或其相关运营主体是否存在过错并非其承担赔偿责任的构成要件,可以实施无过错赔偿责任制度。这也符合《损失分担原则草案》原则4(及时充分的补偿)的要求,[①]上述措施应包括运营者或者其他实体或个人(如合适)承担责任,该等责任应不需要举证证明存在

① 《损失分担原则草案》原则4(及时充分的补偿)要求各国应采取所有必要措施以确保由于该国领土内或其管辖或控制下危险行为导致的跨界损害的受害者能够得到及时充分的补偿。

过错。上述首层赔偿责任的安排可以在东道国法律层面解决，由东道国通过本国立法规定投资者或其相关运营主体对国际投资行为导致的环境损害承担无过错赔偿责任即可。

2. 银行保险等相关金融机构承担第二层赔偿责任

投资者或其相关运营主体存在无力承担全部赔偿责任，或将因承担全部赔偿责任陷入经营困难的可能性，为避免这种情况发生，有必要引入银行或保险公司等金融机构，通过银行保函或保险等金融工具，在投资者或其相关运营主体承担赔偿责任的额度之外提供第二层补充赔偿责任。该种补充赔偿责任可以通过东道国立法来实现，也可以通过投资国立法来实现。投资国或者东道国也可以设立国家级别的产业赔偿基金，有针对性地承担第二层赔偿责任。

3. 投资国及其他相关国家承担最后一层赔偿责任

在前两层赔偿责任仍然无法及时充分补偿受害者和修复环境的情况下，作为对投资者拥有属人管辖权的投资国有必要作为最后一层的赔偿责任主体，确保就赔偿责任提供额外的财务资源支持。该层面的责任落实有赖于国际法文件的规定，或者习惯国际法的实践。投资国也可以从负责任投资国家的角度出发，主动承担最后一层赔偿责任，避免东道国受害者及其环境无法得到及时救济。投资国也可以与东道国及其他相关国家一起，通过协商建立多个国家主体共同参与的国家赔偿责任分担机制，有效化解重大环境风险和减少重大环境损害。

（二）中国对外投资环境损害的多层主体损失分担机制

中国针对本国对外投资行为，也需要建立针对环境损害方面的多层主体损失分担机制。跨界损害的赔偿并非由中国政府全部承担，原则上由中国对外投资者或其相关经营者负首层赔偿责任，银行保险等相关金融机构承担第二层赔偿责任，中国及其他相关国家承担最后一层赔偿责任。

结合本书第一章中国投资者Z国有企业海外矿业投资导致环境损害的虚拟案例，假设这一行为的责任在于中国政府，那么为使受害者所得到的救济能够充分及时，可由多重主体按照归责原则和确定的赔偿顺序，参照跨界损害损失分担机制承担A国受害者遭受损失的赔偿义务。

1. 跨界损害损失分担机制的首层主体——运营者

在中国投资者Z国有企业海外矿业投资导致环境损害的虚拟案例中，作为运营者的中国投资者Z国有企业由于其经营行为而给A国及其受害者造成损失，应予承担首要的赔偿责任。

2. 相关财务担保机构承担第二层赔偿责任

是否存在相关财务担保机构承担第二层赔偿责任，取决于是否存在承担保险责任的保险公司、承担保函责任的银行或承担其他财务担保责任的机构。例如，在本案中，如果Z国有企业就其海外矿业投资投保了相关保险，或者提供了相关履约行为的银行保函，则可以要求相关保险公司承担保险赔偿责任或者要求相关银行承担相关银行保函责任。

本案中，为中国投资者Z国有企业海外矿业投资提供金融支持的Y国有政策性银行，对Z国有企业的赔偿责任是否也承担赔偿责任，则需要根据相关法律规定来进行判定。例如，如果A国是美国，根据CERCLA，银行作为贷款人可能在特定情形下对经营者的行为承担责任，包括：(1)参与借款人的经营管理；(2)在取消抵押品赎回权后拥有或经营该物业。在本案中，如果Y国有政策性银行参与Z国有企业在美国矿业投资的相关经营管理，或行使相关抵押权后拥有或经营相关矿场，则应对Z国有企业的经营行为承担责任。反之，如果缺乏相关法律规定或事实，则难以判定Y国有政策性银行应对Z国有企业的行为也承担责任。

3. 中国政府及其他相关国家作为承担最后一层赔偿责任的主体

在假设中国投资者Z国有企业海外矿业投资行为可归责于中国政府的情况下，如果相关环境损害的确非常重大，中国政府及其他相关国家可作为承担最后一层赔偿责任的主体。

在此，应区分作为起源国的中国，其国际民事赔偿义务和国际赔偿责任。如果依据中国与A国的双边投资协定或其他国际法文件，中国需要就Z国有企业海外矿业投资行为所导致的损失承担民事赔偿义务，则中国应履行该双边投资协定或其他国际法文件项下的国际民事赔偿义务。如果不存在上述相关双边投资协定或其他国际法文件,则中国依然可能根据国际习惯法,作为国家主体对Z国有企业海外矿业投资行为所导致的损失承担国际赔偿责任。

三、中国境外投资所致环境损害的损失分担机制之完善

中国在境外投资环境损害的损失分担机制方面尚缺乏相关的立法制度,有待在跨界损害的受害者求偿法律机制、应急措施等法律规定方面予以完善。

(一)建立跨界损害的受害者求偿法律机制的义务

除了《损失分担原则草案》原则4以外,《损失分担原则草案》原则6(国际和国内救济)①及原则8(执行)②也明确了各国有建立跨界损害的受害者求偿法律机制的义务。起源国有义务设立针对跨界损害求偿的司法救济机制,使得遭受跨界损害的受害者有权在起源国提起国际赔偿请求,并且该司法救济机制应秉持国民待遇原则,在及时性和有效性方面使得受影响国的受害者所享受到的待遇不低于本国国民在类似案件中获得的司法救济权利和方式。在执行方面,起源国和受影响国应秉持国际合作原则,相互配合,

---

① 原则6(国际和国内救济)要求:(1)国家应使得其国内司法和行政机构拥有必要的管辖权和权力,确保该类机构可以就其境内或其管辖或控制的危险活动导致的跨界损害能够提供及时充分有效的救济;(2)跨界损害的受害者应在起源国得到救济,且该类救济的及时充分有效性不得低于起源国境内同类事故导致损害的受害者能够享受的救济;(3)上述第1段和第2段不得损害受害者寻求在起源国可得救济之外的其他救济措施;(4)国家可以提供寻求便捷、最小费用化的国际赔偿解决程序的途径;(5)国家应确保有适当的途径可以了解寻求相关救济的信息,包括赔偿请求。

② 《损失分担原则草案》原则8(执行)要求:(1)各国应采取必要的立法、监管和行政措施,以执行本原则草案;(2)本原则草案和相关执行措施应在非歧视的基础上(如国别、住所或居所)实施;(3)国家应和其他国家配合,以执行本原则草案。

在非歧视的基础上落实相关法律法规的贯彻实施。

就跨界损害受害者求偿的法律机制的内容，郭红岩教授认为包括两个方面：(1)适当的赔偿责任制度；(2)建立和完善保证受害者受偿的财务保证机制。[①] 林灿铃教授指出，“如果明确跨界损害赔偿能够通过有效的国内救济途径得以解决，并为此建立健全严格的诉讼制度、认证程序及执行机制，将不仅是司法救济作为对受害者权利保障的最后底线，也是跨界损害责任制度的关键所在”。[②]

综合上述内容，国家建立跨界损害的受害者求偿法律机制的义务应包括如下内容：(1)国家应采取立法、司法、行政等措施，发布相关法律法规及制度，做好财务制度上的保障，采取市场机制和国家补充补偿机制相结合的方式，建立有效的多层主体跨界损害损失分担机制，确保跨界损害的受害者能够及时充分得到赔偿；(2)国家应采取立法、司法、行政等措施，建立跨界损害的受害者在起源国寻求及时充分赔偿救济的程序和机制，且该救济权不得低于国民待遇标准；(3)国家应采取立法、司法、行政等措施，建立和确保可以了解寻求相关救济的信息的渠道和机制。

中国境外投资发生跨界损害导致中国承担起源国的民事赔偿责任，在外空活动责任制度领域，基本与其他国家是一致的。中国境外投资发生跨界损害导致中国承担起源国的补充赔偿义务，在跨界核损害责任领域尚缺乏明确的国际法或国内法依据。在油污损害领域，中国还不适用《油污基金公约》及其议定书，不参与设立国际油污损害赔偿基金。根据《损失分担原则草案》的相关规定，[③]中国就其境外投资可能引起的跨界损害，应积极履行建立受害者求偿法律机制的义务，完善针对中国境外投资跨界损害损失分担制度。

---

① 郭红岩：《跨界损害损失分担基本理论问题研究》，中国政法大学出版社 2013 年版，第 310 ~ 311 页。

② 林灿铃：《跨界损害的归责与赔偿研究》，中国政法大学出版社 2014 年版，第 354 页。

③ 起源国有义务建立为确保跨界损害的受害者能够及时充分得到赔偿而采取措施实施的多层主体损失分担机制，有义务建立跨界损害的受害者求偿法律机制。

除了上述特殊领域，中国也出台了其他有关境外投资环境保护方面的法律法规和政策文件。[①] 遗憾的是，上述法律法规没有明确提及跨界损害，更不用说跨界损害损失分担机制。中国针对本国对外投资行为，也需要建立针对环境损害方面的多层主体损失分担机制。跨界损害的赔偿并非由中国政府全部承担，原则上由中国对外投资者或其相关经营者负首层赔偿责任，银行保险等相关金融机构承担第二层赔偿责任，中国及其他相关国家承担最后一层赔偿责任。

在涉及国际投资环境损害的纠纷案件中，调解将是一种重要的纠纷解决方式。《关于建立"一带一路"国际商事争端解决机制和机构的意见》[②]提出推动建立诉讼与调解[③]、仲裁有效衔接的多元化纠纷解决机制。中国最高人民法院于 2018 年通过了《关于设立国际商事法庭若干问题的规定》，由最高人民法院设立国际商事法庭，[④]负责审理重大国际商事案件。[⑤]

相比于之前所提及的国际商事争议解决机制，ICSID 依赖于《华盛顿公约》，目前有 162 个缔约方；ECT 争议解决机制依赖于 ECT 及 ICSID、联合国

---

① 例如，2013 年 2 月 18 日商务部、原环保部联合印发《对外投资合作环境保护指南》，2017 年 4 月 24 日国家发改委、商务部、原环境保护部、外交部联合发布《关于推进绿色"一带一路"建设的指导意见》，2017 年 5 月 14 日原环保部发布《"一带一路"生态环境保护合作规划》。

② 该意见支持具备条件、在国际上享有良好声誉的国内调解机构开展涉"一带一路"国际商事调解，支持有条件的律师事务所参与国际商事调解，充分发挥律师在国际商事调解中的作用。关于调解书的执行问题，"一带一路"国际商事调解机构所出具的调解书，可以由有管辖权的人民法院经过司法确认获得强制执行力。

③ "一带一路"国际商事争端解决机制应发挥调解的重要作用，对于跨境商事纠纷，应由国际商事专家委员会根据当事人自愿原则先行调解，并制作调解书。

④ 国际商事法庭在受理案件后 7 日内，经当事人同意，可以委托国际商事专家委员会成员或者国际商事调解机构调解。当事人达成调解协议的，国际商事法庭可以依法制发调解书；当事人要求发给判决书的，可以依协议的内容制作判决书送达当事人。国际商事法庭作出的调解书，在当事人签收后即具有与判决同等的法律效力。

⑤ 根据《关于设立国际商事法庭若干问题的规定》第 2 条，国际商事法庭主要负责审理下列案件：(1) 当事人协议选择最高人民法院管辖且标的额为人民币 3 亿元以上的第一审国际商事案件；(2) 高级人民法院对其所管辖的第一审国际商事案件，认为需要由最高人民法院审理并获准许的；(3) 在全国有重大影响的第一审国际商事案件；(4) 申请仲裁保全、申请撤销或者执行国际商事仲裁裁决的；(5) 最高人民法院认为应当由国际商事法庭审理的其他国际商事案件。

委员会国际贸易法仲裁规则和斯德哥尔摩商会仲裁院等,而 ECT 目前有 52 个成员方;WTO 的 DSU 依赖于《建立世界贸易组织的马拉喀什协议》及其相关文件,目前 WTO 有 164 个成员方。中国目前的"一带一路"争议解决机制尚缺乏国际上有影响力的国际公约,因此相关的国际商事调解安排也由于缺乏国际公约的基础而适用范围有限。未来,中国境外投资国际商事争端解决机制可以依托亚洲基础设施投资银行、上海合作组织、金砖国家等机制而建立,吸收现有可用的争端解决资源,作为新机制的规则基础,并根据需要制定新规则,将新旧资源组合,形成新的规则体系。①

有效的跨境投资国际商事调解机制需要专业且得到广泛国际认可的国际商事调解机构提供业务支撑基础。目前最高人民法院组建国际商事专家委员会,为重大国际商事案件提供调解服务,但对于外国当事人而言存在缺乏独立性问题。同时,尚缺乏充分且有经验的调解员。②

关于调解书的执行问题,在中国国内尚主要依赖司法确认。"一带一路"国际商事调解机构所出具的调解书可以由法院经过司法确认获得强制执行力。最高人民法院国际商事法庭作出的调解书,在当事人签收后具有与判决同等的法律效力。然而,即使是获得中国法院司法确认的调解书,其如何获得跨境执行仍然是非常大的挑战。

未来,中国应制定关于国际商事调解的国内法律。中国目前关于调解的法律主要有 2010 年颁布的《人民调解法》及其相关法规。中国可以参照联合国国际贸易法会通过的《国际商事调解示范法》,建立针对商事调解的商事调解法。中国还应加入《新加坡调解公约》,这有利于"一带一路"国际商事争议调解所达成和解协议的全球有效执行。中国应鼓励和支持专业的国际商事调解机构参与"一带一路"争议解决,如"一带一路"服务机制国际商事调解中心,该调解中心具有民间性、独立性、国际性和非营利性等特点,

---

① 王琦:《"一带一路"争端解决机制的阐释和构建》,载《法学杂志》2018 年第 8 期。

② 根据最高人民法院 2018 年《关于聘任国际商事专家委员会首批专家委员的决定》和 2022 年《关于续聘国际商事专家委员会首批专家委员的决定》,国际商事专家委员会首批专家委员目前仅有 32 人,续聘也仅有 23 人。

拥有多名国内和国外富有经验的律师和专家作为调解员。

(二)采取应急措施的义务

在发生危险活动导致或可能导致跨界损害的事故时,起源国负有采取应急措施以减少或消除跨界损害的义务,这一点在《损失分担原则草案》和《预防跨界损害条款草案》中都有规定。中国与其他国家签订的双边协定①中,也有涉及跨界损害应急措施义务的相关规定。

中国在《对外投资合作环境保护指南》中也规定对外投资的企业对可能存在的环境事故风险,应制订环境事故和其他突发事件的应急预案。上述规定除了法律层级较低之外,内容也需要进一步完善。

在发生因中国对外投资导致东道国环境损害的情况下,就作为投资国的中国政府而言,应及时跟踪了解损害赔偿事件的进展,通过针对实施相应跨境投资行为的中国企业或个人的属人管辖权方面的优势,充分掌握相关情况和信息,并及时和受影响国进行沟通磋商,展示起源国对受影响国和受害者的利益关切。在必要的情况下,中国政府应积极向受影响国提供技术、资金、物资、人才等方面的支持和援助,协助降低环境损害的不利影响。这些内容可以在法律层面或者在中国未来重新修订的双边投资协定过程中予以反映。

① 例如,中国和俄罗斯于2008年1月29日签订的《关于合理利用和保护跨界水的协定》和2006年3月21日签订的《关于预防和消除紧急情况合作协定》。

03
第三节

国际投资所致环境损害的国家赔偿责任之免责情形

对于国家在国家投资中所造成环境损害的赔偿责任，在何种情形下可以免责也是一个很重要的问题。本节仍然是围绕投资国进行探讨。

在跨界损害责任理论体系中，国家责任的免责问题是被认可的。其当事者应包括国家责任、政府间国际组织、经营者责任和多重主体，并且由多重主体分担跨界损害损失比单重主体责任制度的赔偿更有利于保护受害者的利益。多重主体分担跨界损害模式的确立，使跨界损害赔偿由单一主体向多重主体转化，但这不意味着在国际环境保护中国家责任的削弱。然而也存在国家对损害的绝对责任在一定程度上被免除的规定，即起源国能够证明是由于求偿国或其代表的自然人或法人的重大过失或因它作为或者不作为故意造成的受害者全部或者部分的损害，或者是由于不可抗力造成的损害。①

尽管国家责任存在被免除的情形，这也必然对寻求免除责任的国家施以对应的举证责任，如果举证不能则需承

① 郭红岩：《跨界损害损失分担基本理论问题研究》，中国政法大学出版社2013年版，第186页。

担相应不利的后果。另外，上述事由免除国家责任也并不是绝对的，在具体分析与应用中，国际法对免责事项存在严格限制的总体倾向，以防止扩大解释可能带来的滥用风险。[①] 结合上述国家责任之主要免责情形，国际投资环境损害的投资国之国家责任免责情形分别分析如下。

一、同意或重大过错

《国家对国际不法行为的责任条款草案》将同意[②]作为国际不法行为的免责情形之一。例如，根据《维也纳外交关系公约》第 22 条，[③]接受国负有保护使馆馆舍不受侵犯的义务。然而，在大使馆发生火灾的情况下，接受国的消防队如果得到大使馆馆长的同意，进入大使馆扑灭火灾，则接受国自然不用承担违背"使馆馆舍不得侵犯"的国家责任。如果损害发生的原因在于另一国方面的重大过错或故意，也应可以减少或免除该国的责任。例如，1971 年 11 月 29 日联合国大会通过的《责任公约》第 6 条[④]就免除了发射国在请求国存在重大过错情况下的绝对赔偿责任。[⑤]

对于国际投资而言，其既受投资国通过属人管辖权进行管理和规范，又受东道国通过属地管辖权进行管理和规范。境外投资项目在东道国进行建设和运营，一般需要得到东道国政府的许可，所设立的境外投资公司需要获得东道国的商业执照或登记后才能运营。那么，是否因此可以以东道国政

---

① 张磊：《论国际法中国家责任的免除事由》，载《天津行政学院学报》2014 年第 2 期。

② 即一国以有效方式表示同意另一国实施某项特定行为时，该特定行为的不法性在与该国家的关系上即告解除，但以该行为不逾越该项同意的范围为限。

③ 使馆馆舍不得侵犯。接受国官吏非经使馆馆长许可，不得进入使馆馆舍。接受国负有特殊责任，采取一切适当步骤保护使馆馆舍免受侵入或损害，并防止一切扰乱使馆安宁或有损使馆尊严之情事。

④ 《责任公约》第 6 条规定，发射国证明全部或者部分损害是由于请求国或者其所代表的自然人、法人的重大过失造成的，或者是由于其故意作为或者不作为造成的，根据证明的程度免除发射国对损害的绝对责任。

⑤ 发射国应对其空间物体在地球表面或对飞行中的航空器造成的损害负绝对责任。

府知晓并且同意境外投资项目而主张免除投资国的国家责任呢？对于构成国际不法行为的境外投资，在受影响国表示同意的情况下，按照《国家对国际不法行为的责任条款草案》可以作为减少或免除该境外投资行为的不法性的抗辩理由之一。对属于国际法不加禁止的境外投资，东道国的同意应也能免除或减少东道国作为受影响国对投资国的追责，毕竟投资项目是在东道国的属地管辖范围内且经过东道国政府的许可才能建设运营。如果受影响国还包括东道国之外的其他国家，则其他受影响国可以因此追究投资国的国家责任。

另外，需要注意区别的是投资者投资行为本身和投资后运营行为。投资者完成投资后的运营行为多受东道国法律的管辖。对于投资者或其相关运营主体的运营行为造成当地环境损害的，也要具体分析上述运营行为是否已由东道国政府知悉并同意。如果上述运营行为违反东道国法律，则难以主张该运营行为得到了东道国政府的同意。如果东道国法律对相关运营行为没有法律规定，则要分析上述运营行为是否及时告知东道国政府。在举证责任方面，如果要声称得到了东道国的同意，则投资国及其所属投资者应承担举证责任。

在前述中国投资者境外投资项目环境污染案例中，如果境外投资项目经东道国政府许可同意进行建设和运营，并且经营行为不存在违反东道国法律法规之处，则可以视为该境外投资项目的建设和运营取得了东道国政府的同意，在发生环境污染事故后，应追究责任方的赔偿责任，但中国政府可以抗辩其不应因此承担国家赔偿责任。

二、不可抗力

《国家对国际不法行为的责任条款草案》中提到，不可抗力[①]也是针对国

① 即一国不遵守其对另一国国际义务的行为如起因于不可抗力，即有不可抗拒的力量或该国无力控制、无法预料的事件发生，以至该国在这种情况下实际上不可能履行义务，该行为的不法性即告解除。

际不法行为的免责情形。不可抗力的发生具有不可预见性、不可控制性和无法避免性,如地震、洪水、战争等事件。在发生不可抗力的情况下,将难以苛求一国继续严格履行其国际义务,对其违反国际法义务的行为将因不可抗力因素得以豁免。然而,《国家对国际不法行为的责任条款草案》第23条也规定了两种国家不能援引不可抗力进行免责的情形。①

联合国欧洲经济委员会于1992年发表了《工业事故跨界影响公约》②,不可抗力免责也与工业事故引起的跨界影响③相关规定相呼应。尽管《工业事故跨界影响公约》没有明确提到工业事故是由于无法控制的不可抗力导致的,并因此免除起源国的国家责任,但也可以看出国际社会在发生无法控制事件导致工业事故和损害情况下,对于起源国是否承担国家责任是抱着非常谨慎的态度的。当然,起源国并不免除针对避免发生跨界影响情况下的预防义务。同时,根据国际法的善意原则,发生工业事故的国家可以在突发工业事故对周边国家环境造成实际损害的情况下提供人道主义援助。④

针对国际投资,不可抗力也应是豁免该投资行为导致国家责任的情形之一。在发生不可抗力的情形下,投资国对境外投资导致发生的严重后果既没有过错,也没有必须承担国家责任的法律基础。然而,尽管如此,如果投资国出于道义等原因,自愿承担相关责任,自然也是允许的。另外,如果不可抗力的发生是由于投资国的行为单独导致或与其他因素一并导致的,则投资国在此情形下也难以不可抗力作为免责的理由。

---

① 《国家对国际不法行为的责任条款草案》第23条规定了两种不适用第一款不可抗力的情形:(1)不可抗力的情况是由援引此种情况的国家的行为单独导致或与其他因素一并导致;(2)该国已承担发生这种情况的风险。

② 《工业事故跨界影响公约》主要是规定一国采取立法、管理、行政和财务措施等手段,预防、准备和应对工业事故。《工业事故跨界影响公约》对于工业事故造成的损害所引起的赔偿责任仅规定支持缔约方做适当努力,制定有关赔偿责任的标准、规则和程序,而没有明确规定工业事故起源国的国家赔偿责任。

③ 跨界损害与跨界影响具有本质区别,跨界影响是指由于工业事故导致在事故发生地国管辖或控制范围以外地区或在另一国家管辖的范围内或造成的严重影响。

④ 林灿铃:《工业事故跨界影响的国际法分析》,载《比较法研究》2007年第1期。

在前述中国投资者境外投资项目环境污染案例中，若由于发生了不可抗力事件而引起了事故，如地震、洪水、战争等不可预测、不可控制、不可避免的事件，不应因此再追究中国政府的相应国家责任。

三、危难和危急情形

《国家对国际不法行为的责任条款草案》中作为解除行为不法性的情况还包括危难[①]和危急情况[②]等，并各自存在例外情形。[③] 当行为人所采取的行为是为了在危难之时挽救其自身或其所监护人的生命，或者起源国为了在危急情况下保护本国的基本利益且不严重损害国际社会的基本利益，可以寻求对其国际法不当行为的豁免。

对于国际投资，如果一旦发生严重后果，也可以考虑是否可以援引危难或危急情况予以豁免国家责任，并应注意各自情形下的例外情况。

在危难情形下，在前述中国投资者境外投资项目环境污染案例中，如果环境污染事件是中国投资者在发生危机时存在正当合理的理由造成的，例如，为了挽救自己的生命或他人的生命而必须采取的行为并且没有其他合理的方式来解决危机，那么在此情况下即使将中国投资者的行为归责于中国政府，中国政府的国家责任也将相应免除。然而，应当注意该危难情形应当是外在客观存在的，不应是中国政府的国家行为或中国投资者的行为单独或与其他因素一起所导致的，并且中国投资者采取的防止危难的行为不

① 危难，是指就一国不遵守该国国际义务的行为而言，如有关行为人在遭遇危难的情况下为了挽救其生命或受其监护的其他人的生命，除此行为之外，别无其他合理方法，该行为的不法性即告解除。

② 危急情况是指，一国不得援引危急情况作为理由解除不遵守该国某项国际义务的行为的不法性，除非该行为是该国保护基本利益，对抗某项严重迫切危险的唯一办法；而且该行为并不严重损害作为所负义务对象的一国或数国或整个国际社会的基本利益。

③ 危难免责情形不适用于：(1)危难情况是由国家单独援引或与其他因素结合援引的行为造成的；(2)有关行为可能造成类似的或更大的损害。危急情况的适用例外包括：(1)援引危机情况的可能性被有关国际义务排除；(2)该危机情况是由该国促成的。

应造成与危难情形类似的或更大的灾难。

在危急情况下,在前述中国投资者境外投资项目环境污染案例中,即使中国投资者的行为可归责于中国政府,如果相关行为的采取存在合法正当理由,例如该行为是为了保护中国的基本利益而采取应对特定严重紧急危险的唯一方式,并且该行为不严重损害中国所负义务对象的东道国或其他国家或整个国际社会的基本利益,则可以因此而要求免责。

然而,如果根据相关国际法的规定明确不得援引危急情况免责,或者上述危急情况是由于中国政府行为所导致的,在此情况下则中国政府无法要求免责。

四、已经采取了一切必要和适当措施

当一个国家采取了一切必要和适当措施,如果因该国所属私人行为导致另一国的国民或环境造成损害的,应当减少或免除该国的责任。例如,1982 年《海洋法公约》第 139 条将之作为减免国家责任的合法理由。[①] 国际海洋法法庭第 17 号咨询意见案中也明确,如果担保国已经采取了一切适当必要的措施以确保承包商有效地履行其义务,则可以免除担保国的责任,但该免责不适用于担保国未履行其直接义务的情形。[②]

参考《海洋法公约》第 139 条之规定,在国际投资实践中,如果投资国可以证明其已经采取了一切必要和适当措施,则应减少或免除其相关责任。因此而引起的一个重要问题是:何为“一切必要和适当措施”。这里恐难找到一个普适的标准,但可以适用国际实践中常用的标准。联合国责任投资

---

① 《海洋法公约》第 139 条规定,缔约方应有责任确保“区域”内活动,不论是由缔约方、国营企业或具有缔约方国籍的自然人或法人所从事者,一律依照本部分规定进行。缔约方或国际组织应对由于其没有履行本部分规定的义务而造成的损害负有赔偿责任,共同进行活动的缔约方或国际组织应承担连带赔偿责任。但如缔约方已采取一切必要和适当措施,以确保其担保的人切实遵守规定,则该缔约方对于因这种人没有遵守本部分规定而造成的损害,应无赔偿责任。

② International Tribunal for the law of the sea, *Responsibilities and Obligations of States with Respect to Activities in the Area*, *Advisory Opinion*, ITLOS Reports 2011, p. 10.

原则组织(UNPRI)提出了《责任投资的六条原则》,包括将ESG问题纳入投资分析和决策过程并适当披露。联合国全球契约也提出企业应支持采取预防措施应对环境挑战,采取措施促进更大的环境责任,鼓励开发和推广环保技术。在绿色金融方面,国际上存在《赤道原则》标准。这些既有的国际实践和标准可以作为衡量投资国政府是否采取"一切必要和适当措施"的判断标准。例如,投资国政府是否通过国内立法和行政监管措施对本国投资者境外投资纳入责任投资范畴进行规范,是否对国内银行对海外投资的项目融资纳入绿色贷款范围进行规范。

以中国投资者境外投资项目环境污染案例中的中国投资者和提供融资的银行而言,如果中国政府已经采取了上述相关立法和行政措施,则可认为其采取了"一切必要和适当措施",除非存在明确的国际法关于国家责任的规定,可以免除或减少其在中国投资者境外投资项目环境污染案例中的国家责任。在此情形下,中国政府可以主张已经采取了相应的措施对中国投资者的境外投资项目予以规范,已经起到了尽职管理的责任,如果再强加以国家赔偿责任,则会扩大国家对其国民域外投资行为的连带赔偿责任。

第五章

特定领域国际投资环境问题之国家赔偿责任

如果国际投资活动发生在核领域、外空活动或海洋石油运输等领域，鉴于在这些领域有相关国际法规定，应根据这些相应的国际法规定判断投资国是否存在国家赔偿责任。

01
第一节

核领域国际投资所致环境问题之国家赔偿责任

在国际投资者从事核领域的国际投资活动时，国家应当以加强对民用核活动管理的方式来履行合理的义务从而防止国境之间的核的损害，与此同时，国家还应当以行政许可的形式持续地对其进行监督和控制，以尽可能不侵犯其他国利益的方式来设计核紧急措施，制订国家最高水准的应对计划，并且应当在该国有管辖权的地方在采取核行为的同时，采取全部必要并且合理的措施。在满足直接义务的过程中，国家应当采取特定防范措施防止跨越国境的核的损害，其中包括向有关国际机构或者国家上交核的安全报告，在可能的最早的时间内通知核的事故并且提供紧急帮助。一个国家必须承担责任，如果该国不履行国家法律义务防止跨越国境的核的损害，相关主体和国家的责任应当根据国际法规定的核的事故的责任来判定。①

一、核领域环境损害之国家赔偿责任

核领域的民用投资活动由于其内在的风险性，为应对

① 哈丽思：《国家在民用核活动中预防跨境核损害的义务》，载《武大国际法评论》2015 年第 2 期。

该领域投资活动发生事故导致损害,有特定的国际法文件规范相应的赔偿责任,需要加以注意。

(一)核领域环境保护之风险

虽然核能给人们的生活带来很大的利益,但核事故也同时带来了极大的风险和责任。

2011 年,日本被 8 级以上地震袭击,导致了在福岛(Fukushima Daiichi)核电厂的事故。该厂是位于福岛工业区的世界最大的核电厂之一,含有 6 个反应堆,为日本首都东京和日本电网提供电能。反应堆的冷却单元因为地震导致的断电不能继续运转,并导致了反应堆爆炸。该次事故被评价为 4 级。日本东京电力公司预测对这次事故的赔偿额为 7.1 万亿日元,约合人民币 3600 亿元,但是实际全部赔偿额为 8.1 万亿日元。①

在历史上,最重大的核电站悲剧发生在 1986 年的切尔诺贝利(Chernobyl),当时该国际核能事故被评级为 7。本次事故发生在当年的 4 月末,相关负有过错的人员导致了不能预见的能量波动,其导致了安全壳爆裂,从而导致了严重的火灾,并且具有辐射性的裂变产品和尘土逃逸到了空气当中。大部分欧洲国家已经被具有辐射性的云严重影响,2005 年联合国、国际原子能机构、世界卫生组织和乌克兰等机构的联合报告显示,该事件死亡人数约为 9000 人,事故周围 6 万多平方千米的土地受到污染,数百万人受到核辐射侵害,一直到今天,影响也未曾终结。②

(二)核事故赔偿责任之国际法体系

研究核电领域环境损害的国家赔偿责任应从相关国际法体系开始。目前,核事故责任国际法律制度主要包括巴黎 - 布鲁塞尔公约制度、维也纳公约制度和 CSC 制度。1988 年《联合议定书》是巴黎 - 布鲁塞尔公约制度和

---

① 《日本福岛核泄漏:赔偿 7.1 万亿日元》,载中新网 2015 年 6 月 29 日。

② “全球十大严重核事故回顾”,载新华网 2011 年 3 月 18 日。

《维也纳公约》制度之间的桥梁。因核事故而损害第三方利益的条约的相似性是,所有核操作者都负有严格责任。[①]

1. 巴黎－布鲁塞尔公约体系

国际法中有关核事故责任规定的最早的法律文件即1960年7月29日由OECD原子能机构负责推进的《核能方面第三当事者责任公约》(以下简称《巴黎公约》)。[②] 1963年,巴黎公约的大部分参加国签署了《关于核能方面第三当事者责任巴黎公约的补充公约》(以下简称《布鲁塞尔补充公约》)[③],就发生严重核事故时《巴黎公约》所规定的赔偿责任可能出现不足的情形进行了补充规定[④](《巴黎公约》和《布鲁塞尔补充公约》及其修订书以下合称巴黎－布鲁塞尔公约体系)。

巴黎－布鲁塞尔公约体系在核事故责任体系方面主要规定了三级赔偿责任体系。根据《巴黎公约》及其2004年修订议定书,除其他另有约定外,各缔约方应通过国内立法将核能营运者有关核事故损害的赔偿责任规定为不低于7亿欧元。根据《布鲁塞尔补充公约》及其2004年修订议定书,各缔约方应确保核事故损害的赔偿责任达到15亿欧元,具体规定见表3。

表3　巴黎－布鲁塞尔公约体系在核事故责任体系方面三级赔偿责任体系

层级	赔偿额度	赔偿金来源
第一级	7亿欧元以内	营运者提供:营运者之核装置所在缔约方通过国内立法来确保营运者获取保险金或其他财务担保或公共基金来提供

① 林灿铃:《跨界损害的归责与赔偿研究》,中国政法大学出版社2014年版,第59页。

② 其后于1964年和1982年分别修订。巴黎公约于1968年4月1日生效,主要参加国为欧盟成员方。

③ 1963年,大多数参加《巴黎公约》的国家签署了《布鲁塞尔补充公约》,其中规定,在发生严重核事故时,《巴黎公约》可能存在责任缺陷(赔偿不足)。《布鲁塞尔补充公约》于1974年12月4日生效,《巴黎公约》半数以上缔约方(希腊、葡萄牙和土耳其除外)已加入《布鲁塞尔补充公约》(《巴黎公约》和《布鲁塞尔补充公约》,其修正案如下所称巴黎－布鲁塞尔公约体系)。

④ 《布鲁塞尔补充公约》于1974年12月4日生效,《巴黎公约》超过一半的缔约方(除希腊、葡萄牙和土耳其)都加入了《布鲁塞尔补充公约》。

续表

层级	赔偿额度	赔偿金来源
第二级	7 亿～12 亿欧元	核装置所在缔约方提供:营运者之核装置所在缔约方确保之公共基金提供
第三级	12 亿～15 亿欧元	各缔约方分担:通过各缔约方提供的公共基金

由上可见,在巴黎－布鲁塞尔公约体系下,国家责任之承担取决于核事故后果之严重性,主要出于弥补受害者损失之目的,作为二级和三级的补充责任承担方,分别由当事缔约方和所有缔约方通过公共基金形式来承担。该责任的性质不以国家之过错为前提条件,属于严格责任。

2. 维也纳公约体系

20 世纪 60 年代初,联合国国际原子能机构成员投票通过了 1977 年 11 月 12 日生效的《维也纳公约》。《维也纳公约》对所有非会员方开放,目前有 40 个成员方。1997 年修订了《维也纳公约》。

与巴黎－布鲁塞尔公约体系不同的是,维也纳公约体系没有规定不同级别的国家补充赔偿责任。1963 年《维也纳公约》第 4 条和第 5 条分别规定,管理人应当对其管理的核设备造成的损害承担绝对赔偿责任,该核设备所在国可以规定该责任管理人的赔偿责任应大于或等于 500 万美元。《维也纳公约》(1997 年)允许核设备所在国将管理者对核事故的责任限定为应大于或等于 3 亿提款权,过渡期间为 1 亿提款权。①

由上可见,维也纳公约体系将核损害责任的主体规定为核设施的运营者,运营者承担绝对责任,该责任的赔偿金额一般不低于 3 亿提款权。缔约方可以通过国内法律规定运营者承担少于 3 亿提款权(但不少于 1.5 亿提款权)的赔偿责任,在此情况下当事缔约方有义务补齐不足 3 亿提款权部分的

① 1997 年修订后的《维也纳公约》将运营者对于任一核事件的责任可由装置国限定为:(1)不少于 3 亿提款权;(2)不少于 1.5 亿提款权,条件是在超过此数额到高达至少 3 亿提款权之间的数额,应由该装置国提供公共资金赔偿核损害;(3)对于从本议定书生效之日起最多为 15 年这一期间内发生的核事件,不少于 1 亿提款权的过渡数额。可规定少于 1 亿提款权,条件是装置国提供公共资金来赔偿该较少数额与 1 亿提款权之间的核损害。

赔偿责任。

3. CSC 体系

考虑到维也纳公约体系缺乏国家补充性公共基金安排,同时为了协调巴黎 - 布鲁塞尔公约体系及维也纳公约体系,建立全球范围内核事故损害的国家补充赔偿责任体系,维也纳公约体系的缔约方在 20 世纪末制定了 CSC,其在 1997 年 12 月获得通过,之后开放签署。2015 年 1 月 15 日,日本向联合国国际原子能机构正式提交了加入 CSC 的法律文书,CSC 也随之正式生效。目前 CSC 缔约方有阿根廷、摩洛哥、罗马尼亚、阿联酋、美国和日本等。

根据 CSC 第 3 条(承诺)相关规定,对任何核事故造成的侵害的赔偿应保证 3 亿提款权,过渡区间为 1 亿提款权,超过部分国家提供公共资金支持。① 由上可见,CSC 提供了两层赔偿体系,第一层是核设施运营者,赔偿金额一般不少于 3 亿提款权,第二层是缔约方通过公共资金提供,且金额根据相关公式(主要取决于核装机容量)②来决定而未直接规定特定金额限制。缔约方的补充赔偿责任类似于巴黎 - 布鲁塞尔公约体系,主要取决于损害

---

① CSC 第 3 条(承诺)相关规定,对每一核事件核损害的赔偿应以下列方式予以确保:(1)①装置国应确保可提供 3 亿提款权或核事件之前任一时刻可能已向保存人具体说明的一个更大数额,或根据第 2 分款的某一过渡性数额;②就本公约开放供签署之日起最多 10 年内发生的某一核事件而言,缔约方可为这一期限确定至少为 1 亿提款权的过渡性数额。(2)当超出依据第 1 分款提供的数额时,各缔约方应按第 4 条中规定的方案提供公共资金。

② CSC 第 4 条(分摊数额的计算)规定:"缔约方据以提供第Ⅲ.1(b)条中所述公共资金的分摊方案应按下述方式确定:(a)(i)该缔约方核装机容量与每装机容量 300 提款权的乘积的数额;(ii)核事件发生的前一年所评定的该缔约方的联合国会费分摊比率与所有缔约方的此种比率总和之比值乘以依据第(i)分款为所有缔约方计算得到的数额之总和的 10% 所得之数额。(b)在不违背(c)分款的条件下,每个缔约方的分摊数额应为(a)(i)和(ii)分款所述数额之和,但不得要求其联合国会费分摊比率极少而又没有核反应堆的国家承担分摊额。(c)每起核事件根据(b)分款可向装置国以外的任何缔约方收取的最高分摊数额不得超过根据(b)分款确定的所有缔约方的分摊数额之总和的规定的百分数。就一具体缔约方而言,规定的百分数应是以百分数表示的其联合国会费分摊比率加上 8 个百分点。在事件发生时如果本公约各缔约方的总装机容量等于或大于 625,000 单位,这一百分数应增一个百分点。当该容量超过 625,000 单位时,每增加 75,000 单位应再增加一个百分点。"

的重要性,属于严格责任。

4. 1988 年《联合议定书》

鉴于巴黎－布鲁塞尔公约体系(主要缔约方为西欧国家)和维也纳公约体系(主要缔约方为东欧国家)造成的核损害责任领域的分割性,为了协调这两大公约体系,确保核损害的受害者能够得到有效的补偿,各国于 20 世纪 80 年代对《联合议定书》进行了表决,并且将其通过,其成为协调两大公约体系适用性问题的桥梁。《联合议定书》在 1992 年 4 月底发生法律效力,并对维也纳公约体系和巴黎－布鲁塞尔公约体系的各缔约方开放,目前有 28 个缔约方。

根据《联合议定书》第 2、3 条和第 4 条的规定,位于《维也纳公约》或《巴黎公约》缔约方境内的核装置的运营商将对《巴黎公约》和《维也纳公约》缔约方境内遭受的核事故损害承担赔偿责任。在一起核事故中,不能同时适用《维也纳公约》和《巴黎公约》,只能适用其一。如果核事故发生于核装置所在国内,则应当适用该核装置所在国为缔约方的公约。无论是适用《维也纳公约》还是《巴黎公约》,任一公约适用的结果将使得该公约的缔约方与另一公约的缔约方之间达到如同同一公约缔约方的适用结果。

(三)国家赔偿责任在投资核领域的分析应用

对于国际投资者在核电领域的投资,应辨别投资国和东道国所参与的国际法体系。

1. 投资国和东道国皆为巴黎－布鲁塞尔公约体系缔约方

在投资国和东道国皆为巴黎－布鲁塞尔公约体系缔约方的情况下,应适用巴黎－布鲁塞尔公约体系的相关规定。根据核事故后果的严重程度,在赔偿金额不超过 7 亿欧元的范围内,营运者之核装置所在的东道国通过国内立法确保营运者通过保险或其他财务担保或公共基金来提供上述不超过 7 亿欧元的赔偿。当赔偿金额达到 7 亿～12 亿欧元,营运者之核装置所在东道国应确保提供公共基金来覆盖上述赔偿。当赔偿金额达到 12 亿～15 亿欧元,可以通过包括投资国和东道国在内的各缔约方所提供的公共基金来覆盖上述赔偿。上述涉及东道国和投资国的赔偿责任为严格责任,以弥补受害者损失为目的,分别由当事缔约方和所有缔约方通过公共基金的形式来承担,作为第二级和第三级的补充责任承担方。

2. 投资国和东道国皆为维也纳公约体系或 CSC 体系的缔约方

在投资国和东道国皆为维也纳公约体系缔约方的情况下,东道国可以通过国内立法要求核设施的运营者赔偿金额不低于3亿提款权的绝对责任。东道国也可以通过国内法律规定运营者承担少于3亿提款权(但不少于1.5亿提款权)的赔偿责任,在此情况下东道国负有责任补齐不足3亿提款权部分的赔偿责任。在后者情况下,如果涉及投资国的投资者,东道国可以通过协商合作的方式与投资国协商共同设立基金,用以补齐不足3亿提款权部分的赔偿责任。

如果作为维也纳公约体系的投资国和东道国加入了 CSC 体系,东道国除了可以通过国内立法要求核设施运营者承担赔偿金额不少于3亿提款权的赔偿责任,还有责任与其他缔约方通过公共资金提供超出3亿提款权之外的补充赔偿责任,金额主要取决于核装机容量等因素确定的相关公式来决定。

3. 投资国和东道国一方为巴黎－布鲁塞尔公约体系缔约方,另一方为维也纳公约体系或 CSC 体系的缔约方

在此情形下,则还需适用《联合议定书》的相关规定。对于任一起核事故,仅适用《维也纳公约》或《巴黎公约》中的任一公约。如果核事故发生于核装置内,则所适用的公约为该核装置所在国,即东道国为缔约方的公约。无论东道国是巴黎－布鲁塞尔公约体系的缔约方还是维也纳公约体系或 CSC 体系的缔约方,无论是适用《维也纳公约》还是《巴黎公约》,公约适用的结果都将使得东道国作为该公约的缔约方与投资国作为另一公约的缔约方之间达到如同同一公约缔约方的适用结果。

4. 投资国和东道国不是巴黎－布鲁塞尔公约体系的缔约方或者维也纳公约体系或 CSC 体系的缔约方

在投资国和东道国不是巴黎－布鲁塞尔公约体系的缔约方或者维也

纳公约体系或CSC体系的缔约方的情况下，投资国和东道国可以参考上述国际公约，通过国内立法要求核设施运营者承担一定额度内的绝对赔偿责任，通过协商和国际合作建立两国之间的公共基金以承担补充赔偿责任。

二、中国核领域境外投资所致环境问题之国家责任分析

（一）中国核企业“走出去”之概况

中国核能公司在“走出去”海外投资方面步伐正在加快，虽然这些公司还在“走出去”的初期，但是“走出去”的脚步正在加速。2016年9月29日，中国核企业——中国广核集团（以下简称中广核）、法国电力集团以及英国政府签订了一系列协议以在英国建设核能项目。通过进行该项目，中国核能“走出去”项目实现了重要的成就。该项目包括Hinkley Point C项目、Sizewell C项目、Bradwell B项目，其中Bradwell B项目将使用三代核能技术，这个技术是由中国开发的。它的名字是“华龙一号”，是通过借鉴了福岛核电厂事故的教训以及最新的国内和国外核能安全要求才研制出来的。中广核以及中国核能工业集团有限责任公司开发了第三代百万千瓦级别的水压核能反应堆技术。除此之外，中国核能工业集团有限责任公司是唯一的曾经大批量向外国销售核能设备的公司，其已经向近10个国家销售了数台核能单元、反应堆或者核电厂，正在同世界上近50个国家和地区形成技术及经济贸易关系。[①]

据报道，2030年前新增核电投资将达15,000亿美元以上，[②]成为全球核电企业的一个“大蛋糕”。就国内政策而言，中国政府近年来一直鼓励核企业“走出去”。国家能源局综合司发布了《关于印发建立服务核电企业科学

① 孙浩：《“一带一路”战略引领中国核电企业“走出去”，核电出海打造“国家新名片”》，载《中国环境报》2017年5月18日，第7版。

② 《中国核电产业发力“走出去”》，载《瞭望》2015年第22期。

发展协调工作机制方案的通知》(国能综核电〔2013〕460 号),明确服务核电"走出去"战略。①

核事故的潜在巨大风险时时刻刻在提醒"走出去"的中国企业,不得放松警惕,并为潜在可能发生的核事故带来的巨大风险和责任做好准备。中国政府也有必要建立和完善有关核安全和核事故赔偿责任的法律体系,既要鼓励支持中国核企业顺利"走出去",又要从法律和财务机制上为"走出去"的中国企业保驾护航。

(二)中国国内核领域相关立法分析

遗憾的是,中国尚未加入巴黎－布鲁塞尔公约体系,或者维也纳公约体系,抑或 CSC 体系,但发布了国内关于核事故损害赔偿责任的规定——《国务院关于核事故损害赔偿责任问题的批复》(以下简称《64 号文》)。②

1.《64 号文》与核事故赔偿责任国际法体系相同之处

该 64 号文与之前谈及的核事故赔偿责任国际法体系存在很多相似之处,表现在以下几个方面。

(1)核设施营运者承担唯一责任和严格责任

《64 号文》第 2 条、第 5 条和第 6 条规定,如果营运者造成核事故并且该事故导致人身、财产或者环境受到损害,赔偿责任将被施加于营运者。如果两个以上营运者共同参与核事故,连带责任将被施加于营运者。然而,如果一项核事故损害是由武装冲突、敌对行动、战争或者暴乱直接导致的,赔偿责任将不会被施加于营运者。另外,《64 号文》第 9 条还规定,如果营运者在与他人签订的书面合同中约定了追索权,营运者赔偿受害人损失后,有权按

① 《关于印发建立服务核电企业科学发展协调工作机制方案的通知》:对核电企业"走出去"给予方向性指引,并推动将核电"走出去"作为中国与潜在核电输入国双边政治、经济交往的重要议题;提升核电行业的核心竞争力,加强对核电出口的组织和领导,按照"统一思想,集中目标,整合资源,形成合力"的原则,支持企业以工程建设、设备制造、技术支持和国家银行贷款等多元化方式参与国际项目竞争,不断提高中国核电整体水平和国际竞争力。

② 2007 年 6 月 30 日,中国国务院发布了《国务院关于核事故损害赔偿责任问题的批复》(国函〔2007〕64 号)。

照约定向他人追偿,如果该自然人故意造成核事故损害,营运者赔偿受害人损失后,可以向自然人行使追索权。

《64 号文》的规定与《巴黎公约》相似。《维也纳公约》的规定则更为明确,其第 4 条规定,核设施的营运者应当对核损害承担绝对责任。法院有权决定全部或部分免除经营者赔偿受害人的义务,如果经营者可以证明受害人的严重过失是核损害的全部或部分原因,或者核损害是受害者故意造成的。此外,如果核损害是由武装冲突、敌对行动、内战或暴乱等行为直接造成的,则不应对经营者追究任何责任。

(2)营运者承担最高赔偿额以内的有限责任

《64 号文》第 7 条规定,①营运者承担一次核事故 3 亿元人民币以内的有限赔偿责任,超过上述限额的损失由国家财政提供补充赔偿责任。

(3)营运者赔偿责任通过财务保证安排或保险等方式满足

《64 号文》还规定,②营运者应通过财务保证安排或保险等方式确保其具有充分的赔偿责任。这样,通过有效的财务安排或保险安排,可以确保在发生核事故的情况下,营运者有充足的财务能力履行其赔偿责任。

2.《64 号文》与核事故赔偿责任国际法体系的区别

《64 号文》与之前提及的核事故赔偿责任国际法体系还是存在很多差别之处,表现在以下几个方面。

(1)营运者承担最高赔偿额的金额较低

根据《64 号文》,营运者对每起核事故所造成的损害的赔偿不超过 3 亿元人民币,考虑到国家财政的补充赔偿责任,赔偿额实际不超过 8 亿元人民

① 第 7 条规定,核电站的营运者和乏燃料贮存、运输、后处理的营运者,对一次核事故所造成的核事故损害的最高赔偿额为 3 亿元人民币;其他营运者对一次核事故所造成的核事故损害的最高赔偿额为 1 亿元人民币。核事故损害的应赔总额超过规定的最高赔偿额的,国家提供最高限额为 8 亿元人民币的财政补偿。对非常核事故造成的核事故损害赔偿,需要国家增加财政补偿金额的由国务院评估后决定。

② 第 8 条规定,营运者应当做出适当的财务保证安排,以确保发生核事故损害时能够及时、有效的履行核事故损害赔偿责任。在核电站运行之前或者乏燃料贮存、运输、后处理之前,营运者必须购买足以履行其责任限额的保险。

币。而根据《巴黎公约》及其2004年修订议定书,除其他另有约定外,各缔约方应通过国内立法将核能营运者有关核事故损害的赔偿责任规定为不低于7亿欧元,相当于人民币约54亿元人民币。1997年修订后的《维也纳公约》将运营者对于任一核事件的责任可由装置国限定为不少于3亿提款权,相当于28亿元人民币。相比较可知,《64号文》中规定的营运者的最高赔偿限额比较低,有待提高。

(2)对于诉讼时效、管辖法院、跨境损害等缺乏明确规定

《64号文》没有对诉讼时效和管辖法院相关问题作出确切的规定,只将希望寄托于《原子能法(草案)》,希望该草案对诉讼时效、法院管辖等作出明确规定。鉴于中国"原子能法"尚未出台,上述法律规定有待进一步明确。

另外,对于跨境损害,《64号文》将对等原则设置为备用条款,如果中国与其他相关国家之间没有签署条约或协定,则应当按照对等原则处理;如果有条约或协定,则应当按照条约或协定处理。鉴于中国目前尚未加入任一种核事故损害赔偿责任的国际法公约体系,且《64号文》的法律效力地位比较低,对于因核事故引起的跨境损害,中国法律体系尚须进一步完善相关规定,并需要融入核事故损害赔偿责任的国际法公约体系。

(三)中国核企业"走出去"发生境外核事故之国家责任分析

对于正在"走出去"过程中的中国核企业而言,潜在发生核事故的风险和责任是巨大的。在发生核事故的情况下,中国核企业承担何种赔偿责任,是否会引发相关国家责任等,都是值得认真探讨的课题。

在这里,我们讨论和分析中广核与法国电力集团和英国政府签订的一系列相关的协议,该协议是关于国家核电厂项目。

1.是否适用国际法公约赔偿责任体系之分析

(1)中广核英国核电项目的交易架构

中广核在英国成立了通用核能国际有限公司(General Nuclear International,

以下简称通用核能)[①],作为落实与法国电力公司(EDF)在英国欣克利角 C 核电项目中三个英国新建核电项目上合作的平台。[②] 交易结构见图 3。

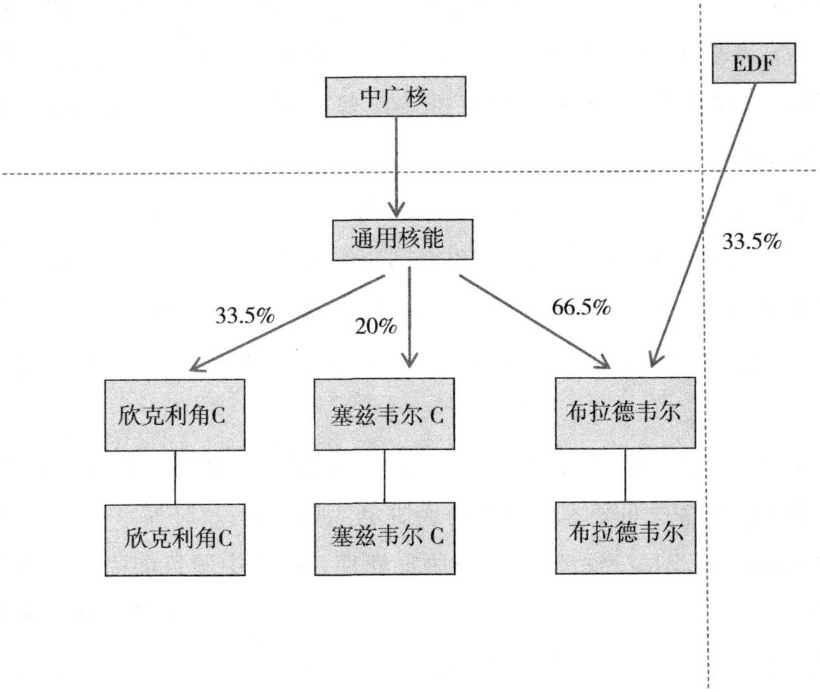

图 3　中广核英国核电项目的交易架构

我们以通用核能控股的布拉德维尔 B 项目为例,假设发生核事故的情况下,对产生的损害民事赔偿责任进行分析。

(2)本案中谁是巴黎 - 布鲁塞尔公约体系项下布拉德维尔 B 项目的运营者

鉴于英国是巴黎 - 布鲁塞尔公约体系的成员方,针对布拉德维尔 B 项

① 在英国欣克利角 C 核电项目中,EDF 将在欣克利角 C 项目占据 66.5% 的股份,中广核牵头的中方企业将通过通用核能占据 33.5% 的股份;在塞兹韦尔 C 项目中,EDF 和中方投资分别占据 80%、20%;在布拉德韦尔 B 项目,将由中广核主导、EDF 参与,双方在项目投资中将分别占据 66.5%、33.5% 的股份。

② 戴建敏:《中国核能企业"走出去"实现历史性突破》,载 21 世纪经济报道 2015 年 10 月 21 日。

目,谁是巴黎－布鲁塞尔公约体系项下的运营者将成为问题的关键之一。根据1960年《巴黎公约》第1条有关运营者的定义,运营者是指相关国家机关指定或认定作为相关核装置运营者的人。在本案中,由于缺乏具体案件信息,我们理解针对布拉德维尔B项目的运营人应为实际运营该项目的项目公司,即图3中的布拉德维尔B项目公司,该项目公司由通用核能持有66.5%的股份,由EDF持有33.5%的股份。根据巴黎－布鲁塞尔公约体系,布拉德维尔B项目公司作为布拉德维尔B核能项目的运营者应通过财务担保或保险等方式提供不低于7亿欧元的核事故损害赔偿责任。中广核在英国的子公司通用核能作为布拉德维尔B项目公司的股东,不应作为布拉德维尔B核能项目的运营者。

(3)中广核在巴黎－布鲁塞尔公约体系有关核事故赔偿的责任

因为布拉德维尔B项目公司将作为该核电厂项目的运营者,中广核自身不是该项目的运营者,并且自身不作为运营者对损害承担责任。

然而,布拉德维尔B项目公司作为运营者需要通过财务担保或保险等方式提供不低于7亿欧元的核事故损害赔偿责任,实践中该财务担保或保险等方式可能是由作为投资人的中广核和EDG分别负责提供。如果本案中,中广核的确为布拉德维尔B项目公司按照持股比例提供了相应的财务担保,在发生核事故赔偿责任的情况下,中广核则应在提供财务担保的范围内承担核事故赔偿的连带赔偿责任。

2. 是否会引发相关国家赔偿责任之分析

我们继续以中广核在英国子公司通用核能所控股的布拉德维尔B项目为例,在假设发生核事故的情况下,对产生的损害赔偿责任所引发的国家责任进行分析。

(1)本案是否会引发英国及其他公约缔约方的国家责任之分析

鉴于布拉德维尔B项目位于英国,而英国为巴黎－布鲁塞尔公约体系的缔约方之一,根据巴黎－布鲁塞尔公约体系的相关规定,英国应通过财政资金提供5亿提款权(7亿～12亿欧元)内的核事故损害赔偿责任,巴黎－布鲁塞尔公约体系的其他缔约方通过各自的公共基金提供3亿提款权(12

亿~15 亿欧元)内的核事故损害赔偿责任。所以,尽管布拉德维尔 B 项目实际由中广核控股,但本项目仍会引发英国及其他巴黎–布鲁塞尔公约体系缔约方的国家责任。

(2)本案是否会引发中国的国家责任之分析

中国目前并非巴黎–布鲁塞尔公约体系的缔约方。鉴于布拉德维尔 B 项目位于英国,运营者为布拉德维尔 B 项目公司,并没有明确的法律依据要求中国政府需就该核电项目发生的核事故赔偿责任承担任何国家责任。如果中国将来加入巴黎–布鲁塞尔公约体系,则中国作为缔约方将同巴黎–布鲁塞尔公约体系的其他缔约方一同需要通过各自的公共基金提供 3 亿提款权(12 亿~15 亿欧元)内的核事故损害赔偿责任。如果中国将来加入维也纳公约体系,根据 1988 年《联合议定书》,对于运营者——布拉德维尔 B 项目公司将对维也纳公约体系下的受害者根据巴黎–布鲁塞尔公约体系进行赔偿,但这并不意味着中国将承担巴黎–布鲁塞尔公约体系下缔约方的补充赔偿责任。

三、中国核领域境外投资环境保护法律制度之完善

在核领域,中国核企业境外投资应设立当地核项目公司并尽量适用相应国际公约赔偿责任体系。中国政府应尽快加入核事故赔偿国际公约体系,加快核安全立法,强化核安全保护措施,完善核事故赔偿责任体系之立法和相关措施。

(一)中国核企业应设立当地核项目公司并尽量适用国际公约赔偿责任体系

中国核企业在"走出去"过程中,应在所参与的核设施项目所在地通过设立当地项目运营公司的方式,使得当地核设施项目公司作为运营者,承担相应核事故赔偿责任。中国核企业应了解和判断核设施项目所在国是否为巴黎–布鲁塞尔公约体系的缔约方,或者维也纳公约体系的缔约方,或者

CSC 的缔约方,并充分利用上述国际公约所提供的赔偿责任体系,通过上述国际公约所提供的国家补偿责任体系,为可能发生的核事故提供最大限度内的赔偿责任保障。

(二)中国政府应尽快加入核事故赔偿国际公约体系

中国政府应考虑尽快加入核事故赔偿国际公约体系。在三大公约体系中,中国可以考虑加入维也纳公约体系或者 CSC 体系。巴黎 - 布鲁塞尔公约体系项下的三级赔偿责任体系对于中国核企业和中国政府的财务可能压力过大。维也纳公约体系没有规定国家的补充赔偿责任,因此对于中国政府财政资金的压力会比较小。对于作为运营者的中国核企业的赔偿责任,在中国加入维也纳公约体系之后会相应增加,自目前的 3 亿元人民币增加至 3 亿提款权(约相当于人民币 28 亿元),相应中国核企业的财务压力会增大,但对于核事故受害者的保护力度也会大幅增加。如为减少中国核企业的财务压力,中国政府可以规定中国核企业承担低于 3 亿提款权的赔偿限额,并通过财政资金补足实际责任金额与 3 亿提款权赔偿限额之间的差额。如果考虑到超出 3 亿提款权之外的国家补偿责任,中国政府也可以考虑加入 CSC 体系,可以为潜在核事故提供更大的赔偿责任保障。

(三)中国应加快核安全立法,强化核安全保护措施

根据《核安全法》,[①]核设施运营者在自主决策和独立运营的基础上,对核安全负全面责任。一旦发生核事故,核设施运营单位所承担的责任便为绝对责任,不论其本身是否存在过错。当然,上述责任形式也存在例外,例如如果核设施运营者能够证明核事故是战争、武装冲突、暴乱等原因引起的,那么在这些情况下举证责任将由核设施运营者来承担。自然灾害尽管没有在前述法规免责事由中明确列明,但其通常会作为不可抗力情形之一纳入免责情形。为确保发生核事故情况下充分的赔偿保障能力,核设施运

① 中国于 2017 年 9 月 1 日通过了《核安全法》,自 2018 年 1 月 1 日起施行。

营者应采取购买责任保险、参加互助机制等方式,合理分散和转移相关赔偿风险,确保受害者能够得到及时充分有效的赔偿,也确保自身不至于因为核事故事件陷入破产清算的境地。

由上可见,在核事故赔偿责任方面,《核安全法》采取了和国际公约体系一致的做法,规定了运营者的排他性责任主体。同时,《核安全法》通过核安全标准、准入审批和监管等多方面规定,加强了维护和保障核安全的立法规定。

(四)中国应完善核事故赔偿责任体系之立法和相关措施

除了《核安全法》之外,中国还应加强专门针对核事故赔偿的立法,出台具有更高法律效力层级的法律并建立相关落地实施的有力举措,确保在发生核事故的情况下,相关受害人能够及时、充分和有效地获得赔偿。如前所述,中国目前关于核事故赔偿责任的《64 号文》仅为国务院内部的行政批复,法律效力层级低,内容也不完整。《64 号文》关于营运者承担最高赔偿额的规定金额较低,与国际公约体系相比差距较大,也无法满足中国现代社会对于核事故损害赔偿责任的要求,应予修改增加。《64 号文》对于诉讼时效、管辖法院、跨境损害等缺乏明确规定,相关的"原子能法"也尚未出台,有待进一步明确。核事故赔偿责任体系的落地实施还有赖于相关保险、公共基金等配套政策和措施的衔接,这些都需要更加详细和具有可操作性的规定,确保在发生核事故时有充足的财务保障使得受害者能够获得充分、及时、有效的赔偿。

02
第二节

航天领域国际投资所致环境问题之国家赔偿责任

国际投资活动如发生在航天领域,应通过该领域特定的国际法文件,来解决该领域国际投资活动导致环境损害发生的国家赔偿责任问题。国家对其外太空活动的国家责任可以分为两类:第一类责任是由国家的非遵守法律的行为导致;第二类责任是由空间行为导致,该空间行为不被相关国际法规所限制。① 关于国际法中的空间事故责任,最重要的国际法主体是国家。

一、航天领域事故损害之国家赔偿责任

航天领域活动具有高技术、重资本等门槛限制,专业水平要求高,实施难度大。其一旦发生事故,将导致比较大的相关损害。就航天领域发生事故导致损害的赔偿责任,也有特殊的国际法文件予以规定。

(一)航天领域之事故风险

由于航天事业的高科技性和高危险性,一旦发生航天

① 高国柱:《论外空活动中的国家责任》,载《环球法律评论》2008 年第 4 期。

事故,其后果往往不堪设想。美国挑战者号的悲剧令世人难忘。20 世纪 80 年代,挑战者号仅仅从佛罗里达升空 1 分钟 13 秒之后便爆炸,导致机上 7 名机组成员死亡。①

(二)航天事故赔偿责任之国际法体系

关于国际法中的空间事故责任,最重要的国际法主体是国家,如果空间事故是由该国家导致,则国家承担严格责任。②

1.《外空条约》

1966 年 12 月 19 日,《关于各国探索和利用包括月球和其他天体的外层空间活动所应遵守原则的条约》(以下简称《外空条约》)被联合国大会采纳。③ 该条约规定了国家责任的原则,④非政府团体在外层空间(包括月球和其他天体)的活动,应由有关的缔约方批准并连续加以监督。关于由空间事故⑤所导致的损害赔偿责任,如果属于该发射国的发射实体或者其组成部分给其他国家、自然人或者企业带来了伤害,发射国应当被施加严格责任。

---

① 《太空史上最大惨剧:挑战者号航天飞机爆炸 30 年》,载中国青年网 2016 年 1 月 28 日。

② 林灿铃:《跨界损害的归责与赔偿研究》,中国政法大学出版社 2014 年版,第 62 页。

③ 《外空条约》于 1967 年 1 月 27 日开放供签署,1967 年 10 月 10 日生效。中国于 1983 年 12 月 30 日,1984 年 1 月 6 日、12 日向美、苏、英三国政府交存加入书,1983 年 12 月 30 日对中国生效。

④ 《外空条约》第 6 条规定,各缔约方对其(不论是政府部门,还是非政府的团体组织)在外层空间(包括月球和其他天体)所从事的活动,要承担国际责任,并应负责保证本国活动的实施符合《外空条约》的规定。非政府团体在外层空间(包括月球和其他天体)的活动,应由有关的缔约方批准,并连续加以监督。国际组织遵照《外空条约》之规定在外层空间(包括月球和其他天体)进行活动的责任,应由该国际组织及参加该国际组织的《外空条约》缔约方共同承担。

⑤ 《外空条约》第 7 条规定,凡进行发射或促成把实体射入外层空间(包括月球和其他天体)的缔约方,及为发射实体提供领土或设备的缔约方,对该实体及其组成部分在地球、天空或外层空间(包括月球和其他天体)使另一缔约方或其自然人或法人受到损害,应负国际上的责任。

《外空条约》还规定了保护空间环境原则。[①]

2.《责任公约》

20世纪80年代末,经全国人民代表大会常务委员会批准,中国加入了《责任公约》。《责任公约》承袭了《外空条约》,也规定了国家责任,并区分情况进行了更详细的规定。

(1)地表和飞行中飞机致损之国家绝对责任

《责任公约》规定,对于其外空活动导致地表或飞行中飞机损害的,国家承担绝对责任。[②] 存在两个发射国共同造成前述损害的,其都对第三国承担绝对责任。[③] 然而,如果发射国能证明受害国或其他请求赔偿人存在过错,可相应减免其责任。[④] 上述例外情形不适用于发射国因为进行不符合国际法的活动而造成的损害。另外,《责任公约》第7条还规定了损害范围的例

---

① 《外空条约》第9条各缔约方探索和利用外层空间(包括月球和其他天体),应以合作和互助原则为准则;各缔约方在外层空间(包括月球和其他天体),所进行的一切活动,应妥善照顾其他缔约方的同等利益。各缔约方从事研究、探索外层空间(包括月球和其他天体)时,应避免使其遭受有害的污染,以及地球以外的物质,使地球环境发生不利的变化。如必要,各缔约方应为此目的采取适当的措施。若缔约方有理由相信,该国或其国民在外层空间(包括月球和其他天体)计划进行的活动或实验,会对本条约其他缔约方和平探索和利用外层空间(包括月球和其他天体)的活动,造成潜在的有害干扰,该国应保证于实施这种活动或实验前,进行适当地国际磋商。缔约方若有理由相信,另一缔约方计划在外层空间(包括月球和其他天体)进行的活动或实验,可能对和平探索和利用外层空间(包括月球和其他天体)的活动,产生潜在的有害的干扰,应要求就这种活动或实验,进行磋商。

② 《责任公约》第2条和第5条规定,发射国对其空间物体在地球表面,或给飞行中的飞机造成损害,应负有赔偿的绝对责任。两个或两个以上的国家共同发射空间物体时,对所造成的任何损害应共同及单独承担责任。

③ 《责任公约》第4条规定,任一发射国的空间物体在地球表面以外的其他地方,对另一发射国的空间物体,或其所载人员或财产造成损害,并因此对第三国或第三国的自然人或法人造成损害时,若对第三国的地球表面或飞行中的飞机造成损害,前两国应对第三国负绝对责任。

④ 《责任公约》第6条规定,发射国若证明,全部或部分是因为要求赔偿国,或其所代表的自然人或法人的重大疏忽,或因为它(他)采取行动或不采取行动蓄意造成损害时,该发射国对损害的绝对责任,应依证明的程度予以免除。

外,包括发射国国民和特定外国国民。[①]

(2)地表之外损害之国家过错责任

《责任公约》规定发射国对于地表之外造成的损害承担过错责任。[②] 存在两个发射国共同造成前述损害的,应根据各自的过错程度承担责任。[③]

(3)赔偿请求救济程序

《责任公约》还详细规定了发生事故时的赔偿请求救济程序。受影响国的受害者向发射国提出赔偿请求,并不以用尽当地救济为前提条件。[④] 赔偿请求可通过外交途径向发射国提出赔偿请求,也可通过联合国秘书长提出赔偿请求。[⑤] 赔偿损害的要求自损害发生之日起,存在一年的时效限制。[⑥] 如一年内通过外交谈判仍未解决的,任一方可要求成立赔偿委员会。[⑦]

3.《登记公约》

1974 年 11 月 12 日,联合国大会投票表决了《关于登记射入外层空间

① 《责任公约》第 7 条:《责任公约》不适用于发射国的空间物体对下列人员所造成的损害:(1)该发射国的国民;(2)在空间物体从发射至降落的任何阶段内参加操作的,或在空间物体从发射至降落的任何阶段内,应发射国的邀请而留在紧接预定发射或回收区地带的外国国民。

② 《责任公约》第 3 条规定,任一发射国的空间物体在地球表面以外的其他地方,对另一发射国的空间物体,或其所载人员或财产造成损害时,只有损害是因前者的过失或其负责人员的过失而造成的条件下,该国才对损害负有责任。

③ 《责任公约》第 4 条规定,任一发射国的空间物体在地球表面以外的其他地方,对另一发射国的空间物体,或其所载人员或财产造成损害,并因此对第三国,或第三国的自然人或法人造成损害时,若在地球表面以外的其他地方,对第三国的空间物体,或其所载人员或财产,造成损害,前两国对第三国所负的责任,要根据它们的过失,或所属负责人员的过失而定。在共同及单独承担责任的所有案件中,对损害的赔偿责任应按前两国过失的程度分摊;若前两国的过失程度无法断定,赔偿应由两国平均分摊。但分摊赔偿责任,不得妨碍第三国向共同及单独负有责任的发射国的任何一国或全体,索取根据本公约的规定应予偿付的全部赔偿的权利。

④ 《责任公约》第 11 条。

⑤ 《责任公约》第 9 条。

⑥ 《责任公约》第 10 条。

⑦ 赔偿委员会由三人组成,包括要求赔偿国指派的一人,发射国指派的一人,第三人由双方共同选派,并担任主席。委员会至迟在一年内作出裁决,除非期限加以延长。裁决一经做出,要求赔偿国和发射国应遵守,并且不可进行重新裁决。委员会也可提出最终的建议性裁决,由各方认真加以考虑。

物体的公约》(Convention on Registration of Objects Launched into Outer Space,以下简称《登记公约》),并于1976年生效。《登记公约》主要规定了空间物体登记制度,发射国应登记其所发射的外空物体,并通知联合国秘书长。[①] 关于致损外空物体的辨认,各国有协助辨认致损外空物体的义务。[②]

4.《营救协定》

1967年12月19日,联合国大会通过了《营救宇宙航行员、送回宇宙航行员和归还发射到外层空间的物体的协定》(Agreement on the Rescue of Astronauts,the Return of Astronauts and the Return of Objects Launched into Outer Space,以下简称《营救协定》)。[③] 中国也已加入该公约。

《营救协定》规定了各缔约方对宇宙航行员和发射物体的营救义务,并应将相关情况及时通知发射国和联合国秘书长。[④] 对于宇宙飞船人员的营救应是尽最大程度的,每个协定国家(在其区域登陆)都有义务使用一切可用的救援手段,并提供一切必要的支助。对于发射物体的营救义务

---

① 《登记公约》第2条和第3条规定,发射国在发射一个外空物体进入或越出地球轨道时,应以登入其所须保持的适当登记册的方式登记该外空物体。每一发射国应将其设置此种登记册情事通知联合国秘书长。联合国秘书长应保持一份登记册,记录相关情报。

② 《登记公约》第6条规定,当一个缔约方不能辨认对该国或对其所辖任何自然人或法人造成损害、可能具有危险性或毒性的外空物体时,其他缔约方,特别包括拥有空间监视和跟踪设备的国家,应在可行的最大限度内响应该缔约方所提出或经由联合国秘书长代其提出,在公允和合理的条件下协助辨认该物体的请求。提出这种请求的缔约方应在可行的最大限度内提供关于引起这项请求的事件的时间、性质及情况等情报。给予这种协助的安排应由有关各方协议商定。

③ 该公约于1968年4月22日开放供签署,1968年12月3日生效。

④ 《营救协定》第2条规定,宇宙飞船人员如因意外事故、遇难和紧急的或非预定的降落,降落在任一缔约方管辖的区域内,该国应立即采取一切可能的措施营救飞船人员并给他们一切必要的帮助。该国应把它所采取的措施和所取得的结果,通知发射当局和联合国秘书长。如果发射当局的帮助能保证迅速营救,或在很大程度上有助于有效的寻找和营救工作,发射当局应与该缔约方合作,以便有效地实施寻找和营救工作。这项工作将在缔约方的领导和监督下,缔约方与发射当局密切磋商进行。

则是在可行并且应请求的基础上履行。① 关于营救费用，应由发射国承担。② 然而，对于营救宇宙飞船人员的费用并没有明确约定。《营救协定》第2条规定了发射当局与营救国之间的合作义务，但并没有明确是否涉及费用问题。应该说，《营救协定》首先规定了营救国无条件的营救义务，但就营救费用又留给了营救国和发射国之间灵活磋商的空间。

5.《月球协定》

1979年12月5日，联合国大会通过了《关于各国在月球和其他天体上活动的协定》(The Agreement Governing the Activities of States on the Moon and Other Celestial Bodies，以下简称《月球协定》)。③ 然而，中国没有加入该协定，其他空间大国，如美国、日本、俄罗斯、一些欧洲航天局成员方(European Space Agency)(德国、英国等)和印度也没有加入。

《月球协定》缔约方有义务披露月球探测及其使用活动中的信息。④《月球协定》也承袭了《外空条约》和《责任公约》中的国家责任原则，由国家承担绝对责任。⑤《月球协定》规定了各国负有营救宇航员的义务。⑥ 另

---

① 《营救公约》第5条第2款规定，每个缔约方若在它管辖的区域内发现空间物体或其组成部分时，应根据发射当局的要求，并如有请求，在该当局的协助下，采取它认为是切实可行的措施，来保护该空间物体或其组成部分。

② 《营救协定》第5条第5款就营救发射物体的费用有明确规定，即履行保护和归还空间物体或其组成部分义务所花费的费用，应由发射当局支付。

③ 《月球协定》1979年12月18日开放供签署，1984年7月11日生效。

④ 各国应将其在探索和利用月球方面的活动及时告知联合国秘书长、公众和国际科学界，如发现可能危及人类生命或健康的任何现象以及任何有机生命迹象，也应及时通知联合国秘书长、公众和国际科学界。

⑤ 《月球协定》第14条第1款规定，本协定缔约方对于本国在月球上的各种活动应负国际责任，不论这类活动是由政府机构或非政府团体所进行的，并应负国际责任保证本国活动的进行符合本协定所载的各项规定。缔约方应保证它们所管辖的非政府团体只有在该缔约方的管辖和不断监督下方可在月球上从事各种活动。

⑥ 《月球协定》第10条要求，缔约方应视在月球上的任何人为关于各国探索和利用外层空间包括月球和其他天体活动所应遵守原则的条约第5条所称的宇宙航行员，并视其为营救宇宙航行员、送回宇宙航行员和归还发射到外层空间的物体的协定所称外空飞行器人员的一部分。缔约方应以其站所、装置、运载器及其他设备供月球上遭难人员避难之用。

外,《月球协定》也规定了各缔约方关于环境保护的义务。[①]

(三)航天领域国际投资环境保护的国家责任

航天领域的国际投资应区分投资国和东道国是否因投资行为构成《责任公约》项下的发射国。《外空条约》对于发射国的定义范围[②]相对较宽泛,提供资金、技术、设备等资源的投资国和提供场地设施的东道国一般都将纳入发射国的范围。

对于航天活动环境保护方面,无论是投资国还是东道国,根据《外空条约》和《月球协定》,都应秉持使月球环境和空间环境不受损害的原则,研究和探索外层空间有关的领域的活动应不向宇宙空间投入超过宇宙空间的自净能力的有害物质,防止将非地球内的物体的实物带入地球环境,从而对地球或月球环境造成有害的改变。

如果飞行中飞行器或地面受到发射国空间物体的损坏,除非发射国能够提供证据证明要求赔偿国或其自然人或法人有过失,发射国应承担绝对责任。对于地表外的损坏,发射国则只对其过错或负责人员过错造成的损害负责。

在涉及航天领域的国际投资活动中,由于掌握发射技术的投资国对于航天领域的发射行为具有更大的掌控性,因此对于航天活动环境保护的义务和航天活动导致损害的责任,投资国负有不可推卸的责任。投资国应加强对其参与国际航天活动的本国公民或企业的管辖和监督,在适用航天活动相关环境标准时应适用较高的环境标准,而非以东道国环境标准较低为由推卸其环境保护的责任。

---

① 《月球协定》第7条规定,缔约方在探索和利用月球时,应采取措施,防止月球环境的现有平衡遭到破坏,无论这种破坏是由于在月球环境中导致不利变化,还是由于引入环境外物质使其环境受到有害污染,或由于其他方式而产生。

② 根据《外空条约》第7条的规定,需就航天事故承担国际责任的国家包括凡进行发射或促成把实体射入外层空间(包括月球和其他天体)的缔约方,及为发射实体提供领土或设备的缔约方。

二、中国航天领域境外投资所致环境损害之国家责任

(一)中国航天企业"走出去"之概况

中国航天企业"走出去"正在成为世界舞台上一只不可忽视的力量,也正在成为"一带一路"建设的重要力量。例如,中国和沙特阿拉伯①、埃及②等国家都签署了关于卫星导航领域的合作文件。③ 中国航天事业在发展之初也有过惨痛的教训,如1996年的长三乙火箭首飞失败④案例。⑤ 这些不断发生的航天事故在提醒人们,航天事业在攀登人类科技水平的最高峰的同时,也具有高危险性。中国政府和正在"走出去"的中国航天企业应当高度重视这一风险,了解航天事故赔偿责任的国际法体系,妥善防范和缓解因航天事故而发生的重大风险。

(二)中国航天领域境外投资环境损害之国家赔偿责任分析

对于正在"走出去"过程中的中国航天企业而言,一旦发生航天事故,是否会引发中国的国家责任,如何解决相关争端等,则是值得认真探讨的课题。在此,我们以假设案例的方式进行探讨。

---

① 2016年1月19日,在习近平主席和沙特阿拉伯国王萨勒曼的见证下,中沙两国签署了《中沙卫星导航领域合作谅解备忘录》。

② 2016年1月22日,在习近平主席和埃及总统塞西的共同见证下,中埃两国签署《关于埃及二号遥感卫星及后续卫星合作的谅解备忘录》,两国随后就加快推进埃及卫星总装集成测试中心项目,推动埃及二号遥感卫星等合作进行了沟通,探讨了卫星通信、导航等领域合作事项。

③ 《航天外交助力"一带一路"战略实施》,载《中国航天报》2016年1月27日。

④ 2016年2月18日,中国航天科技集团公司发布了关于网络上谣传"1996年长三乙火箭首飞失败造成500人死亡"的声明,该声明称,1996年2月15日凌晨,中国新研制的长征三号乙火箭发射国际708通信卫星,点火起飞约22秒后,火箭头部坠地,随即发生剧烈爆炸,事故造成6人死亡、57人受伤住院。

⑤ 《"长征三号乙火箭坠毁事故"到底造成多少死伤?》,载中国新闻网2016年2月18日。

1. 案例假设

我们假设中国航天企业CC公司接受A国政府国有公司的委托,协助其在A国境内发射卫星。本卫星项目的主承包人是CC公司,CC公司同分包商(制造卫星、运载火箭等)及A国相关机构一起设计、生产、发射卫星并进行应用处理,将在预定轨道上交付约定卫星,提供相关的地面测控、接收和处理数据的设备以及关联的培训和服务。卫星发射升空后,由于设计缺陷发生事故,与B国的载人航天飞船发生摩擦碰撞,导致B国载人航天飞船虽未发生爆炸但失去信号联系。卫星本身发生坠毁,落在C国境内并造成人员和财产损失。

上述A国、B国和C国皆是《外空条约》、《责任公约》、《登记公约》和《营救协定》的缔约方。基于上述案例假设,我们来探讨在发生上述事故后的相关责任承担问题,包括:(1)中国政府及航天企业CC公司是否应承担责任,应承担哪些责任?(2)A国政府及其国有公司是否应承担责任,应承担哪些责任?

2. 相关国家责任之分析

(1)中国政府之责任分析

依据《责任公约》,中国是否应对该起航天事故负有责任,取决于中国是否被认定为发射国。[①] 在本案中,卫星发射是受A国政府之国有公司委托,但中国航天企业CC公司是卫星发射项目的总承包,负有确保发射卫星的义务,因此根据《责任公约》中国应视为发射国。

鉴于中国被认定为发射国,就卫星坠毁导致的C国境内人员和财产损失,根据《责任公约》第2条的规定,中国应对卫星在地球表面造成的损害承担赔偿的绝对责任。对于卫星在地球表面之外与B国的载人航天飞船发生摩擦碰撞导致其受损,根据《责任公约》第3条的规定,中国作为发射国将承担过错责任,即只有在存在过失的情况下才对损害负有责任。本案中,卫星

① 根据《责任公约》第1条,发射国是指:(1)发射或促使发射空间物体的国家;(2)从其领土或设施发射空间物体的国家。

与B国的载人航天飞船发生摩擦碰撞是由于卫星设计缺陷导致的,故中国作为发射国存在过失,应对B国的载人航天飞船摩擦碰撞受损承担责任。

除了赔偿责任,中国政府还应针对上述航天事故可能造成的环境损害承担相应的责任,无论该环境损害发生在受影响国境内还是公域空间。恢复环境原状是一种重要的国家责任形式。在此过程中,中国应与受影响国和联合国秘书处等国际组织保持相关信息的密切联系和沟通,将涉及的相关资料和信息(国家保密除外)尽快及时通报受影响国,与受影响国磋商可采取的救济措施,在国际合作的基础上相互配合,积极采取措施减少环境损害后果,及时恢复环境原貌。

(2)东道国政府之责任分析

本案中,作为东道国的A国政府之国有公司是卫星的所有权方并参与卫星发射的全过程,且卫星发射是在A国境内发生,故A国也是发射国。根据《登记公约》第2条的规定,在发射卫星的国家的数量大于二的时候,其中所有的发射国应当共同指定当中的一国依据该公约对该卫星进行登记,并将登记相关事宜通知联合国秘书长。在本案中,中国和A国作为两个发射国可以协商确定由谁作为登记国,但鉴于A国作为卫星的所有权国家和发射项目的委托方,宜由A国作为《登记公约》项下的登记国。

鉴于A国也是发射国,其将承担与中国相同的国家责任。① 因此,A国和中国就该事故引发的责任应承担连带责任。

三、中国航天领域境外投资环境保护法律制度之完善

在中国航天企业"走出去"过程中,存在巨大风险可能导致中国承担相应的国家责任。结合中国立法现状,我们建议制定完善如下立法和措施,以尽量降低中国在发展航天事业"走出去"过程中的风险。

---

① 根据《责任公约》第5条的规定,两个或两个以上的国家共同发射空间物体时,对所造成的任何损害应共同及单独承担责任。

(一)尽快制定和完善有关航天活动的法律

中国目前在航天领域尚缺乏专门的法律,目前主要依赖法律效力地位较低的部门规章予以规范。《空间物体登记管理办法》①建立了中国的空间物体登记制度。② 如果中国是发射国,中国政府有义务通过外交部向联合国秘书处进行登记。③ 如果中国航天企业参与境外空间物体的发射活动,中国将被视为共同发射国,由外交部与相关国家共同协商确定在联合国秘书处的登记国。④

《民用航天发射项目许可证管理暂行办法》⑤(以下简称《许可证管理暂行办法》)对中国民用航天发射项目⑥实行许可证管理制度。⑦ 这也符合航天活动的高度复杂性、专业性等方面的特点,与航天领域特殊的国家赔偿责任机制也相契合。在国外执行发射场工作阶段的项目,许可证持有人需要提前向国防科工委上报出厂申请,经批准后,方可继续实施该项目。⑧

除了上述《空间物体登记管理办法》和《许可证管理暂行办法》之外,就航天事故的赔偿责任,中国尚缺乏相关法律法规予以规范。例如,俄罗斯于

---

① 2001 年 2 月 8 日,中国国防科学技术工业委员会(以下简称国防科工委)和外交部联合发布了《空间物体登记管理办法》(国防科工委第 6 号令),其目的在于有效履行中国作为《登记公约》缔约方的义务,建立中国的空间物体登记制度。

② 《空间物体登记管理办法》第 7 条规定,除本办法第 8 条规定外,空间物体应由空间物体的所有者进行国内登记,有多个所有者的空间物体由该物体的主要所有者代表全体所有者进行登记。空间物体发射者应对该物体的国内登记提供必要的协助。

③ 《空间物体登记管理办法》第 12 条规定,空间物体的国际登记,依照《登记公约》的有关规定,由国防科工委在空间物体国内登记后 60 日内,通过外交部向联合国秘书处进行登记。

④ 《空间物体登记管理办法》第 14 条规定,中国作为共同发射国的空间物体的国际登记,由外交部根据《登记公约》的有关规定商有关国家确定登记国。

⑤ 2002 年 11 月 21 日,国防科工委发布了《许可证管理暂行办法》。

⑥ 《许可证管理暂行办法》第 2 条规定,民用航天发射项目是指非军事用途,在中国境内的卫星等航天器进入外层空间的行为,以及中华人民共和国自然人、法人或其他组织已拥有产权的或者通过在轨交付方式拥有产权的卫星等航天器在中国境外进入外层空间的行为。

⑦ 《许可证管理暂行办法》第 3 条。

⑧ 《许可证管理暂行办法》第 21 条。

1993年即颁布实施了《空间活动法》。中国尚缺乏法律层面上有关航空航天的法律，应尽快完善相关立法。

（二）完善有关规范中国航天企业安全运营和赔偿责任的法律规范

对于航天活动环境保护方面，无论是投资国还是东道国，根据《外空条约》和《月球协定》，都应秉持保护空间环境和月球环境的原则。鉴于航天企业安全运营和赔偿责任问题十分重要，其与国家所承担的绝对赔偿责任直接相关联，因此有必要加强对航天活动的管理和规范，避免造成跨界损害的危险。

中国《许可证管理暂行办法》强化了对中国航天企业在境内或境外进行民用航天发射项目的审批性规范。[①] 然而，中国就航空航天项目安全方面尚缺乏单独明确的法律规范要求，也缺乏发生航天事故后有关赔偿责任的明确规定。应尽快制定有关中国航天企业安全运营和赔偿责任的法律规范。

（三）建立和完善有关航天事故赔偿责任的基金和强制保险制度

为确保中国航天企业能够及时充分地履行发生航天事故情况下的赔偿责任，中国应尽快建立和完善有关航天事故赔偿责任的基金和强制保险制度。

在船舶油污损害的赔偿基金方面，中国政府出台了相关法规制度，[②]建立了船舶油污损害赔偿基金，用于针对发生油污损害及因此产生相关减损费用的赔偿和补偿问题。在船舶油污损害的保险方面，中国政府也已出台

---

① 该办法第9条还规定，涉外项目必须由中国政府指定的外贸公司组织相关事宜，涉外项目的合同必须经国防科工委批准后方能生效。有关项目安全性方面的资料是申请许可证的部分必备资料，包括与该项目相关的安全设计报告及保障公众安全的材料，关键安全系统的可靠性、运载火箭发射过程中正常及故障状态对发射场附近及发射轨迹范围内的财产及人身安全构成的影响、如何避免污染和空间碎片问题以及其他有关安全的补充材料；涉外项目，还须提交政策性评估和保密安全性评估材料。

② 中国财政部、交通运输部于2012年5月11日公布了《船舶油污损害赔偿基金征收使用管理办法》。

了相关法规,[①]要求在中国海域内航行的船舶应投保油污损害民事责任保险,或者取得其他方式的财务保证,以确保在发生油污损害事故情况下的充分赔偿能力。在航天领域,中国政府有必要学习借鉴在船舶油污损害领域的立法实践,尽快建立和完善有关航天事故赔偿责任的基金和强制保险制度。

① 中国交通运输部于2010年8月19日公布并于2013年8月31日修正的《船舶油污损害民事责任保险实施办法》。

03
第三节

石油产业领域国际投资所致环境问题之国家赔偿责任

当国际投资活动发生在石油产业领域，尤其是涉及海上石油开采和运输，应关注该领域的特定国际法文件，来解决投资活动导致环境问题的赔偿责任问题。

一、石油产业领域环境损害之国家赔偿责任

石油产业领域发生环境污染损害的事故已经屡见不鲜，对其相关责任分析，应依据该领域有关石油污染损害民事责任的国际法规定进行。

（一）石油领域环境保护之风险

近年来发生的墨西哥湾（Golfo de México）石油污染案，即BP公众有限公司在墨西哥湾作业发生的美国史上危害最严重的海上漏油事故，①导致赔偿和处罚等费用金

① 2010年4月20日，BP租赁的"深水地平线"海上钻井平台在墨西哥湾水域发生爆炸并沉没，事故导致300多万桶原油持续泄漏，并引发影响多种生物的环境灾难。BP表示，漏油事件后已在清理、法律和解、刑事处罚、海洋测试及各种其他名目上花费超过400亿美元，后续的民事罚款数额还尚未裁定。

额超过400亿美元。[①]

(二)石油污染损害民事责任之国际法体系

1.《国际油污损害民事责任公约》及其议定书

关于国际油污损害适用《国际油污损害民事责任公约》。[②] 1992年11月,国际海事组织在伦敦召开的国际会议上通过了《1969年国际油污损害民事责任公约的1992年议定书》(以下简称《1992年议定书》)。[③]《国际油污损害民事责任公约》及其《1992年议定书》就涉及海上载运散装油类船舶因船舶漏油或排放油类发生的污染所涉及的民事赔偿责任予以规定,主要体现以下内容。

(1)适用范围

根据《国际油污损害民事责任公约》第2条[④]和《1992年议定书》第3条[⑤]的规定,适用范围包括在缔约方领土、领海和专属经济区内发生的油类污染损害[⑥]

---

① 《美史上最严重漏油事故5周年墨西哥湾仍深受其殇》,载中国新闻网2015年4月21日。

② 由国际海事组织于1969年11月29日订于布鲁塞尔,1975年6月19日生效,这个条约是以1967年3月18日利比里亚籍的邮轮"托列峡谷号"搁浅事故为契机制定的。中国政府于1980年1月30日向国际海事组织秘书长交存接受书,该公约于1980年4月30日对中国生效。

③ 《1992年议定书》于1996年5月30日生效。中国于1999年1月5日向国际海事组织交存了《1992年议定书》加入书,该议定书于2000年1月5日对中国生效。

④ 《国际油污损害民事责任公约》第2条:本公约仅适用于在缔约国领土和领海上发生的污染损害和为防止或减轻这种损害而采取的预防措施。

⑤ 《1992年议定书》第3条,以下列条文取代《国际油污损害民事责任公约》第2条:本公约仅适用于:(1)在下列区域内造成的污染损害:①缔约方的领土,包括领海。②缔约方按照国际法设立的专属经济区;或者,如果缔约方未设立此种区域,则为该国按照国际法确立的,在其领海之外并与其领海毗连的,从测量其领海宽度的基线向外延伸不超过200海里的区域。(2)无论在何处采取的用以防止或减少此种损害的预防措施。

⑥ 《1992年议定书》第2条规定,此处的"污染损害"系指:(1)油类从船上溢出或排放引起的污染在该船之外造成的灭失或损害,不论此种溢出或排放发生于何处;但是,对环境损害(不包括此种损害的利润损失)的赔偿,应限于已实际采取或将要采取的合理恢复措施的费用。(2)预防措施的费用及预防措施造成的进一步灭失或损害。此处的"船舶"系指为运输散装油类货物而建造或改建的任何类型的海船和海上航行器;但是,能够运输油类和其他货物的船舶,仅在其实际运输散装油类货物时,以及在此种运输之后的任何航行(已证明船上没有此种散装油类运输的残余物者除外)期间,才应视作船舶。

及不论在何处采取的用以防止或减少此种损害的预防措施。[①]

(2)责任主体

根据《国际油污损害民事责任公约》第3.1条[②]和《1992年议定书》第4条[③]的规定,责任主体为船舶所有人,并排除了特定人员的责任。[④]

(3)严格责任

根据《国际油污损害民事责任公约》第3.1、3.2条[⑤]和第3.3条[⑥]的规定,如果引起的漏油或排油造成了污染损害,严格责任应当被施加于船舶所

---

① 《1992年议定书》第3条,以下列条文取代《国际油污损害民事责任公约》第2条:本公约仅适用于:(1)在下列区域内造成的污染损害:①缔约方的领土,包括领海。②缔约方按照国际法设立的专属经济区;或者,如果缔约方未设立此种区域,则为该国按照国际法确立的,在其领海之外并与其领海毗连的,从测量其领海宽度的基线向外延伸不超过200海里的区域。(2)无论在何处采取的用以防止或减少此种损害的预防措施。

② 《国际油污损害民事责任公约》第3.1条规定,除本条第2款和第3款另有规定以外,在事件发生时,或如事件包括一系列事故,在此种事故第一次发生时,船舶所有人应对该事件引起的漏油或排油所造成的污染损害负责。

③ 《1992年议定书》第4条,对《国际油污损害民事责任公约》第3条作下列修正:以下列条文取代第1款:除本条第2款和第3款规定者外,在事故发生时的船舶所有人,或者,如果该事故系由一系列事件构成,则第一个此种事件发生时的船舶所有人,应对船舶因该事故而造成的任何污染损害负责。

④ 下列人员不承担责任,除非损害是由其故意造成或明知可能造成此种损害而毫不在意的个人行为或不为所致:(1)船舶所有人的雇员或代理人,或船员;(2)引航员或为船舶提供服务但非属船员的任何其他人;(3)船舶的任何租赁人、管理人或经营人;(4)经船舶所有人同意或根据主管公共当局指示进行救助作业的任何人;(5)采取预防措施的任何人;(6)上述(3)、(4)和(5)项中所述人员的所有雇员或代理人。

⑤ 《国际油污损害民事责任公约》第3.2条规定,船舶所有人如能证实损害系属于以下情况,即对之不负责任:(1)由于战争行为、敌对行为、内战或武装暴动,或特殊的、不可避免的和不可抗拒性质的自然现象所引起的损害;(2)完全是由于第三者有意造成损害的行为或怠慢所引起的损害;(3)完全是由于负责灯塔或其他助航设备的政府或其他主管当局在执行其职责时,疏忽或其他过失行为所造成的损害。

⑥ 《国际油污损害民事责任公约》第3.3条规定,如船舶所有人证明,污染损害完全或部分地由于遭受损害人有意造成损害的行为或怠慢而引起,或是由于该人的疏忽所造成,则该船舶所有人即可全部或部分地免除对该人所负的责任。

有人。船舶所有人在特定情况下可以通过举证获得减责或免责。①

(4)责任限额

与船主实行严格责任相对应的是,赔偿责任是有限额的。《1992 年议定书》第 6 条②对《国际油污损害民事责任公约》第 5 条进行了修订,大幅提高了赔偿责任的限额;2003 年 11 月 1 日起再次大幅增长了 50.37%(见表 4)。

表 4　《国际油污损害民事责任公约》及相关法律文件关于船舶石油污染的责任限额

序号	船舶吨位	责任限额(1992)	责任限额(2003)[1]
1	小于等于 5000 吨位的船舶	300 万特别提款权	4,510,000 特别提款权
2	5000 吨位 ~ 14 万吨位的船舶	300 万特别提款权 + 对每一额外吨位另加 420 特别提款权	4,510,000 特别提款权 + 对每一额外吨位另加 631 特别提款权
3	14 万吨位以上的船舶	不超过 5970 万特别提款权	不超过 89,770,000 特别提款权

〔1〕IOPC FUNDS, *The International Regime for Compensation Foroil Pollution Damage*, http://www.iopcfunds.org/fileadmin/IOPC_Upload/Downloads/English/explanatory_note.pdf5.

然而,上述责任限额存在例外,即如果污染损害是由船舶所有人故意造成或明知可能造成此种损害而毫不在意地进行个人行为或不为所致,则赔

① 免责情形包括:(1)由于战争行为、敌对行为、内战或武装暴动,或特殊的、不可避免的和不可抗拒性质的自然现象所引起的损害;(2)完全是由于第三者有意造成损害的行为或怠慢所引起的损害;(3)完全是由于负责灯塔或其他助航设备的政府或其他主管当局在执行其职责时,疏忽或其他过失行为所造成的损害;(4)污染损害完全或部分地由于遭受损害人有意造成损害的行为或怠慢而引起,或是由于该人的疏忽所造成。

② 《1992 年议定书》第 6 条,对《国际油污损害民事责任公约》第 4 条作如下修正:(1)以下列条文取代第 1 款:对于任何一次事故,船舶所有人应有权将本公约对其规定的赔偿责任限制在以下列方式计算得出的合计金额;①对于不超过 5000 吨位的船舶:300 万计算单位;②对于超过 5000 吨位的船舶:除第 1 项所述金额外,对每一额外吨位另加 420 计算单位。但该合计金额在任何情况下不应超过 5970 万计算单位。(2)以下列条文取代第 2 款:如证明该污染损害系由所有人故意造成或明知可能造成此种损害而毫不在意的个人行为或不为所致,则该所有人无权根据本公约限制其赔偿责任。

偿责任不受限制。[1]

(5)强制保险制度和财务保证制度

为确保船舶所有人有充足的财政实力履行其赔偿责任,《国际油污损害民事责任公约》及其《1992 年议定书》设计了强制保险制度和财务保证制度。根据《国际油污损害民事责任公约》第 5.3 条和《1992 年议定书》第 6.3 条的规定,船舶产权持有者可以银行担保或其他担保(包括保险)的方式设立赔偿基金。[2] 对于载运 2000 吨以上散装货油的船舶,船舶产权持有者应当进行保险或取得其财务保证。[3] 在提供上述保险或财务保证的情况下,每艘船舶可自政府当局获得证明保险或其他财务担保确属有效的证书一份。

2.《油污基金公约》及其议定书

国际海事组织于20 世纪60 年代末在组织通过《国际油污损害民事责任公约》之后,为确保因油污损害而利益受损者可以获得及时足够的赔偿,并减轻船舶产权持有者在此之外的财务负担,在 1971 年主持制定了《油污基金公约》[4],作为 1969 年《国际油污损害民事责任公约》的补充,通过设立油污损害赔偿基金的方式,完善有关国际油污损害的赔偿和补偿制度。1971 年《油污基金公约》于 1978 年 10 月 16 日生效,1992 年 11 月 27 日被修订并通过了《修正 1971 年设立国际油污损害赔偿基金国际公约的 1992 年议定书》(以下简称《1992 年基金公约》),2003 年 5 月 16 日在伦敦再次被修订并通过了《1992 年设立国际油污损害赔偿基金国际公约的 2003 年议定书》(以下简

---

① 《1992 年议定书》第 6 条第 2 款。

② 《1992 年议定书》第 6 条,对《国际油污损害民事责任公约》第 4 条作如下修正:为了利用本条第 1 款规定的限制其赔偿责任的权益,所有人应在按第 9 条于任一缔约方提起诉讼的法院或其他主管当局设立总金额相当于其赔偿责任限额的基金;如未提起诉讼,则应在能按第 9 条于任一缔约方提起诉讼的任何法院或其他主管当局设立此种基金。设立该基金的方式,可以是交存该金额,也可以是提交根据基金设立地缔约方的法律的规定可予接受、法院或其他当局认为足够的银行担保或其他担保。

③ 《国际油污损害民事责任公约》第 7 条规定,在缔约方登记的载运 2000 吨以上散装货油的船舶的船舶所有人必须进行保险或取得其财务保证,如银行保证或国际赔偿基金出具的证书等,保证数额按第 5 条第 1 款中规定的责任限度决定,以便按本公约规定承担其对油污损害所应负的责任。

④ 1971 年《油污基金公约》于 1978 年 10 月 16 日生效。目前,该公约及其议定书适用于中国香港。

称《2003年议定书》)。目前,该公约及其议定书适用于中国香港特区。①

设立1971年《油污基金公约》及其议定书的目的在于,通过确认严格责任以确保油污损害的受害者能够得到充分合理的救济,②其主要内容如下。

(1)对油污受害人的赔偿

根据1971年《油污基金公约》第4条③的规定,设立补充基金用于对无法得到充分适当赔偿的油污损害受害人进行赔偿。④

根据《1992年基金公约》第6.3条⑤的规定,1992年国际油污赔偿基金

---

① 参见中国常驻联合国代表团网,http://www.china-un.org/eng/zghlhg/flsw/t28583.htm。

② 林灿铃:《跨界损害的归责与赔偿研究》,中国政法大学出版社2014年版,第61页。

③ 1971年《油污基金公约》第4条规定,为履行第2条第1款第1项的职责,任何遭受油污损害的人,由于下列原因不能按照责任公约的条款得到损害的全部和足够赔偿时,"本基金"应付给赔偿费:①由于按照责任公约对损害不承担责任;②由于对损害应负责任的船舶所有人,按照责任公约在财务上不能履行其全部义务以及按照该公约第7条规定的财务保证,不能了结或不足以满足损害赔偿的要求:在受害者采取有合理步骤以寻求其可以得到的补救办法后,仍不能得到其按照责任公约应得赔偿金额的全部赔偿,有关的船舶所有人便被视为不能履行其财务义务,并且认为财务保证不足时;③由于根据责任公约第5条第1款或根据在本公约生效时已经生效或者开放以便签字,批准或加入的任何其他国际公约的规定,损害超过所限定的船舶所有人的责任。船舶所有人自动防止或少减油污损害而合理带来的费用或合理付出的牺牲,就本条而言,应视同油污损害。

④ 赔偿情形包括:(1)没有船舶所有人按照责任公约对损害承担责任;(2)对损害应负责任的船舶所有人不能充分及时履行赔偿责任的;(3)损害超过所限定的船舶所有人的责任。

⑤ 《1992年基金公约》第6.3条以下列条文取代1971年《油污基金公约》第4款:

4.(1)除本款第2、3项另有规定外,本基金按本条对任一事故应付的赔偿累计金额应限制为:该金额与按《1992年议定书》对在第3条规定的本公约适用范围内的污染损害所实际支付的赔偿金额之和,不应超过1.35亿计算单位。

(2)除第3项另有规定外,对于不可避免和不可抗拒的特殊自然现象造成的污染损害,本基金按本条的规定应付赔偿累计金额不应超过1.35亿计算单位。

(3)当摊款人于前一日历年度内在本公约的三个当事国的领土内接收的有关摊款油类总量等于或超过6亿吨,对在任何期间发生的任何事故,第1、2项所述的最高赔偿金额应为2亿计算单位。

(4)在计算本基金按本条应付最高赔偿金额时,不应计入按《1992年议定书》第4条第3款所设基金产生的利息(如果有的话)。

(5)本条所述金额,应根据在本基金的大会对第一个支付赔偿日作出决定之日该国货币相对于特别提款权的价值,折算成该国货币。

对任一事故的赔偿限额为 1.35 亿特别提款权，2003 年 11 月 1 日该赔偿限额增至 2.03 亿特别提款权。[①] 赔偿范围包括因无法阻止其发生和无法抵抗的特殊的、完全不受人为主观能动性因素影响的自然现象导致的污染损害。最高赔偿金额应为 2 亿计算单位。[②]

另根据《2003 年议定书》第 4 条[③]的规定，2003 年国际油污赔偿补充基金的赔偿也是有限额的，即不超过 7.5 亿特别提款权。[④]

（2）摊款

根据 1971 年《油污基金公约》第 10 条[⑤]和《1992 年基金公约》第 12 条[⑥]

① *The International Regime for Compensation Foroil Pollution Damage*，载国际油污赔偿基金 2017 年 7 月，http://www.iopcfunds.org/fileadmin/IOPC_Upload/Downloads/English/explanatory_note.pdf。

② 适用于摊款人于前一日历年度内在三个缔约方的领土内接收的有关摊款油类总量等于或超过 6 亿吨的情形。

③ 《2003 年议定书》第 4 条：（1）“补充基金”应向因总损害额超过或有可能超过《1992 年基金公约》第 4 条第 4 款对任何单一事件规定的适用赔偿限额而不能对此种损害的确认索赔得到充分和适当赔偿的蒙受污染损害的任何人员支付赔偿。（2）本条规定的“补充基金”的应付累计赔偿金额对任何单一事件应限制为：该金额的总额与在本议定书适用范围内根据《1992 年议定书》和《1992 年基金公约》实际支付的赔偿金额之和不应超过 7.5 亿计算单位。

④ 《2003 年议定书》第 4 条：（1）“补充基金”应向因总损害额超过或有可能超过《1992 年基金公约》第 4 条第 4 款对任何单一事件规定的适用赔偿限额而不能对此种损害的确认索赔得到充分和适当赔偿的蒙受污染损害的任何人员支付赔偿。（2）本条规定的“补充基金”的应付累计赔偿金额对任何单一事件应限制为：该金额的总额与在本议定书适用范围内根据《1992 年议定书》和《1992 年基金公约》实际支付的赔偿金额之和不应超过 7.5 亿计算单位。

⑤ 1971 年《油污基金公约》第 10 条：（1）第一缔约方对“本基金”的摊款，应由在第 11 条第 1 款所指的日历年度中（就初次摊款而言），或在第 12 条第 2 款第 1 或 2 项所指的日历年度中（就年度摊款而言）：①在该国领土内的港口或油站收到从海上运至这些港口或油站的摊款石油；②在位于该缔约方领土内的任何油站，收到从海上运来而卸于非缔约方港口或油站的摊款石油（但这种摊款石油计入在该非缔约方卸载后第一个收到该项石油的缔约方的摊款石油量中）总量超过 15 万吨的任何人交付。（2）就第 1 款而言，当在缔约方领土内任何人在一个日历度所收到的摊款石油量与该年度同一缔约方中的任何关系人所收到摊款石油量合计超过 15 万吨时，即使此人收到的数量不超过 15 万吨，也应按其所收到的实际数量交付摊款。

⑥ 《1992 年基金公约》第 12 条对 1971 年《油污基金公约》第 10 条作如下修正：以下列条文取代第 1 款开头语：每一缔约方对本基金的年度摊款应由在第 12 条第 2 款第 1、2 项中规定的日历年度中所收总油量超过 15 万吨的任何人支付。

的规定,每一缔约方对本基金的年度摊款应由年度所收总油量超过15万吨的任何人支付。这一摊款的方式体现了"受益者付费"的原则。

3.《勘探、开发海底矿产资源油污损害民事责任公约》

1977年5月1日,英国与比利时、丹麦、德国等北海沿岸九国于伦敦通过了《勘探、开发海底矿产资源油污损害民事责任公约》,以保护北海海域环境免受石油资源的滥采而导致的损害,并明确勘探、开发海底矿产资源发生油污损害情况下的民事责任体系。遗憾的是,该公约至今尚未生效,但其内容有着重要的借鉴意义。

(1)适用范围

《勘探、开发海底矿产资源油污损害民事责任公约》适用范围比较集中,根据第2条的规定,其仅适用于发生于缔约方海岸低潮线以外的事故而导致缔约方领土或其享有主权控制的自然资源范围内形成的损失,包括采取预防性措施发生的费用。

(2)严格责任

《勘探、开发海底矿产资源油污损害民事责任公约》采用了和《国际油污损害民事责任公约》相似的安排,规定石油设施的运营者承担严格责任,除非存在不可抗力、弃井后5年时间届满、受害者存在故意或过失等情形。①

(3)责任限额

与严格责任相对应,石油设施运营者也相应承担有限的责任。根据《勘探、开发海底矿产资源油污损害民事责任公约》第6条的规定,石油设施运营者就每座石油设施和每起事故的责任限额为:公约开放签约日之后5年内,3000万特别提款权;5年后,4000万特别提款权。石油设施运营者可以通过提供银行保函或其他财务担保的方式在相关法院或机构设立赔偿基

① 根据《勘探、开发海底矿产资源油污损害民事责任公约》第3条的规定,石油设施运营者应对事故导致的污染损害承担责任,除非:(1)损害是由战争、敌对行动、内战、叛乱或不可预见、不可避免和不可抗拒的自然灾害所导致;(2)石油设施运营者按照相关规定合法放弃相关油井五年之后再发生污染损害的;(3)污染受害者存在故意或过失。

金,以确保对受害者的及时适当赔偿。

4. 其他国际公约

另外还存在其他一些国际公约,从不同角度对油污与环境保护进行了规定,但这些规定主要侧重于防范污染的事先合规义务,而非事后的污染损害赔偿。

(1)《国际防止海洋油污染公约》

1954 年4 月26 日至5 月12 日,防止船舶污染海洋的国际会议在伦敦举行,该会议起草并通过了《国际防止海洋油污染公约》。[1] 该公约主要规定了特定吨位以上的船舶排放油类或含油混合物的要求。例如,1969 年修订案规定,对 150 总吨及以上的油船必须符合特定条件才能允许排放油类或含油混合物。[2]

(2)《国际防止船舶造成污染公约》

《国际防止船舶造成污染公约》[3]于 1973 年 11 月 2 日在伦敦召开的国际海洋污染会议上通过。《国际防止船舶造成污染公约》主要是被用于禁止因为不能预见的灾祸或者相关人员疏忽大意的过失而导致日常作业的船舶[4]偶然产生故意性油类物质污染。各缔约方有义务采取措施防止排放有害物质或废液而导致的海洋环境污染。对于违法事件,应根据有关船舶主管机关[5]的

① International Convention for the Prevention of Pollution of the Sea by Oil,该公约于 1958 年 7 月 26 日生效,之后于 1962 年和 1969 年修正。

② 1954 年《国际防止海洋油污染公约》:对 150 总吨及以上的油船必须符合下述特定条件才能允许排放油类或含油混合物,(1)在航行途中;(2)油量瞬间排放率为每海里不超过 60 公升;(3)距最近陆地 50 海里以上;(4)一次压载航程中的总排油量不得超过载油总量的1/15,000。对 500 总吨及以上的各类船舶机舱舱底污水应符合下列条件才能排放:(1)在航行途中;(2)油量瞬间排放率每海里不得超过 60 公升;(3)排放物的含油量应小于 100ppm;(4)排放时尽可能远离陆地。

③ International Convention for the Prevention of Pollution from Ships.

④ 该公约第 2 条对"船舶"的定义为在海洋环境中运行的任何类型的船舶,包括水翼船、气垫船、潜水船、浮动船艇和固定的或浮动的工作平台。

⑤ 该公约第 2 条对"主管机关"的定义为船舶在其管辖下进行营运的国家政府。

法律予以禁止并给予制裁。[①] 该公约有6个技术性方面的附件，[②]主要在各自特定方面规定对于船舶排放的严格限制。

悬挂某一国家国旗的船舶受船旗国政府管辖。对被用于勘探和开发其沿岸的海底及其底土的固定或浮动平台的管辖权是属于沿海国家政府的。从上述定义范围可知，《国际防止船舶造成污染公约》对于石油事业在海上开采石油所用的浮动船艇和固定的或浮动的工作平台，是纳入船舶的范畴内的。然而，遗憾的是，《国际防止船舶造成污染公约》对于由于石油企业勘探和开采所发生的污染损害赔偿责任并没有明确的规定。

(3)《海洋法公约》

《海洋法公约》[③]第12章主要关于海洋保护，[④]第12章第5节和第6节分别就各缔约方以防控海洋污染为目的而制定、执行国际法规和国内法律作了规定。《海洋法公约》第232条进一步规定，各缔约方对于执行防止、减少和控制海洋环境污染相关国际规则和国内立法的措施不合法或超出合理

---

① 《国际防止船舶造成污染公约》第4条违章：任何违反本公约要求的事件，不论其发生在何处，应根据有关船舶主管机关的法律，予以禁止，并给予制裁。如果该主管机关获悉是项违章事件，并确信有充分的证据对被声称的违章事件起诉，则应按照其法律使这种起诉尽速进行。

② 包括：附件1关于防止油类污染的规定、附件2关于防止散装有毒液体物质污染的规定、附件3关于防止海运包装形式有害物质污染的规定、附件4关于防止船舶生活污水污染的规定、附件5关于防止船舶垃圾污染的规定和附件6关于防止船舶大气污染的规定。

③ 《海洋法公约》于1982年12月10日在牙买加的蒙特哥湾召开的第三次联合国海洋法会议最后会议上通过，1994年11月16日生效，目前已获150多个国家批准。中国于1982年《海洋法公约》开放签署时即率先签署。1996年5月，第八届全国人民代表大会常委会第19次会议批准了《海洋法公约》。1996年7月，《海洋法公约》开始对中国生效。

④ 《海洋法公约》第194条防止、减少和控制海洋环境污染的措施：……(3)依据本部分采取的措施，应针对海洋环境的一切污染来源。这些措施，除其他外，应包括旨在最大可能范围内尽量减少下列污染的措施：①从陆上来源、从大气层或通过大气层或由于倾倒而放出的有毒、有害或有碍健康的物质，特别是持久不变的物质；②来自船只的污染，特别是为了防止意外事件和处理紧急情况，保证海上操作安全，防止故意和无意的排放，以及规定船只的设计、建造、装备、操作和人员配备的措施；③来自在用于勘探或开发海床和底土的自然资源的设施装置的污染，特别是为了防止意外事件和处理紧急情况，促请海上操作安全，以及规定这些设施或装置的设计、建造、装备、操作和人中配备的措施；④来自在海洋环境内操作的其他设施和装置的污染，特别是为了防止意外事件和处理紧急情况，保证海上操作安全，以及规定这些设施或装置的设计、建造、装备、操作和人员配备的措施。

范围之内的,应对因此引起的损失负责。①

(4)《国际油污防备、响应和合作公约》

20 世纪 90 年代初,在英国首都,国际海事组织胜利召开了外交大会,会议通过了 1990 年《国际油污染防备、响应和合作公约》。② 为了减少重大油污事故造成的损害,该公约鼓励各国加强合作以尽可能做好油污防治工作。

根据该公约的规定,各国应要求其管辖的船舶备有油污应急计划。③ 船长或其他人员发现排油事件或出现油迹,应及时报告国家主管当局。各参加《国际油污防备、响应和合作公约》的国家要构建完善的覆盖全国的油污预防和应对制度。各参加《国际油污防备、响应和合作公约》的国家之间可选择进行两国之间或多个国家之间的技术合作。

(三)石油领域国际投资污染损害之国家赔偿责任

对于石油领域的国际投资,应分析对投资者拥有属人管辖权的投资国和石油生产运营所在地的东道国是否为《国际油污损害民事责任公约》和 1971 年《油污基金公约》的缔约方。《国际油污损害民事责任公约》及其议定书就涉及海上载运散装油类船舶因船舶漏油或排放油类发生的污染所涉及的民事赔偿责任予以规定。1971 年《油污基金公约》的适用范围与《国际

---

① 《海洋法公约》第 232 条各国因执行措施而产生的赔偿责任:各国依照第 6 节所采取的措施如属非法或根据可得到的情报超出合理的要求,应对这种措施所引起的并可以归因于各该国的损害或损失负责。各国应对这种损害或损失规定向其法院申诉的办法。

② International Convention on Oil Pollution Preparedness, Response and Co-operation,并于 1995 年 5 月 13 日生效。

③ 第 3 条油污应急计划:(1)①每一缔约方应要求有权悬挂其国旗的船舶在船上备有由本组织为此目的通过的规定所要求的并符合此种规定的油污应急计划。②按本条要求在船上应备有的油污应急计划的船舶,在某一缔约方管辖的港口或近海装卸站时,须根据现行国际协定或国内立法所规定的做法,接受由该缔约方正式授权的官员的检查。(2)每一缔约方应要求由其管辖的近海装置的经营人备有油污应急计划;该计划应与按第 6 条设立的国家系统相协调并按国家主管当局规定的程序核准。(3)每一缔约方应视情要求负责由其管辖的此种海港和油的装卸设施的当局或经营人备有油污应急计划或类似安排,此种计划或安排应与按第 6 条设立的国家系统相协调并按国家主管当局规定的程序核准。

油污损害民事责任公约》相同。

对于石油开采后海上运输中发生的石油污染事故,《国际油污损害民事责任公约》及其议定书是适用的。用于海上运输散装油类的海船或海上航行器属于《国际油污损害民事责任公约》项下的船舶,油类从该船上溢出或排放引起的污染也属于《国际油污损害民事责任公约》项下的污染损害,故应当适用《国际油污损害民事责任公约》及其议定书和《油污基金公约》的规定。

现行的船舶油污损害赔偿机制缺乏船旗国作为责任主体参与损失分担。超级油轮使用后,油污染损害频繁发生,应立足于增加船舶所有权人的民事责任和石油进口商损失分担的义务,将船舶注册国对船舶油污损害的责任引入,设计全面、可实现预期目的的三级赔偿机制。从根本上推动加强船旗国对船舶的管理,从源头上减少和避免船舶油污损害事故的发生。①

对于海上勘探开采中的石油污染,则存在争议,关键在于石油企业用于勘探开采的海上石油平台是否定性为《国际油污损害民事责任公约》及其议定书项下的船舶。近海石油勘探开发所需的设施之一是海上平台,包括移动海上平台②和固定海上平台。自升平台和半潜式平台是海上石油勘探开发的主要平台。《国际防止船舶造成污染公约》第 2 条明确将固定或浮动工作平台列入"船舶"③定义。

然而,《国际油污损害民事责任公约》及其议定书项下船舶的定义对于海上平台没有明确。1992 年国际石油污染赔偿基金是根据《油污基金公约》及其 1992 年议定书设立的,于 20 世纪 90 年代后期设立了第二个与各国政

---

① 郭红岩:《论船舶油污损害的损失分担》,载《中国海商法研究》2012 年第 2 期。

② 移动式平台包括半潜式平台(具有一定的自航能力)、自升式平台、钻井船、沉没式平台(又称坐底式平台)。

③ 船舶包括在海洋环境中运行的任何类型的船舶,包括水翼船、气垫船、潜水船、浮动船艇和固定的或浮动的工作平台。

府有关的工作组,讨论[1]海上平台是否属于船舶。[2] 1992 年国际石油污染赔偿基金有限制地承认海上平台在特定情况下属于船舶,适用《国际油污损害民事责任公约》和《油污基金公约》。

如果发生的海洋石油污染情形不能适用《国际油污损害民事责任公约》和《油污基金公约》,则有必要依据相关沿海国家或地区的法律来解决赔偿问题。比如,美国不是上述公约的缔约方,但是其起草了 1990 年《油污法》,设立了溢油责任信托联合基金(OSLTF),建立了国家油污基金中心(NPFC),同时设立了高达 10 亿美元的国内油污基金,并且将更加严格的责任施加于船舶所有者。美国依据 1990 年《油污法》建立的国内基金,具有高保险、高摊款、高赔偿等特点。

另外,国际海洋法法庭第 17 号咨询意见案说明,如果国际投资活动涉及海底区域资源开发,则承包商的活动可能导致担保国承担责任,前提条件是:(1)担保国没有履行其在《海洋法公约》下的责任;(2)发生损害;(3)担保国未履行尽责义务和损害之间存在因果关系。担保国未履行尽责义务和损害之间的因果关系应是客观存在的,而非推定的。如果担保国已经采取了一切适当必要的措施以确保承包商有效地履行其义务,则可以免除担保国的责任。担保国和其所担保的承包商的责任是并行存在的,而非连带责任。担保国所承担的责任应限于实际损害。

对于陆地石油污染事故,鉴于目前尚缺乏专门的国际公约予以规范,其主要赔偿责任应由发生污染所在国的国内法律进行规范。在已有的各国立法中,环境责任一般是严格责任或无限责任,还有一些国家规定了刑事责任。例如,希腊国内法和总统令(55/1998)规定了因过失导致的损害赔偿制度,也有行政和刑事处罚;而在荷兰,受损害者可以根据荷兰侵权法总则主

---

① 最后结论为:海洋石油开发装置只有在运输石油货物前往或者驶离其通常作业的油田之外的港口或者码头时才能视为《国际油污损害民事责任公约》和《油污基金公约》项下的船舶。

② 彭先伟:《海洋石油开发与污染:兼评美国墨西哥湾溢油事故的海事赔偿责任限制问题》,载《中国海商法年刊》2010 年第 4 期。

张损害赔偿。[①]

二、中国石油领域境外投资所致环境损害之赔偿责任分析

中国投资者在石油领域从事国际投资活动，应关注该领域可能发生的环境风险，依据相关国际法和国内法，分析研判境外投资活动导致环境损害情况下的赔偿责任。

（一）中国石油企业境外投资发生石油污染之潜在风险

中国对于石油资源有着巨大的需求，限于国内产量有限，“走出去”到境外投资以确保国内市场的需求是必然选择。2019年，中国原油进口量5.06亿吨，石油对外依存度达70.8%，[②]体现了中国的石油供给严重依赖于进口。中国石油企业“走出去”[③]始于1993年，[④]到2019年中国石油企业海外权益产量已经达到2.1亿吨油当量。[⑤]

中国石油企业“走出去”在境外投资从事石油勘探和开发面临发生石油污染的潜在风险。如中石油大连海域污染[⑥]事件，[⑦]大连湾的环境带来了很大的破坏，[⑧]并引发了环境公益诉讼。[⑨]

石油污染事故在警醒“走出去”的中国石油企业，境外投资存在发生境

---

① 张丽英、邵晨：《近岸油污赔偿机制的国际新动向——以OPOL机制及其国际化为视角》，载《中国海商法研究》2016年第2期。

② 《2019年中国原油对外依存度70.8%》，载人民网2020年3月30日。

③ 中石油成功中标泰国邦亚区块项目，首次获得海外油田开采权益。

④ 《石油三巨头海外投资超4000亿三分之二项目亏损》，载21世纪经济报道2011年7月19日。

⑤ 《2019年中国原油对外依存度70.8%》，载人民网2020年3月30日。

⑥ 2010年7月16日，大连新港至中石油大连保税油库输油管线在油轮卸油作业时发生闪爆并引发管线内原油起火，致上万吨原油入海，受污染海域约430平方千米。

⑦ 《大连7·16中石油污染案或成环境公益诉讼第一案》，载北国网2015年4月7日。

⑧ 《中石油2亿元买单背后：或系与大连博弈结果》，载《中国经营报》2015年7月18日。

⑨ 据报道，大连环保协会针对中石油2010年“7·16”大连溢油事故提起公益诉讼，后经共同协商，决定由中石油出资2亿元修复大连海洋环境，并接受公众监督，为5年前的溢油事故埋单。

外作业石油污染的潜在风险。了解国际法下有关石油污染的责任体系,对于中国石油企业而言具有重要作用。

(二)中国境外投资石油污染事故之赔偿责任分析

对于中国石油企业"走出去"所发生的境外石油污染事故,需要分情况进行分析,我们对事故造成海洋污染和陆地污染分别进行分析。

1. 海洋石油污染

对于发生海洋石油污染,需要确认之前所述的相关国际公约是否适用等相关问题。

(1)是否适用《国际油污损害民事责任公约》和《油污基金公约》

对于中国石油企业而言,我们需要再区分两种情况,一是开采后海上运输中的石油污染,二是海上勘探开采中的石油污染。

中国是《国际油污损害民事责任公约》的缔约方,但对于《油污基金公约》,则仅有中国香港特区加入。在上述所探讨的情形中如适用《国际油污损害民事责任公约》及其议定书,则意味着对于中国石油企业适用有责任限额的严格责任。如前所述,根据《国际油污损害民事责任公约》及其议定书,该责任限额见表5。

表5 《国际油污损害民事责任公约》及其议定书项下船舶石油污染责任限额

序号	船舶吨位	责任限额(2003)
1	不超过5000吨位的船舶	4,510,000特别提款权
2	5000吨位~14万吨位的船舶	4,510,000特别提款权+对每一额外吨位另加631特别提款权
3	14万吨位以上的船舶	不超过89,770,000特别提款权

中国石油企业需要根据《国际油污损害民事责任公约》及其《1992年议定书》,以银行保函、保险或其财务保证的方式,提供其具有充分财务赔偿实力的证明。

对于遭受石油污染的沿海国家或地区如为《油污基金公约》及《1992年

基金公约》的缔约方,则可要求 1992 年国际油污赔偿基金对石油污染事故在 2.03 亿特别提款权的范围之内予以赔偿。如该遭受石油污染的沿海国亦为《2003 年议定书》的缔约方,还可在 7.5 亿特别提款权的责任限额内(含之前《国家油污损害民事责任公约》及其《1992 年议定书》和 1992 年国际油污赔偿基金项下的赔偿)再次要求补充赔偿。

如发生石油污染情形不适用《油污基金公约》和《国际油污损害民事责任公约》,则应主要依据相关沿海国家或地区的法律来解决赔偿问题。

(2)适用污染所在沿海国的国内法律

无法适用《国际油污损害民事责任公约》和《油污基金公约》的情形很多,除了上述所探讨的海上平台法律定性的问题,还有相关沿海国家或地区不是《油污基金公约》和《国际油污损害民事责任公约》缔约方的情形。

以中国的国内法为例,中国政府于 1982 年 8 月 23 日颁布了《海洋环境保护法》,最新修正于 2017 年 11 月 4 日。该法对海上石油勘探和开采提出了明确的合规性要求,[①]船舶产权持有人和货物所有权的拥有者一起承担船油污染侵权赔偿的风险是原则,船油污染保险该当被设置,油污染侵权赔偿基金制度也该当被建立。[②] 2009 年 9 月 9 日,中国国务院公布了《防治船舶污染海洋环境管理条例》,并最新于 2018 年 3 月 19 日修订。该条例第七章对于船舶污染事故损害赔偿进行了专门的规定。根据该条例的规定,造成海洋环境污染损害的责任者应适用严格责任,并在战争、不可抗力等情形下

① 《海洋环境保护法》第 51、52、53、54 条要求:海洋石油钻井船、钻井平台和采油平台的含油污水和油性混合物,必须经过处理达标后排放;残油、废油必须予以回收,不得排放入海。经回收处理后排放的,其含油量不得超过国家规定的标准。钻井所使用的油基泥浆和其他有毒复合泥浆不得排放入海。水基泥浆和无毒复合泥浆及钻屑的排放,必须符合国家有关规定。海洋石油钻井船、钻井平台和采油平台及其有关海上设施,不得向海域处置含油的工业垃圾。处置其他工业垃圾,不得造成海洋环境污染。海上试油时,应当确保油气充分燃烧,油和油性混合物不得排放入海。勘探开发海洋石油,必须按有关规定编制溢油应急计划,报国家海洋行政主管部门审查批准。

② 《海洋环境保护法》第 66 条规定,国家完善并实施船舶油污损害民事赔偿责任制度;按照船舶油污损害赔偿责任由船东和货主共同承担风险的原则,建立船舶油污保险、油污损害赔偿基金制度。

可以免于承担责任。[1] 船舶污染事故的赔偿限额依照《海商法》或有关国际条约的规定执行。[2]

2012年5月11日，财政部、交通运输部公布了《船舶油污损害赔偿基金征收使用管理办法》，其第15条规定船舶油污损害赔偿基金用于油污损害及相关费用的赔偿、补偿。[3] 2013年8月，中国交通运输部修订了《船舶油污损害民事责任保险实施办法》，其中规定在中华人民共和国管辖海域内航行的船舶应予投保油污损害民事责任保险或者取得其他财务保证，[4]包括在中国管辖海域内航行的外国籍船舶。[5]

2016年2月26日，中国政府颁布了《深海海底区域资源勘探开发法》，对从事深海海底区域资源勘探、开发活动实施许可制度。[6] 然而，该法对于发生石油污染事故后的赔偿责任机制并没有规定。

参照中国上述相关法律法规的规定，外国石油企业如在中国境内进行

---

① 《防治船舶污染海洋环境管理条例》第48条和第49条，其免于承担责任的法定情形包括：(1)战争；(2)不可抗拒的自然灾害；(3)负责灯塔或者其他助航设备的主管部门，在执行职责时的疏忽，或者其他过失行为；(4)完全由于第三者的故意或者过失，造成海洋环境污染损害的。

② 《防治船舶污染海洋环境管理条例》第50条。

③ 《船舶油污损害赔偿基金征收使用管理办法》规定，包括：(1)同一事故造成的船舶油污损害赔偿总额超过法定船舶所有人油污损害赔偿责任限额的；(2)船舶所有人依法免除赔偿责任的；(3)船舶所有人及其油污责任保险人或者财务保证人在财力上不能履行其部分或全部义务，或船舶所有人及其油污责任保险人或者财务保证人被视为不具备履行其部分或全部义务的偿付能力；(4)无法找到造成污染船舶的。然而，特定情况下不得从船舶油污损害赔偿基金中提供赔偿或者补偿。船舶油污损害赔偿基金对任一船舶油污事故的赔偿或补偿金额不超过3000万元人民币。船舶油污损害赔偿基金由在中华人民共和国管辖水域内接收从海上运输持久性油类物质的货物所有人或其代理人缴纳。征收标准为每吨持久性油类物质0.3元。

④ 《船舶油污损害民事责任保险实施办法》第4条。

⑤ 《船舶油污损害民事责任保险实施办法》第13条规定："(一)适用《1992年国际油污损害民事责任公约》的，应当持有缔约方主管机关或其授权机构签发的《油污损害民事责任保险或其他财务保证证书》；(二)适用《2001年国际燃油污染损害民事责任公约》的，应当持有缔约方主管机关或其授权机构签发的《燃油污染损害民事责任保险或其他财务保证证书》；(三)1000总吨以下载运非持久性油类物质的船舶，应当持有有效的非持久性油类污染民事责任保险单证或其他财务保证证明。"

⑥ 《深海海底区域资源勘探开发法》第7条和第8条规定，发生或者可能发生严重损害海洋环境等事故，承包者应当立即启动应急预案和应采取的措施。

海上石油勘探和开发，应予遵守上述中国的法律规定。反之，中国石油企业到境外进行海上石油勘探和开采，也应了解和遵守相关沿海国的国内法律规定。

2. 陆地石油污染

对于中国石油企业到境外进行石油勘探和开采发生陆地石油污染的，鉴于目前尚缺乏专门的国际公约予以规范，其主要赔偿责任应由发生污染所在国的国内法律进行规范。参照上述有关相关国家国内法律的内容，中国石油企业到境外进行陆地石油勘探和开采，也应了解和遵守相关国家的国内法律规定。

以哈萨克斯坦为例，中国石油企业在哈萨克斯坦投资需要注意哈萨克斯坦当地的法律法规。① 关于安全生产和环境保护方面，还应注意《工业安全法》《化工产品安全法》《环境保护法》及其他大量与石油勘探、生产和运输有关的法律法规。

2014 年 4 月，卡拉恰干纳克石油运营公司（Karachaganak Petroleum Operating）设立在哈萨克斯坦的分公司被指控②没有遵守哈萨克斯坦环境保护法。③ 卡拉恰干纳克石油运营公司大股东为 5 家公司：哈萨克斯坦油气公司（KazMunayGas）、俄罗斯卢克石油公司（LukOil）、英国天然气集团公司（British Gas）、意大利 ENI 公司（Eni S. p. A.）、美国雪佛龙（Chevron Corporation）。意大利 ENI 公司和英国天然气集团公司是卡拉恰干纳克项目联合运营商，均持 29.25% 的股份。雪佛龙和鲁克石油分别持股 18% 和 13.5%，2012 年 7 月 1 日起，哈萨克斯坦油气公司入股该项目联合企业，持股 10%。该案例是外国石油公司在哈萨克斯坦成立当地合资公司从事石油勘探和开采，因违反当地环境保护规定而遭受行政处罚的案例。关于民事

---

① 包括：《投资法》《劳动力管理法》《出入境管理法》《工商登记法》《外汇调控法》《国有企业法》《股份公司法》《有限和补充责任合伙公司法》《矿产法》《地下资源及其利用法》等。

② 在没有许可的情况下排放了 200 多吨含有石油的水，固定污染源排放超标。按照法律，公司将缴纳罚款额超过 5.65 亿坚戈，索赔额 20.34 亿坚戈，并承担行政责任。

③ 《哈萨克斯坦对违规排污的油气企业征收罚款》，载驻哈萨克经商参处 2014 年 4 月 15 日。

赔偿责任的追偿,也需要依据当地法律在哈萨克斯坦相关法院予以起诉解决。

上述法规和案例为中国石油企业到境外从事陆地石油资源的勘探和开发提供了警示,中国石油企业应认真学习和遵守当地有关环境保护、安全生产的相关法律法规,避免因发生安全生产事故导致石油污染。在发生石油污染事故的情况下,需要依据当地法律法规承担相应的污染赔偿责任。

三、中国石油领域境外投资环境保护法律制度之完善

中国在石油领域境外投资环境保护方面尚无专门明确的法律制度,在石油领域境外投资开发油污事故应急处理机制、环境污染损害赔偿法律机制、海洋环境污染强制责任保险制度等方面需要进一步完善相关法律制度。

(一)完善中国石油领域境外投资开发油污事故应急处理机制

根据《国际油污防备、响应和合作公约》,其要求各国加强油污防治工作和区域性或国际性合作,减少油污造成的损害。该公约规定了各缔约方应建立全国性油污防备和响应体系和地区性或国际性的技术合作。

尽管中国《海洋环境保护法》《船舶及其有关作业活动污染海洋环境防治管理规定》等含有关于制定预防石油污染事故应急计划方面的规定,但适用范围还较窄。无论是国家海洋行政管理机关还是可能发生重大海洋环境污染事故的沿海企业或单位,都需要制订针对海上环境污染的应急计划,海上石油勘探和开发更是监管重点领域。《船舶及其有关作业活动污染海洋环境防治管理规定》针对船舶污染事故,[①]要求相关船舶在发生污染的情况下应当立即启动相应的应急预案,并就近向有关海事管理机构报告。

① 船舶污染事故是指船舶及其有关作业活动发生油类、油性混合物和其他有毒有害物质泄漏造成的海洋环境污染事故。

对于中国石油领域境外投资开发油污事故,也应要求相关企业和单位制订油污应急计划。油污制订计划还应遵守东道国当地法规的规定和国际通用实践。油污应急计划应包括油污事故发生后如何启动应急程序、迅速采取有效措施停止漏油和进行清污、向本国和当地主管部门及时汇报,以及如何畅通处置与公众的信息沟通渠道等。油污应急计划应随着时代的发展、技术的改进,不断定期或不定期予以修订,确保其能适应不断变化的外部环境,能够有效实施。

中国石油领域境外投资开发油污事故应急计划应考虑建立在双边或多边、地区性或国际性的国际合作的基础上,遵守相关国家法律和国际条约的规定,积极整合资源,提升应急处置能力。应急反应团队应在中国和东道国的国家层面和地区层面分别设立,加强信息交流和培训,确保有专项资金支持,采购油污应急反应设施和清污设备,利用先进的油污监控和处理技术,多方协作及时防范和控制油污损害。

(二)完善中国石油领域境外投资环境污染损害赔偿法律机制

针对中国石油领域境外投资环境污染损害,建议建立完善的环境污染损害赔偿机制。

对于归责原则,中国法律规定污染者应承担针对环境污染损害的赔偿责任,当然也存在例外情形(如不可抗力或不存在因果关系),但其须负举证责任。石油污染属于环境侵权的一种,因而也应当遵循上述环境侵权的一般归责原则。对于免责事由,可以借鉴美国1990年《油污法》的规定,实行严格限制原则,明确规定了包括天灾、战争等在内的法定四种免责情形。①对于赔偿责任限制,应加重对污染企业过错行为的限制,将发现污染者存在过错导致环境污染事故或在发生事故后未积极采取救济减损措施等作为限

① 四种免责情形包括:(1)天灾。(2)战争行为。(3)第三方的行为或不为导致了油污损害的发生,责任方应以占优势的证据证明其:①已考虑到油类的特性和一切有关事实和情况,并给予了适当的注意;②针对可预见的任何上述第三方的行为或不为和可预见的该类行为或不为的后果,已经采取了预防措施。(4)受害人对油污损害存在重大过失或者故意不当行为。

制条件,限制其援引责任免除条款的应用。

(三)建立中国海洋环境污染强制责任保险制度

在海外石油开发方面,中国目前关于海洋环境污染的法律法规①及对环境污染强制责任保险尚缺乏细化规定。例如,对所投责任保险的数额、如何确认是否已经投保和监督等未作任何规定。针对上述不完善之处,中国政府应尽快制定出台更加细化的法律制度。

除此之外,中国法律目前还没有针对海洋环境污染的更明确的强制责任保险的规定。对此,中国政府可以在特定区域开展相关海洋环境污染强制责任保险制度的试行。例如,在企业申请获得海洋石油开发资质时,要求其投保符合法律规定的海洋环境污染强制责任保险或者通过其他财务担保方式取得针对污染损害赔偿责任的财务保证证书。上述海洋污染强制责任保险制度是常年性的,相关政府监管机构可以定期审查,并根据社会发展程度和海洋污染损害的风险变化不断合理调整海洋污染强制责任保险制度,确保建立充分有效的海洋污染损害赔偿机制。

① 《海洋石油勘探开发环境保护管理条例》规定,企业和相关作业者应具有有关污染损害民事责任保险或其他财务保证。

结 论

随着国际投资规模的增加，投资活动自工业化国家向发展中国家的转移，发展中国家环境成本较低等因素导致存在污染自工业化国家向发展中国家转移的“污染天堂”现象。同时，随着国际投资规模之不断增大，投资者与东道国之间的争议案件呈增加趋势且保持较多数量。近年来，中国对外投资呈持续增长态势，中国已经成为全球第二大对外投资国。然而，中国海外投资很多分布在环境风险较高的行业，并且中国海外投资企业环境保护意识和能力参差不齐，环境污染问题仍然存在，产生很多新的问题，环境问题导致国家责任的风险也在增加。

预防原则是尊重国家主权和不损害国外环境原则的延伸，是一项国际环境法的基本原则。预防原则已经在多个国际环境立法文件中得以体现。很多双边或多边投资协定中就投资与环境条款专门作了规定，其规定应在环境保护方面出台相关法律法规并采取预防性措施防止发生环境污染。对国际投资项目要求进行环境评估本身就是预防原则的体现，尤其是针对存在跨界环境影响的国际投资项目。为国际投资项目提供融资支持的金融机构也负有根据预防原则审查所提供融资支持的投资项目在环境方面不产生重要的环境威胁或损害。中国在环境保护方面的法律体系认可预防原则。在规范中国境外投资方面,预防原则也得到了多处体现。

国家在防范国际投资环境保护损害方面应重视国际投资环境影响评价、绿色金融和国际投资协定中环境条款方面的责任。环境影响评价是减少投资建设项目对环境不利影响的重要预防措施。无论是各国(如美国、欧盟、俄罗斯等),还是《埃斯波公约》等国际条约,都突出环境影响评价在国际投资中的重要作用。中国政府于2014 年4 月24 日修订了《环境保护法》,也非常重视环境影响评价在投资建设中的重要作用。在中国海外投资中,应要求中国投资者严格遵守关于环境影响评价方面的相关法律规定。

在国际投资与绿色金融方面,绿色金融通过有利于实现可持续发展目标的投融资活动,最终实现有利于环境保护的环境效益。尽管目前尚没有关于绿色金融统一的国际法规范,但关于绿色投资、绿色信贷、绿色基金等内容已出现在不同的国际法文件中。各国对上述与绿色金融相关国际机构和法律文件也往往抱着支持的态度,通过制定国内政策法律引导私营主体进行有利于环境效益的投融资活动。关于绿色金融之各国实践,体现在绿色信贷、绿色债券、绿色投资等多个领域。未来,在中国对外投资中应大力鼓励绿色金融的发展。

在国际投资协定之环境条款方面,许多国际多边投资协定,如 NAFTA、USMCA、CPTPP 和《SADC 示范投资协定》中都含有环境条款。各国投资协定,如美国和加拿大的投资协定,也包含环境条款。中国投资保护协定,如2012 年《中日韩投资协定》、2012 年《中加投资协定》等,也开始加入环境条款。从对外投资协定的角度来看,无论是中国既有的对外投资协定,还是美国、加拿大等欧美国家,都比较少对投资国施加义务,要求其对东道国的环境保护承担义务。就环境事件之纠纷解决,中国对外投资协定中的争议解决条款尚缺乏与环境保护直接相关的条款,可以考虑增加环境方面专家报告,并建立磋商、调解、仲裁相结合的多方式环境争议纠纷解决机制。

国际投资环境损害可能导致国家承担赔偿责任。构成跨界损害国家责任需具备特定要件。在缺乏明确国际法依据确定国家就跨界损害直接承担赔偿责任的情况下,宜根据公平正义原则和损失分担原则,由经营者首先负担赔偿责任,不足以赔偿受害者损失的,可根据国际法和惯例由国家分担赔偿责任。同时,应注意到严格责任在跨界损害责任体系中具有重要地位和作用。中国投资者所进行的境外投资行为存在可能构成国际不法行为的风险,然而,就国际投资而言,其大多数行为属于国际法不加禁止的行为。国际法不加禁止的行为导致跨境损害进而导致国家责任的要素应包括:(1)存在可归责于国家的国际法不加禁止的境外投资行为,无论是由国家进行还是经国家授权进行抑或受国家指挥或控制;(2)该境外投资造成其他国家领土或其管辖、控制范围或公域环境的重大损害,不论本国与其他国家是否有共同边界。

私人境外投资行为导致的环境损害也可能引发国家责任。国家对域外私人行为负有责任之法律基础在于国家对于域外私人行为可通过属人管辖权进行管理和监督。在核事故、外空活动事故和海洋石油污染事故等领域,已经存在明确的国际法规定,要求当事国对其所管辖私人的域外行为承担国家责任。投资者的境外投资可归属于一种私人行为,因此投资者境外投资产生国家归责的因素可以参考私人行为导致国家归责的考量因素。简言之,国家为私人行为承担责任的根据,可以说是基于国家可以将私人行为置于国家的管控和控制之下这个现实。投资者境外投资产生国家归责应考虑以下两种情形:(1)投资者是否行使政府权力;(2)投资者的境外投资是否受到国家指挥或控制。国有企业并不因其身份而自然将其行为归责于所在国家,而是要看该国有企业具体的行为,包括其境外投资,是否受国家指挥或控制。对于自然人的个人境外投资,其与私营企业境外投资存在类似性。实践中,私营企业或自然人的境外投资受到国家指挥或控制的可能性要比国有企业小。中国的境外投资主要是通过各种形式的企业或自然人进行。在中国投资者境外投资的国家归责方面,中国境外投资者如果受中国政府授权,则其境外投资行为是在行使政府权力要素,那么其境外投资行为可归责于中国政府。另外,中国投资者,无论是企业还是自然人,无论是国有企业还是私营企业,只要其境外投资受到国家指挥或控制,该境外投资行为就可以归责于国家。

国际投资环境损害国家赔偿责任应存在免责情形。如果起源国能够证明损害事故是由于不可抗力造成的，或者受害者自身存在重大过错，则该起源国对损害的绝对责任应依证明的程度予以免除。结合中国境外投资，主要的免责情形应包括：中国政府已经采取了一切必要和适当措施、东道国政府同意、不可抗力、危难和危急情形等情况。

从中国境外投资环境损害损失分担之国家赔偿责任的角度，中国境外投资发生跨界损害可能导致中国承担起源国的民事赔偿责任。根据《损失分担原则草案》的相关规定，起源国有义务建立为确保跨界损害的受害者能够及时充分得到赔偿而采取措施实施的多层主体损失分担机制，有义务建立跨界损害的受害者求偿法律机制。中国就其境外投资可能引起的跨界损害，应积极履行上述义务，完善针对中国境外投资跨界损害损失分担制度。

在特定领域，如核电领域、航天领域、石油开发领域等，国际投资环境保护相关国家责任应注重现有国际法的规定。在核电领域，核电在给人类生活带来巨大福利的同时，也潜在因发生核事故可能带来的巨大风险和责任。目前，核事故赔偿责任的国际法体系主要包括巴黎－布鲁塞尔公约体系、维也纳公约体系和 CSC 体系。1988 年《联合议定书》是连接巴黎－布鲁塞尔公约体系和维也纳公约体系的桥梁。有关核事故而产生的第三者损害的条约，都具有一个共同的特征，那就是对核能经营者全都适用严格责任。中国核企业正在从“学生”转变成为“老师”，尽管目前尚处于“走出去”的初级阶段，但“走出去”的步伐在不断加快。核事故的潜在巨大风险时时刻刻在提醒“走出去”的中国企业，不得放松警惕，并要为潜在可能发生的核事故带来的巨大风险和责任做好准备。中国尚未加入巴黎－布鲁塞尔公约体系，或者维也纳公约体系，抑或 CSC 公约。《64 号文》与核事故赔偿责任国际法体系存在相同之处，也存在区别。中国政府有必要建立和完善有关核安全和核事故赔偿责任的法律体系，既要鼓励支持中国核企业顺利“走出去”，又要从法律和财务机制上为“走出去”的中国企业保驾护航。就中国核企业“走出去”发生境外核事故之国家责任分析，以中广核在英国公司通用核能所控股的布拉德维尔 B 项目为例，本项目会引发英国及其他巴黎－布鲁塞尔公约体系缔约方的国家责任，但并没有明确的法律依据要求中国政府需就该核电项目发生的核事故赔偿责任承担任何国家责任。然而，如果中国未来加入巴黎－布鲁塞尔公约体系或者加入维也纳公约体系，则可能需要承担缔约方的国家赔偿责任。

在航天领域，由于航天事业的高科技性和高危险性，一旦发生航天事故，其后果往往不堪设想。航天事故赔偿责任之国际法体系，对国际法的主要主体——国家率先直接适用了严格责任。中国航天企业"走出去"正在成为世界舞台上一只不可忽视的力量。中国政府和正在"走出去"的中国航天企业应当了解航天事故赔偿责任的国际法体系，妥善防范和缓解因航天事故而发生的重大风险。依据《责任公约》，中国是否应对该起航天事故负有责任，取决中国是否被认定为发射国。如果中国被认定为发射国，中国应对卫星在地球表面造成的损害承担赔偿的绝对责任。对于卫星在地球表面之外导致的损害，中国作为发射国将承担过错责任。

在石油产业领域国际投资环境保护方面，应了解石油污染损害民事责任之国际法体系。中国对于石油资源有着巨大的需求，限于国内产量有限，"走出去"到境外投资以确保国内市场的需求是必然选择。中国石油企业"走出去"在境外投资从事石油勘探和开发面临发生石油污染的潜在风险。对于中国石油企业"走出去"所发生的境外石油污染事故，需要分情况进行分析，应对事故造成海洋污染和陆地污染分别进行分析。对于海洋石油污染，需要确认相关国际公约是否适用等相关问题。如发生石油污染情形不适用相关国际公约，则应主要依据相关沿海国的国内法来解决赔偿问题。对于中国石油企业到境外进行石油勘探和开采发生陆地石油污染的，鉴于目前尚缺乏专门的国际公约予以规范，其主要赔偿责任应由发生污染所在国的国内法律进行规范。参照上述有关相关国家国内法律的内容，中国石油企业到境外进行陆地石油勘探和开采，也应了解和遵守相关国家的国内法律规定。

中国应完善有关境外投资环境保护之法律体系。在中国境外投资环境损害之国家防范责任方面,应完善中国投资保护协定之环境条款、海外投资环境影响评价法律制度和绿色金融等相关法律制度。在中国投资保护协定之环境条款方面,可以考虑在中国对外投资协定中完善有关环境保护的合作和参与机制、环境争端解决机制、专家报告制度等。在完善中国海外投资环境影响评价法律制度方面,应了解海外投资东道国有关环境影响评价的法律制度,做好政策相通,强化中国海外投资环境影响评价的监督和奖惩机制,促进和完善中国海外投资环境影响评价的信息披露和公众参与机制,促进中国与境外投资东道国就环境影响评价方面的国际交流与合作。在完善中国境外投资绿色金融法律制度方面,应了解境外投资东道国绿色投资和绿色金融政策法规,实现政策相通,进一步完善中国境外投资相关绿色金融法律体系,建立境外投资相关绿色金融方面的评估和奖惩机制、信息披露制度,积极推进国际合作,加强跨境投资绿色金融方面的国际合作。

在中国境外投资环境损害之国家责任方面,应完善中国境外投资环境损害之国家责任法律制度,包括针对国有企业海外投资独立有效决策的法律制度、针对中国境外投资行为环境合规方面的法律制度、针对中国境外投资行为环境损害的赔偿责任体系法律制度。在完善中国境外投资环境损害之损失分担机制方面,中国应履行关于建立跨界损害的受害者求偿法律机制的义务和确保采取应急措施的义务。

中国应完善中国核电领域境外投资环境保护之法律制度。中国核企业应设立当地核项目公司并尽量适用国际公约赔偿责任体系。中国政府应尽快加入核事故赔偿国际公约体系,应加快核安全立法,强化核安全保护措施,完善核事故赔偿责任体系之立法和相关措施。在中国航天领域境外投资环境保护方面,中国应尽快制定和完善有关航天活动的法律,完善有关规范中国航天企业安全运营和赔偿责任的法律规范,建立和完善有关航天事故赔偿责任的基金和强制保险制度。在中国石油领域境外投资环境保护方面,中国应完善中国石油领域境外投资开发油污事故应急处理机制、环境污染损害赔偿法律机制和环境污染强制责任保险制度。

参考文献

中文文献

一、著作

[1]林灿铃:《国际环境立法的伦理基础》,中国政法大学出版社 2019 年版。

[2]林灿铃:《国际环境法》(修订版),人民出版社 2011 年版。

[3]林灿铃:《国际法上的跨界损害之国家责任》,华文出版社 2000 年版。

[4]林灿铃等:《国际环境法的产生与发展》,人民法院出版社 2006 年版。

[5]林灿铃等:《国际环境法理论与实践》,知识产权出版社 2008 年版。

[6]林灿铃主编:《国际环境条约选编》,学苑出版社 2011 年版。

[7]王铁崖主编:《国际法》,法律出版社 1981 年版。

[8]周忠海等:《国际法学述评》,法律出版社 2001 年版。

[9]裴广川主编:《环境伦理学》,高等教育出版社

2002 年版。

[10]郭红岩:《跨界损害损失分担基本理论问题研究》,中国政法大学出版社 2013 年版。

[11]李浩培:《条约法概论》,法律出版社 2003 年版。

[12]朱建庚:《风险预防原则与海洋环境保护》,人民法院出版社 2006 年版。

[13]边永民:《国际贸易规则与环境措施的法律研究》,机械工业出版社 2005 年版。

[14]周杰、张梓太:《WTO 体系下贸易与环境的法律协调——发展中国家视角》,科学出版社 2005 年版。

[15]吕忠梅主持:《超越与保守——可持续发展视野下的环境法创新》,法律出版社 2003 年版。

[16]曾华群:《国际投资法学》,北京大学出版社 1999 年版。

[17]陈安:《国际投资法的新发展与中国双边投资条约的新实践》,复旦大学出版社 2007 年版。

[18]王曦编著:《国际环境法》,法律出版社 1998 年版。

[19][英]芭芭拉·沃德、[美]勒内·杜博斯:《只有一个地球——对一个小小行星的关怀和维护》,《国外公害丛书》编委会译校,吉林人民出版社 1997 年版。

[20]世界环境与发展委员会:《我们共同的未来》,王之佳、柯金良等译,吉林人民出版社 1997 年版。

[21][美]丹尼斯·米都斯等:《增长的极限——罗马俱乐部关于人类困境的报告》,李宝恒译,吉林人民出版社 1997 年版。

二、文章

[1]林灿铃:《跨界突发性水污染国家责任构建》,载《政治与法律》2019 年第 11 期。

[2]林灿铃:《论中国应对气候变化立法的基本原则》,载《贵州党校学报》2018年第5期。

[3]林灿铃:《边境地区环境问题的法治之道》,载《政法论丛》2017年第2期。

[4]林灿铃:《环境法实施的立法保障》,载《比较法研究》2016年第1期。

[5]林灿铃:《国际法的"国家责任"之我见》,载《中国政法大学学报》2015年第5期。

[6]林灿铃:《论国际环境法在当代国际关系中的地位与作用》,载韩国《环境法研究》,韩国环境法学会2013年版。

[7]林灿铃:《国际环境法实施机制探析》,载《比较法研究》2011年第2期。

[8]林灿铃:《从康菲漏油事故看重大环境损害的归责与赔偿》,载《中国社会科学报》2011年9月29日。

[9]林灿铃:《中国环境立法之必然趋势》,载《绿叶》2010年第9期。

[10]林灿铃:《论"低碳"》,载《中国政法大学学报》2010年第6期。

[11]林灿铃:《国际环境法之立法理念》,载《清华法治论衡》2010年第1期。

[12]林灿铃:《国际环境法热点问题探析》,载李恒远、常纪文主编:《中国环境法治》(2008年卷),法律出版社2009年版。

[13]林灿铃:《工业事故跨界影响的国际法分析》,载《比较法研究》2007年第1期。

[14]林灿铃:《国际环境法的目的及其法则》,载《法治快报》2007年6月5日。

[15]林灿铃:《论生物多样性保护的国际法体制》,载《中国的和平发展与国际法》,中国政法大学出版社2006年版。

[16]林灿铃:《论国际环境法的发展与中国环境立法》,载韩国《环境法研究》(第28卷2号),韩国环境法学会2006年版。

[17]林灿铃:《论当代国际关系中的环境问题》,载李恒远、常纪文主编:《中国环境法治》(2007 年卷),法律出版社 2008 年版。

[18]林灿铃:《论国际环境法的国际合作原则》,载江平主编:《比较法在中国》,法律出版社 2004 年版。

[19]林灿铃:《浅析个人在国际法上的地位》,载《当代法学》1999 年第 2 期。

[20]林灿铃:《论国际法不加禁止行为所产生的损害性后果的国家责任》,载《比较法研究》2000 年第 3 期。

[21]林灿铃:《环境问题的国际法律调整》,载《政法论坛》2001 年第 5 期。

[22]林灿铃:《论国际环境法的性质》,载《比较法研究》2005 年第 2 期。

[23]周忠海:《中国的和平崛起需要加强对国际法的研究》,载《法学研究》2004 年第 2 期。

[24]郭红岩:《论船舶油污损害的损失分担》,载《中国海商法研究》2012 年第 2 期。

[25]马呈元:《国际犯罪及其责任》,中国政法大学 2001 年博士学位论文。

[26]李居迁:《"一带一路"与国际法规则新方向》,载《法学杂志》2018 年第 11 期。

[27]朱利江:《人类命运共同体视野下的普遍定期审议》,载《浙江学刊》2018 年第 2 期。

[28]常纪文:《"十三五"期间中国的环境保护形势》,载《中国产经》2015 年第 12 期。

[29]冷罗生:《我国面源污染控制的立法思考》,载《环境与可持续性发展》2009 年第 2 期。

[30]边永民:《〈美墨加协定〉构建的贸易与环境保护规则》,载《经贸法律评论》2019 年第 4 期。

[31]唐海涛、陈功:《CPTPP 环境规则:承诺、创新及对我国法完善的启

示》,载《重庆理工大学学报(社会科学版)》2019 年第 8 期。

[32]江苏银行:《江苏银行股份有限公司 2017 年度社会责任报告》,载江苏银行官方网 2018 年 4 月 24 日,http://www.jsbchina.cn/CN/gywh/ggywh/gshzr/22214.html。

[33]路遥:《"一带一路"倡议下国际投资中跨国公司环境责任研究》,载《求索》2018 年第 1 期。

[34]何力:《"一带一路"背景下对外投资与可持续发展的法律问题》,载《海关与经贸研究》2018 年第 4 期。

[35]韩秀丽:《中国海外投资的环境保护问题——基于投资法维度的考察》,载《厦门大学学报(哲学社会科学版)》2018 年第 3 期。

[36]王柏杰、周斌:《货物出口贸易、对外直接投资加剧了母国的环境污染吗?——基于"污染天堂假说"的逆向考察》,载《产业经济研究》2018 年第 3 期。

[37]安国俊、曹超:《绿色金融国际立法与借鉴》,载《中国金融》2017 年第 18 期。

[38]刘乃贵、吴桐:《绿色金融法律保障机制研究》,载《财经科学》2017 年第 10 期。

[39]星焱:《责任投资的理论构架、国际动向与中国对策》,载《经济学家》2017 年第 9 期。

[40]安同信、侯效敏、杨杨:《中国绿色金融发展的理论内涵与实现路径研究》,载《东岳论丛》2017 年第 6 期。

[41]张绍鸿:《促进绿色金融发展的法治保障机制研究》,载《理论建设》2017 年第 5 期。

[42]刘万啸:《全球治理视野下环境保护与国际投资体制的冲突与协调》,载《齐鲁学刊》2017 年第 4 期。

[43]詹晓宁、欧阳永福:《〈G20 全球投资政策指导原则〉与全球投资治理——从"中国方案"到"中国范式"》,载《世界经济研究》2017 年第 4 期。

[44]刘万啸:《全球治理视野下环境保护与国际投资体制的冲突与协

调》,载《齐鲁学刊》2017 年第 4 期。

[45]金自宁:《中国大陆与台湾地区环评制度之比较——立法框架、行政执行和司法实践》,载《中国地质大学学报(社会科学版)》2017 年第 3 期。

[46]马亮:《论国际环境法中风险预防原则的法律地位》,载《法制与经济》2017 年第 3 期。

[47]袁康:《绿色金融发展及其法律制度保障》,载《证券市场导报》2017 年第 1 期。

[48]李霞:《中国对外投资的环境风险综述与对策建议》,载《中国人口·资源与环境》2015 年第 7 期。

[49]李丽君:《赤道原则对我国绿色金融建设的启示》,载《管理现代化》2015 年第 6 期。

[50]邓华:《环境影响评估制度在国际法中的演进和实施》,载《中山大学法律评论》2015 年第 3 期。

[51]哈丽思:《国家在民用核活动中预防跨境核损害的义务》,载《武大国际法评论》2015 年第 2 期。

[52]漆彤:《论中国海外投资者对国际投资仲裁机制的利用》,载《东方法学》2014 年第 3 期。

[53]曾莉、王传丽:《海外并购争议解决之 ICSID 仲裁——必要而"奢侈的消费"》,载《辽宁大学学报(哲学社会科学版)》2014 年第 2 期。

[54]张磊:《论国际法中国家责任的免除事由》,载《天津行政学院学报》2014 年第 2 期。

[55]刘志云:《赤道原则的生成路径——国际金融软法产生的一种典型形式》,载《当代法学》2013 年第 1 期。

[56]葛察忠、龙凤:《中国对外投资中的环境管理研究》,载《环境与可持续发展》2011 年第 4 期。

[57]刘志云:《银行业践行社会责任的"私政府立法":兴起背景与原理探究——一种从国际关系理论视角的分析》,载《国际关系与国际法学刊》2011 年第 1 期。

[58]刘正:《中国国际投资协定的环境条款评析与完善思考》,载《法学杂志》2011 年第 12 期。

[59]王欢欢:《欧盟环境评价制度探析——以法律渊源为视角》,载《北京林业大学学报(社会科学版)》2010 年第 4 期。

[60]许健:《论国际合作原则在国际环境保护领域的拓展》,载《天津大学学报(社会科学版)》2010 年第 3 期。

[61]雷缪蕊:《域外私人行为的国家责任》,载《发展研究》2009 年第 3 期。

[62]王艳冰:《将环境保护纳入国际投资协定的必要性》,载《法学论丛(上海政法学院学报)》2009 年第 5 期。

[63]蒋红莲:《国际投资与环境保护法律机制》,载《学术界》2008 年第 4 期。

[64]高国柱:《论外空活动中的国家责任》,载《环球法律评论》2008 年第 4 期。

[65]王晓丽:《论国际环境法中的风险预防原则》,载《法制与社会》2007 年第 12 期。

[66]李惠茹:《外商直接投资的生态环境效应问题研究及评述》,载《世界经济与政治论坛》2007 年第 5 期。

[67]张乃根:《试析〈国家责任条款〉的"国际不法行为"》,载《法学家》2007 年第 3 期。

[68]刘笋:《国际投资与环境保护的法律冲突与协调——以晚近区域性投资条约及相关案例为研究对象》,载《现代法学》2006 年第 6 期。

[69]刘勇:《试论 WTO 规则与多边环境条约之间的冲突及其解决——关于 WTO 贸易与环境谈判的若干思考》,载《外国经济与管理》2003 年第 1 期。

[70]高之国、贾宇、密晨曦:《浅析国际海洋法法庭首例咨询意见案》,载《环境保护》2012 年第 16 期。

外文文献

一、著作

[1]IAEA, *IAEA Action Plan on Nuclear Safety*, The IAEA Board of Governors, https://www.iaea.org/sites/default/files/actionplanns.pdf.

[2]United States Nuclear Regulatory Commission, 10 CFR Part 2, USA, http://www.nrc.gov/reading-rm/doc-collections/cfr/part002/.

[3]UNCTAD, *Investor-State Dispute Settlement: Review of Developments in 2017*, IIA Issues Note, 2018.

[4]UNCTAD, *World Investment Report* 2017: *Investment and the Digital Economy*.

[5]OECD, *Responsible Business Conduct for Institutional Investors: Key Considerations for due Diligence under the OECD Guidelines for Multinational Enterprises*, 2017.

[6]Sandrine Maljean-Dubois, *International Litigation and State Liability for Environmental Damages :Recent Evolutions and Perspectives*, 2017.

[7]James X. Zhan & Joachim Karl, *Investment Incentives for Sustainable Development. Rethinking Incentives: Trends and Policy Options*, Colombia University Press, 2016.

[8]UNCTAD, *World Investment Report 2016: Investor Nationality: Policy Challenges*, unctad.org/en/PublicationsLibrary/wir2016_en.pdf.

[9]UNCTAD, *Investor-State Dispute Settlement: Review of Developments in 2014*, IIA Issues Note, No. 2.

[10]UNCTAD, *Investment Policy Framework for Sustainable Development*, 2015.

[11]UNCTAD,*World Investment Report*,2015.

[12]IDFC, *Mapping of Green Finance Delivered by IDFC Members in 2014*.

[13]Hindelang,S. & M. Krajewski, *Shifting Paradigms in International Investment Law-More Balanced,Less Isolated,Increasingly Diversified*,Oxford University Press.

[14]WIR14, *World Investment Report* 2014: *Investing in the SDGs: An Action Plan*, New York and Geneva: United Nations.

[15]UNCTAD,*Recent Developments in Investor-State Dispute Settlement* (*ISDS*), http://unctad. org/en/PublicationsLibrary/webdiaepcb2013d3 _ en. pdf.

[16]KPMG,*The KPMG Survey of Corporate Responsibility Reporting*, 2013.

[17]PWC,*Exploring Green Finance Incentives in China*,2013.

[18]Saverio Di Benedetto, *International Investment Law and the Environment*, Edward Elgar Publishing Limited,2013.

[19]Jorge E. Vinuales, *Foreign Investment and the Environment in International Law*, Cambridge University Press,2012.

[20]UNCTAD,World Investment Report,2012.

[21]EY/Boston College Center for Corporate Citizenship,*The Value of Sustainability Reporting*,2012.

[22]Elli Louka,*International Environmental Law: Fairness,Effectiveness, and World Order*,Cambridge University Press,2006.

[23]LEE M. ,*EU Environmental Law: Challenges,Change and Decision-Making*,Hart Publishing,2005.

[24]Philppe Sands,*Principles of International Environmental Law*,2nd ed. ,Cambridge University Press,2003.

[25]David Hunter, James Salzman & Durwood Zaelke, *International*

Environmental Law and Policy,2nd ed. ,Foundation Press,2002.

[26]Veena Jha Grant Hewison & Maree hill, *Trade Environment and Sustainable Development*,Macmillan Press Ltd. ,1997.

[27]Malcolm N. Shaw,*International Law*,4th ed. ,1997.

[28]Saleem Sheikh,*Corporate Social Responsiblities*: *Law and Practice*, Cavendish Publishing Limited,1996.

[29]Gelia Campbell Mohn,Barry Breen & J. William Frtrell,*Sustainable Environmental Law*,West Publishing Co. ,1993.

[30]Ian Brownlie, *System of the Law of Nations*: *State Responsibility*, Oxford University Press,1983.

[31]*Responsibilities and Obligations of States with Respect to Activities in the Area*,Advisory Opinion,ITLOS Reports 2011.

二、文章

[1]Karl P. Sauvant & Mevelyn Ong, *The Rise of Self-Judging Essential Security Interest Clauses in International Investment Agreements*,Columbia FDI Perspectives,No. 188,2016.

[2]Sam Luttrell, *ISDS in the Asia-Pacific*: *A Regional Snapshot*, International Trade and Business Law Review,No. 19,2016.

[3]Bernasconi, N. , *Rethinking Investment-Related Dispute Settlement*, International Institute for Sustainable Development Investment Treaty News.

[4]HSBC Group, *HSBC Equator Principles*, http://www. hsbc. com/citizenship/sustainability/finance/equator-principles.

[5]Matthew A. Susson, *Environments*, *Externalities and Ethics*: *Compulsory Multinational and Transnational Corporate Bonding to Promote Accountability for Externalization of Environmental Harm*,Buffalo Environmental Law Journal,Vol. 20,No. 1,2013.

[6]Simon Zadek & Cassie Flynn, *South-Originating Green Finance: Exploring the Potential*, Geneva International Finance Dialogues, UNEP FI, 2013.

[7]Vinuales, J. E. , *The Environment breaks into Investment Disputes*, 2013.

[8]Joachim Pohl, Kekeletso Mashigo & Alexis Nohen, *Dispute Settlement Provisions in International Investment Agreements: A Large Sample Survey*, http://www. oecd. org/daf/inv/investment-policy/WP – 2012_2. pdf?.

[9]Leon E. Trakman, *The ICSID Under Siege*, Cornell International Law Journal, Vol. 45, 2012.

[10]International Monetary Fund, *The Liberalization and Management of Capital Flows-An Institutional View*, Washington, D. C. , International Monetary Fund.

[11]Galizzi, P. & A. Herlotz, *Environment and Development: Friends or Foes in the 21st Century*?, 2012.

[12]David A. Gantz & C. Ryan Reetz, Guillermo Aguilar-Alvarez, and Jan Paulsson, *Labor Rights and Environmental Protection under NAFTA and Other U. S. Free Trade Agreements*, 42 U. Miami Inter-Am. L. Rev. 297, 2011, http://repository. law. miami. edu/umialr/vol42/iss2/5.

[13]R. J. Geller, *Shake-up Time for Janapese Seismology*, 472 (7344) Nature 407 – 409, 2011.

[14]Pulp Mils on the River Uruguay (Argentina v. Uruguay), Judgment, I. C. J. Reports 2010.

[15]Waston M. , *Environmental Impact Assessment and European Community Law*, 2010.

[16]Astrid Epiney, *Environmental Impact Assessment*, Max Planck Encyclopedia of Public International Law, 2009.

[17]C. M. Kersten, *Rethinking International Environmental Impact*

Assessment,34 Yale J. Int'L. 173,2009.

[18]Anthony Sinclair,*ICSID Arbitration: How Long Does it Take*[EB/OL],Global Arbitration Review,Vol. 4 Issue 5,2009.

[19]Kobo Helpable, *Fundamentalism in Public Health and Safety in Bilateral Investment Treaties*,2008.

[20]Arik Levinson & M. Scott Taylor, *Unmasking the Pollution Haven Effect*,International Economic Review,Vol. 49,No. 1,2008.

[21]Vivian H. W. Wang, *Investor Protection or Environmental Protection? "Green" Development under CAFTA*, Columbia Journal of Environmental Law,2007.

[22]Thomas, S., Repetto, R. etal., *Integrated Environmental and Financial Performance Metrics for investment Analysis and Portfolio Management*,The Authors Journal Compilation,2007.

[23]Thomas W. Walden,*International Disciplines on National Environmental Regulation: with Particular Focus on Multinational Investment Treaties*,Kluwer Law International,2006.

[24]Kiss,State Responsibility and Liability for Nuclear Damage,35(1) Denv. J. Int'l L. & Pol'y 67-84,2006.

[25]UNEP Financial Initiative,*Show Me the Money: Linking Environmental, Social and Governance Issues to Company Value*,2006.

[26]Michell Chan-Fishel,*Time to Go Green: Environmental Responsibility in the Chinese Banking Sector*,2006.

[27]Scholten,B. & Dam,L.,*Banking on the Equator: Are Banks that Adopted the Equator Principles Different from Non-Adopter*,World Development,2007.

[28]United States Nuclear Regulatory Commission, *Nuclear Power Licensing Progress*,p. 3,NUREG/BR-0298,Rev. 2,2004.

[29]Richard Sandbrook & Pradeep Mehta, *FDI and Environment-Lessons*

from the Mining Sector, Rapporteurs Report from the OECD Global Forum on International Investment Conference, 2002.

[30] Trail Smelter Case (United States v. Canada), Reports of International Arbitral Awards, 1965.

后 记

前路漫漫，曲折蜿蜒。在中国崛起发展的道路上，依然潜伏着很多不确定性，需要我们努力奋斗。国际投资环境保护之国家责任问题无疑是中国崛起于世界之林道路上的一个必须关注的问题。

建设绿水青山和实现“碳中和”“碳达峰”的理念已经深入人心。2020 年 9 月 22 日，习近平主席在第七十五届联合国大会上提出“加快形成绿色发展方式和生活方式，建设生态文明和美丽地球”，并作出庄严承诺，“中国将提高国家自主贡献力度，采取更加有力的政策和措施，二氧化碳排放力争于 2030 年前达到峰值，努力争取 2060 年前实现碳中和”。

在国际投资中实现绿色发展是时代发展的趋势。2022 年《关于推进共建“一带一路”绿色发展的意见》明确要求规范企业境外环境行为，完善境外项目环境风险防控支撑保障，到 2030 年，共建“一带一路”绿色发展理念更加深入人心，绿色发展伙伴关系更加紧密，“走出去”企业绿色发展能力显著增强，境外项目环境风险防控体系更加完善，共建“一带一路”绿色发展格局基本形成。

新冠疫情使我们每个人都感受到了“人类命运共同

体”的深刻含义。国际投资中的环境保护也是人类命运共同体需要通过国际合作共同应对的主题。希望本书可以为研究国际投资中环境保护问题作出贡献。祝福祖国在“走出去”过程中成功构建“绿色丝绸之路”,并且不断发展强大!

贾 辉

2023 年 3 月 5 日